Trouver l'info sur l'Internet

CHEZ LE MÊME ÉDITEUR

O. Andrieu. – **Créer du trafic sur son site Web.**
N°9062, 1999, 480 pages.

E. Larcher. – **L'Internet sécurisé.**
N°9137, 2000, 430 pages.

M. H. Sherif, A. Serhrouchni. – **La monnaie électronique.** *Systèmes de paiement sécurisé.*
N°9082, 2000, 560 pages.

P. Chaléat, D. Charnay. – **Programmation HTML et JavaScript.**
N°9024, 1998, 460 pages environ + CD-Rom PC/Mac.

J.-C. Bernadac, F. Knab. – **Construire une application XML.**
N°9081, 1999, 500 pages.

N. McFarlane. – **JavaScript professionnel.**
N°9141, 2000, 950 pages.

A. Patzer *et al.* – **Programmation Java côté serveur.**
Servlets, JSP et EJB. N°9109, 2000, 984 pages.

B. Francis, *et al.* – **Active Server Pages 2.0.**
N°9041, 1999, 800 pages.

A. Lefebvre. – **Web client-serveur.** *Le triomphe du client léger.*
Collection Informatiques Magazine. N°9039, 1998, 250 pages.

F. Alin, D. Lafont, J.-F. Macary. – **Le projet intranet.**
Du choix des solutions à leur mise en œuvre en entreprise
Collection Fi System. N°9038, 2e édition, 1998, 340 pages.

Trouver l'info sur l'Internet

Olivier Andrieu

Quatrième tirage 2000

Eyrolles

ÉDITIONS EYROLLES
61, Bld Saint-Germain
75240 Paris Cedex 05

Sommaire

Annexes 367

Cet ouvrage est dédié à Jean-Pascal Grevet.

• Merci à Nicole, Manon et Lorène.

• Un grand merci, en particulier, à Manon et Philippe pour le prêt et le traitement de la pièce de puzzle ;-)

• Merci à toutes les personnes qui m'ont aidé à la rédaction de cet ouvrage, et notamment François Bourdoncle, maître de recherche au Centre de mathématiques appliquées de l'École des mines de Paris et auteur de la fonction *Refine* d'AltaVista, Louis Monier, responsable du projet AltaVista chez Digital, et Denis Jamet de Yahoo! France.

INTRODUCTION

Une bibliothèque est un lieu magique. On s'y rend, au gré de ses besoins, pour s'informer, consulter des ouvrages, des périodiques ou des documents de tous ordres, dans le cadre de ses études, de ses activités professionnelles, ou simplement pour son loisir. On y trouve quantité d'ouvrages recelant un savoir sans bornes, sans cesse enrichi, legs d'innombrables auteurs, dans les domaines les plus divers, à la richesse du patrimoine universel de la connaissance, que chacun peut exploiter à sa guise.

Mais, du fait de leur nombre, ces ouvrages doivent être stockés de manière organisée, faute de quoi ils deviennent inaccessibles. La phase de recherche doit être facilitée au maximum, et la localisation des ouvrages ne doit plus être aléatoire. Un certain nombre de personnes – les documentalistes – ont donc pour tâche d'orienter l'utilisateur dans ses quêtes, de lui conseiller les titres les plus significatifs et ceux des parutions récentes, relatifs à un thème particulier qui l'intéresse. Et, cette étape franchie, d'indiquer au lecteur l'endroit précis où l'ouvrage en question est rangé, afin qu'il puisse se diriger vers le rayonnage spécifié et y retirer le fruit de ses recherches, qu'il pourra compulser en toute tranquilité.

L'Internet peut être comparé à une bibliothèque. Mais sur ce réseau, la salle de consultation prend une dimension mondiale et toute personne connectée, où qu'elle se trouve (ou presque), peut lire les documents répertoriés sur l'ensemble du réseau ou en déposer de nouveaux, que d'autres pourront, à leur tour, lire, sans contrainte d'horaire ou de localisation. Il s'agit bien là d'une nouvelle approche, d'une nouvelle interactivité donnée à la culture ou à la recherche d'information, puisque chaque utilisateur du réseau peut tout aussi facilement être lecteur que producteur, mais également diffuseur d'information.

L'Internet peut également se concevoir comme un gigantesque puzzle, composé de dizaines de millions de morceaux disséminés un peu partout sur les cinq continents. Aujourd'hui, la pierre angulaire de l'Internet est ce que l'on appelle le World Wide Web, immense toile d'araignée reliant des centaines de milliers de serveurs et d'utilisateurs entre eux. Mais le Web n'est pas l'unique mode d'exploitation de l'Internet. L'E-mail, les forums de discussion, les serveurs FTP sont autant d'outils indispensables, souvent sources de renseignements précieux.

Mais, tout comme dans une bibliothèque, sans repères et sans aide, il est difficile de se retrouver dans cet immense gisement d'information.

L'Internet est né en 1969 et a maintenant atteint l'âge de la maturité. Ses outils n'ont jamais cessé d'évoluer. Tout au long de l'histoire de ce réseau, sont apparus des systèmes de recherche d'information de plus en plus performants. Citons, à titre d'exemple, Veronica (*Very Easy Rodent Oriented Net-wide Index to Computerized Archives*) qui permettait de rechercher, dans les titres des documents ou des répertoires, les occurrences des termes saisis comme mots clés. C'était l'époque des serveurs Gopher, qui a précédé l'avènement du Web.

Vinrent ensuite Wais, outil d'indexation, en texte intégral, du contenu de documents informatiques, ou encore Archie, qui permit la recherche sur les serveurs FTP. Ces outils demeuraient cependant confinés dans le monde clos des universités et des laboratoires de recherche. Ils étaient au demeurant peu conviviaux et leur syntaxe restait obscure. Enfin, le début des années 90 vit l'avènement du Web qui, en simplifiant considérablement la mise en œuvre de services multimédias, incita un grand nombre de particuliers et d'entreprises, jusque-là frileuses, à se connecter à l'Internet pour y proposer leurs bases d'information. Cette évolution fut suivie d'une éclosion d'idées, et de nouveaux acteurs contribuèrent à consolider cet afflux et à amplifier cet élan qui déboucha sur un nombre considérable de projets, notamment dans le domaine du commerce et des services électroniques. Bref, l'Internet gagnait ses lettres de noblesse en séduisant le grand public. Aujourd'hui, peu de gens doutent encore du caractère incontournable de l'Internet qui représentera demain le média majeur autour duquel tous les autres devront s'organiser. Son impact sera considérable à l'aube du XXIe siècle.

Cette immense vague d'utilisateurs a généré une masse phénoménale d'information, répartie notamment sur l'outil le plus médiatique, le plus populaire et le plus « multimédia » de l'Internet : le World Wide Web. En 1997, on y recensait plus de 100 millions de pages d'information. Ce chiffre n'est qu'indicatif, le nombre réel étant certainement plus grand encore. Des outils de recherche appropriés devaient nécessairement voir le jour afin que l'utilisateur puisse s'y retrouver et mener des recherches aussi efficaces que possible. Ainsi naquirent les services Yahoo!, Infoseek, puis AltaVista et bien d'autres. L'apparition de ces serveurs, financés par la présence de bandeaux publicitaires sur leurs pages (nous y reviendrons plusieurs fois dans cet ouvrage) a engendré une concurrence rude dans le domaine, et a eu pour effet l'amélioration constante de ces « moteurs de recherche ». Le marché de la publicité n'étant pas extensible à l'infini, c'est le meilleur, donc le plus consulté, qui parvient à attirer le plus grand nombre d'annonceurs. Cette « spirale de l'excellence » amène donc ces moteurs à se perfectionner, et à proposer plus de fonctionnalités et plus de facilité d'utilisation.

Mais cette concurrence, qui pousse chaque service à se distinguer des autres, ne facilite pas la tâche de l'utilisateur. La manière de formuler ses requêtes, notamment, varie d'un moteur à l'autre et n'est pas toujours bien expliquée dans l'aide en ligne. Les usagers du réseau, pris par le temps, se contentent d'effectuer leurs requêtes au moyen d'un ou de deux mots clés, alors que les possibilités offertes sont potentiellement bien plus riches. Ce type d'interrogation rudimentaire entraîne généralement une profusion de réponses (souvent plus de 100 000 documents pour une requête). Et l'utilisateur, qui ne peut matériellement consulter tant de pages, se retrouve frustré à l'issue de sa démarche. Pourtant, dans ce gisement, se trouve sans doute le document qui correspond parfaitement à ses exigences.

Les outils de recherche d'information sur l'Internet deviennent pourtant de plus en plus fiables et performants. De nombreux travaux de recherche sont également menés afin d'améliorer la qualité de l'investigation. Certains des services qui voient le jour permettent de saisir les questions en langage naturel (même si les résultats ne sont pas encore parfaitement convaincants). On peut penser que l'on pourra bientôt effectuer des recherches multilingues avec traduction simultanée, et que l'utilisateur jouira de possibilités nouvelles de recherche de documents et de tri des résultats par ordre de pertinence. C'est en effet l'un des grands problèmes posés par la recherche d'information sur l'Internet : arriver en quelques minutes à recueillir non pas l'exhaustivité de ce qui existe sur un sujet donné, mais uniquement les documents intéressants répondant à une problématique spécifique. Les techniques de l'intelligence artificielle devraient très prochainement être mises à contribution pour répondre à ce type de préoccupation. Mais, comme nous le verrons dans cet ouvrage, des outils de traitement statistique de masse donnent déjà des résultats satisfaisants.

Les outils de recherche actuels ne se cantonnent d'ailleurs pas dans le seul monde du Web et permettent, d'ores et déjà, de rechercher l'adresse E-mail d'une personne, un forum de discussion pertinent, un logiciel gratuit, et un nombre considérable d'autres informations. Ces outils feront également l'objet d'un approfondissement dans cet ouvrage.

Pages et documents

Avant d'aller plus loin, il nous semble nécessaire de revenir sur certains termes souvent évoqués à propos de l'Internet, et parfois quelque peu galvaudés.

Sur le Web, une page ou un document correspondent à un fichier écrit au format HTML, langage de description de données multimédias affichées par les logiciels « navigateurs », ou *browsers* en anglais, comme Netscape Navigator ou Microsoft Internet Explorer. Ces logiciels de navigation sur le Web sont également parfois appelés butineurs ou fureteurs.

La page affichée peut être très courte ou très longue, et correspond rarement à un format de type A4, fréquemment utilisé pour les documents papier. Le nom du fichier est du type *Document.html*, et son adresse (appelée URL pour *Uniform Ressource Locator*) ressemble à ceci :

http://www.serveur.fr/Repertoire/SousRepertoire/Document.html

Le terme *http://* indique le protocole (HTTP pour *HyperText Transfer Protocol*) utilisé par le Web pour échanger des informations entre le logiciel serveur et le navigateur.

> ***Info***
>
> *Sur la plupart des navigateurs actuels, le suffixe « http:// » n'est pas indispensable lors de la saisie d'une adresse. Ainsi, la frappe de www.ibm.fr correspondra de façon implicite à la requête http://www.ibm.fr/*
>
> *De la même façon, sur les dernières versions de ces logiciels, le suffixe « www » et le préfixe « com » sont sous-entendus. Ainsi, si vous saisissez ibm, cela équivaut à la demande de l'adresse www.ibm.com, donc de http://www.ibm.com/*

Dans l'exemple ci-dessus (*http://www.serveur.fr/Repertoire/SousRepertoire/Document.html*), il faudra donc interpréter l'adresse comme ceci : « le document affiché s'appelle *Document.html*, il se trouve sur une machine dont le nom est *www.serveur.fr*, et sur cet ordinateur, il se trouve dans le dossier *SousRepertoire*, lui-même présent dans le dossier *Repertoire* » (voir illustration page suivante).

Dans un document HTML, on trouve tous les éléments nécessaires à l'affichage multimédia des informations : texte et formatage (gras, italique, taille relative des caractères les uns par rapport aux autres), nom et adresse des images et illustrations, texte des liens (mots en couleur et soulignés) et adresses vers lesquelles l'utilisateur sera dirigé s'il clique dessus, etc.

Structure d'une adresse Web (URL)

http://www.serveur.fr/Repertoire/SousRepertoire/Document.html

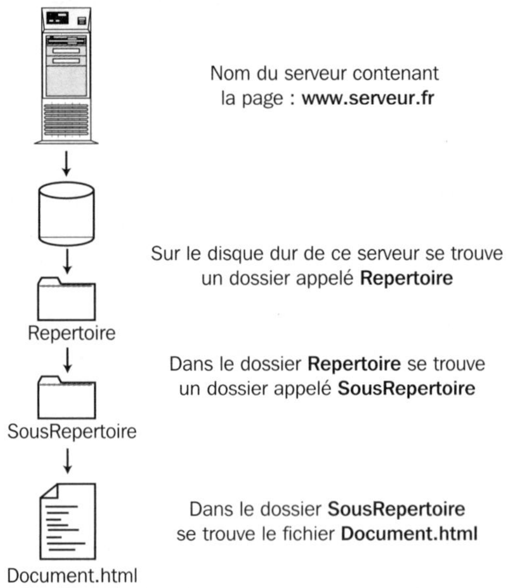

La connaissance et l'observation de l'adresse d'une page peuvent fournir un certain nombre d'indications. Ainsi, il arrive souvent, lorsque l'on désire accéder à un document, que le message « Error 404 » (intitulé : *Not Found*, *Page not found* ou *Document not found*) s'affiche. Cela se produit lorsque le serveur ne trouve pas le document demandé à l'adresse indiquée, c'est-à-dire dans le dossier donné avec le nom de document spécifié. Il est alors possible, en se fondant sur l'adresse initiale du document, de le retrouver.

Imaginons que vous ayez saisi l'adresse suivante pour rechercher un document :

http://www.adit.fr/Produits/TF/tf.html

Le message indiquant que la page demandée n'a pas été trouvée sur le serveur (équivalent à l'erreur 404) s'affiche :

Not Found

The requested object does not exist on this server. The link you followed is either outdated, inaccurate, or the server has been instructed not to let you have it.

Il convient alors d'opérer la manipulation suivante : enlevez la dernière partie de l'adresse (ici *tf.html*) et renouvelez la requête :

http://www.adit.fr/Produits/TF/

L'écran suivant s'affiche :

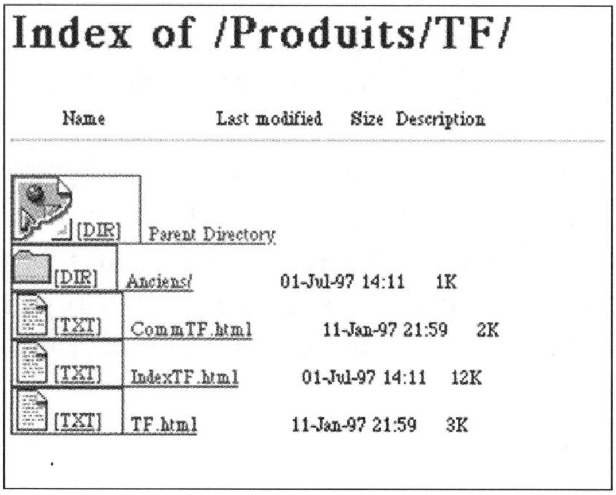

Index of /Produits/TF/

Name	Last modified	Size	Description
[DIR] Parent Directory			
[DIR] Anciens/	01-Jul-97 14:11	1K	
[TXT] CommTF.html	11-Jan-97 21:59	2K	
[TXT] IndexTF.html	01-Jul-97 14:11	12K	
[TXT] TF.html	11-Jan-97 21:59	3K	

Le serveur vous transmet sur cette page (appelée page d'index) la liste des fichiers présents sur son disque dur, dans le dossier nommé *Produits* et dans le sous-dossier *TF* (conformément à votre demande). Les sous-répertoires sont indiqués (DIR), ainsi que les documents (TXT). La date de dernière modification du document vous est également fournie, ce qui peut être intéressant (à condition, bien sûr, que l'ordinateur distant ait une date bien configurée...). Le fichier demandé se trouve dans la liste, sous le nom *TF.html*. Dans votre demande initiale vous aviez bien saisi ce nom, mais en minuscules. Or le respect des minuscules et majuscules est important dans la saisie d'une URL. Vous n'avez plus qu'à cliquer sur le lien *TF.html* pour obtenir la page désirée initialement.

Vous pouvez, de la même manière, enlever petit à petit chaque partie de l'adresse (*tf.html* puis *TF* puis *Produits*) pour remonter pas à pas l'arborescence du serveur.

Vous pouvez également ne garder que la première partie de l'adresse (*http://www.adit.fr/*). Vous reviendrez ainsi à la page d'accueil du site, avec la possibilité de redescendre l'arborescence vers la page désirée en cliquant sur les liens hypertexte. Cela peut également être intéressant lorsque le nom du site n'est pas explicite. Demander la page d'accueil vous permet de savoir à quel organisme vous avez à faire, donc qui vous délivre l'information.

Le premier réflexe à avoir, lorsque l'on se trouve en face d'une page intéressante sur le Web, est d'examiner son adresse. En effet, celle-ci est importante car elle fournit souvent un certain nombre d'indications sur l'organisme ou la personne délivrant les données affichées. Or, lorsque l'on connaît la source de l'information, il est toujours plus aisé d'en estimer la crédibilité ou la fiabilité.

Le nom de l'ordinateur, notamment, est primordial : il commence souvent par les trois lettres *www*. Cette syntaxe n'est pas obligatoire, mais représente plutôt un usage en cours sur le Web. Souvent, ces trois lettres sont suivies du nom de l'organisme propriétaire de la machine.

Quelques exemples d'adresses	
www.u-strasbg	Université de Strasbourg
www.essonne.cci	Chambre de commerce et d'industrie de l'Essonne
www.ibm	IBM
www.adit	Agence pour la Diffusion de l'Information Technologique (Adit)
www.wanadoo	France Télécom (offre Wanadoo de connexion à l'Internet)
www.nic	Network Information Center (organisme délivrant les noms de domaines français du type ibm.fr ou essonne.cci.fr)

Enfin, le dernier terme, appelé domaine, indique le pays ou le type d'entreprise ou d'organisme délivrant l'information.

Si le code est composé de deux lettres, il détermine le pays de l'organisme :

Quelques exemples de domaines géographiques			
fr	France	**dk**	Danemark
de	Allemagne	**be**	Belgique
es	Espagne	**jp**	Japon
ca	Canada	**etc.**	

Si le code est composé de trois lettres, il détermine le type d'établissement :

Les domaines par catégories	
com	Organismes à but commercial
org	Organisations à but non lucratif
net	Entreprises travaillant dans le domaine des réseaux
gov	Organismes gouvernementaux américains
edu	Universités, collèges et lycées américains
mil	Organismes militaires américains

Les trois premières terminaisons (*.com*, *.org* et *.net*) peuvent correspondre à des organismes indépendamment de leur localisation dans le monde, ce qui ne donnera que peu d'information sur celle-ci. Les trois dernières (*.gov*, *.edu* et *.mil*) sont réservées aux établissements américains.

La liste exhaustive des domaines actuels est disponible sur le site Web http://www.alldomains.com/faindex.html

Mais certains pays, comme la France, ont mis en place des spécificités dans l'attribution du nom de domaine (du type *adit.fr* ou *peugeot.fr*). Ces noms peuvent également vous donner quelques indications.

Voici quelques exemples :

amb-nom.fr désigne les ambassades de France à l'étranger (amb-wash.fr = ambassade de France à Washington).

bm-nom.fr désigne les bibliothèques municipales (bm-lyon.fr=bibliothèque municipale de Lyon).

cgxx.fr désigne les conseils généraux (cg13.fr = Conseil Général des Bouches-du-Rhône).

ed-nom.fr ou **editions-nom.fr** désigne les éditeurs d'ouvrages (ed-concorde.fr = Éditions Concorde).

gouv.fr désigne les organismes gouvernementaux (justice.gouv.fr = ministère de la Justice français).

ot-nom.fr représente les offices de tourisme (ot-avignon.fr = office de tourisme d'Avignon).

univ-nom.fr ou u-nom.fr désigne les universités (univ-rennes1.fr = université de Rennes1, u-grenoble3.fr = université de Grenoble3).

Etc.

La charte de nommage française complète est disponible sur le site Web du NIC (Network Information Center) France à l'adresse :
http://www.nic.fr/Procedures/nommage.html

Info

Répétons-le, la connaissance de la source d'information vous permettra, dans un grand nombre de cas, de vous faire une idée de la fiabilité des données affichées.

Enfin, de nouveaux domaines vont apparaître :

Les nouveaux domaines	
info	Entreprises travaillant dans le domaine de l'information
web	Entreprises travaillant dans le domaine du Web
arts	Arts
rec	Loisirs (*recreation*)
firm	Présentations d'entreprises
store	Magasins électroniques
nom	Utilisateurs individuels

Info

Une explication détaillée de ces nouveaux domaines est disponible sur le site Web de l'IAHC (Internet International Ad Hoc Committee) à l'adresse http://www.iahc.org/docs/draft-iahc-recommend-fr.htm

Serveurs, services et sites

Reprenons le cours de nos définitions. Un serveur est un ordinateur répertoriant, sur son disque dur, un ensemble de pages servant à diffuser de l'information. Il s'agit ici d'un concept technique, un serveur (donc une machine) pouvant héberger plusieurs services (ou sites) d'information.

Comme nous venons de le voir, le mot serveur fait référence à une machine. La notion de site (ou service) correspond, quant à elle, à un fournisseur d'information. En effet, un même serveur pourrait très bien héberger les sites de la BNP, d'une chaîne hôtelière et d'un vendeur de parfum. Chacun de ces organismes dispose de son propre site, mais tous se trouvent, techniquement, sur le disque dur d'un même serveur, d'un même ordinateur.

Il faut également éviter de se méprendre sur la notion de site. On a tendance à indiquer le chiffre de 2 000 nouveaux sites créés chaque jour dans le monde, chiffre exact en soi et tout à fait considérable. Il comptabilise, par exemple, le site du ministère des Finances français (plusieurs milliers de pages disponibles), mais également celui d'un habitant d'un village alsacien présentant (sur une seule page) le petit vin que produit son voisin.

Un site peut donc comporter un volume considérable d'information ou se résumer à une seule page.

Quelques grands concepts

Les médias font leurs choux gras de l'Internet. On a parfois l'impression que toute la connaissance, tout le savoir de l'humanité sont concentrés sur ce seul média. Il ne faut pourtant pas perdre de vue un fait essentiel : l'Internet n'est pas devenu en quelques mois l'unique source d'information. Tout le savoir de la planète ne se trouve pas sur ce réseau. Une recherche peut donner des résultats extraordinaires en quelques minutes, mais également se révéler décevante après plusieurs heures perdues à naviguer d'une page à l'autre. Il faudra parfois se résoudre à renoncer à trouver l'information cherchée sur l'Internet, et envisager d'autres moyens d'investigation (presse, consultation d'experts, de bases de données de type Questel, DataStar, etc.).

Mais, tout compte fait, l'Internet représente un superbe défi pour les années à venir et un potentiel sans précédent. Le volume de données qui s'y trouve est sans commune mesure avec ce que des bibliothèques traditionnelles pouvaient receler. Il sera sans doute infime au regard des quantités d'information qui seront disponibles sur ce réseau dans les prochaines années. La qualité qui, pour l'instant, fait quelque peu défaut sera également bientôt au rendez-vous. Mais, pour le moment, l'Internet n'est qu'une source, parmi tant d'autres, qui se cherche encore un équilibre dans un mouvement chaotique où les projets d'amateurs et de gros professionnels se télescopent, et où les techniques se développent à un rythme tel qu'il devient impossible de prévoir vers quels points fixes elles vont converger.

La pire des situations serait de s'entêter devant un écran durant des heures à la recherche d'informations qui ne se trouvent pas sur l'Internet. Mieux vaut même, sauf exception, ne pas chercher une information sur l'Internet, si c'est pour ne la trouver qu'après trois ou quatre heures de recherche. La satisfaction du devoir accompli ne pourra compenser le temps consacré (on pourrait dire « gaspillé ») à une recherche dont le coût élevé n'est pas justifié par la valeur intrinsèque de l'information récupérée.

C'est là la clé de la recherche d'information sur l'Internet : comment savoir en un laps de temps raisonnable, moins d'une demi-heure, si le réseau et ses différents outils possèdent un potentiel informatif nécessaire pour atteindre le but espéré. Il ne s'agit pas, répétons-le, de trouver l'information en moins d'une demi-heure, mais bien d'évaluer, dans ce laps de temps, la pertinence d'une recherche sur l'Internet par rapport aux ressources offertes par un autre média. Cette recherche, parfois difficile aujourd'hui, sera certainement simplifiée dans les années qui viennent avec les progrès technologiques des moteurs de recherche présents ou à venir.

Il existe une autre règle que l'on apprend vite : ne jamais prendre pour argent comptant une information trouvée sur l'Internet. En effet, il est parfois difficile d'identifier la source originale d'un document. Et même lorsque cela est possible, il n'est pas certain que l'information dispensée soit fiable. Un grand nombre d'entreprises commerciales sont aujourd'hui présentes sur le réseau et il est évident (sinon normal) que les informations que l'on trouve sur leurs serveurs, et notamment sur leurs services Web, sont subjectives. Il ne s'agit pas ici de mensonges éhontés, mais plutôt de « vérité déguisée » ou d'oubli de certaines informations, peut-être défavorables... On pourrait d'ailleurs citer quelques exemples de désinformation en bonne et due forme ayant eu l'Internet comme terrain de prédilection. La guerre concurrentielle fait rage dans un grand nombre de secteurs industriels et il n'y a aucune raison qu'il n'en soit pas de même sur le « réseau des réseaux ». Toutefois, l'Internet est encore loin de ce que certains ont appelé « les autoroutes de la désinformation ».

Un utilisateur peut également « mentir de bonne foi » en donnant une information qu'il croit être exacte et qui se révèle erronée. N'oublions pas que tout utilisateur de l'Internet peut être à la fois auteur et diffuseur d'information. La plupart des fournisseurs d'accès à l'Internet (*providers*), pour le prix de l'abonnement mensuel de connexion au réseau, réservent à leurs clients un espace sur leurs disques durs (le plus souvent 1 à 10 Mo) pour diffuser de l'information. Tout client peut ainsi créer ses propres pages HTML sur le sujet de son choix (dans la limite des textes législatifs existants, bien entendu), les transférer sur le serveur de son fournisseur d'accès, puis les mettre à jour ou les enrichier à son gré. Personne ne vient contrôler l'information ainsi mise en place avant sa diffusion. Si ce principe est extraordinaire dans son concept – toute personne peut s'exprimer, créer son propre reportage ou sa propre revue, quasiment gratuitement –, il demande, lorsque l'on se place du côté de l'utilisateur, que soit toujours effectuée une vérification a posteriori. Qu'on le veuille ou non, cette vérification est aujourd'hui nécessaire, quel que soit le média utilisé (presse, radio, télévision ou autre).

D'autre part, il n'existe pas réellement de standard dans la présentation d'un document sur l'Internet : nom de l'auteur, date de création, et, dans une moindre mesure, date de mise à jour et taille, toutes ces données sont souvent impossibles à obtenir de façon fiable et simple si le créateur de l'information lui-même ne les fournit pas de son propre chef. Il faudra alors parfois se résoudre à abandonner certains documents, d'origine trop incertaine pour que l'on puisse compter sur leur fiabilité.

Autre fait marquant de l'Internet : l'information qu'on y trouve est encore majoritairement gratuite. Même si certains prédisent la fin de cette situation, notamment grâce aux systèmes de porte-monnaie virtuel (de type Kleline), qui se mettent en place un peu partout dans le monde, la gratuité du contenu devrait cependant perdurer encore quelques années.

Le système de porte-monnaie-virtuel Kleline est exposé sur le site http://www.kleline.fr/
D'autres systèmes de paiement en ligne actuels sont également décrits à l'adresse :
http://www.latribune-desfosses.fr/@pme/vendre/indexven.html

Info

En effet, le modèle économique le plus répandu sur l'Internet à l'heure actuelle est celui qui met gratuitement l'information à disposition, au travers de pages sponsorisées (nous en verrons des exemples au chapitre 1, avec la presse en ligne). Plus clairement, beaucoup d'organismes fournissent de l'information gratuite, mais se rémunèrent en rajoutant sur leurs pages des bandeaux publicitaires payés par des annonceurs. On retrouve ici le vieux principe des journaux de petites annonces gratuits qui font florès dans nos boîtes à lettres (qui, elles, n'ont rien de virtuel). Des régies publicitaires, créées spécialement pour l'occasion, aident les entreprises à mettre en place de nouveaux types de plans marketing adaptés à l'Internet.

Car ce réseau offre, dans ce cas, des avantages incomparables. Imaginez un journal papier dans lequel vous auriez instantanément le catalogue complet d'un annonceur dès que (et uniquement quand) vous le désirez. C'est bien ce qui se passe sur les pages Web, où un simple clic de souris sur le bandeau publicitaire vous permet d'accéder au service complet de l'entreprise ayant fait insérer l'annonce. On peut même envisager d'afficher le bandeau dans la langue correspondant au nom de domaine de l'utilisateur connecté (le français pour *.fr*, l'allemand pour *.de*, etc.), le clic de souris « fatidique » emmenant, bien entendu, ce dernier sur un service dans la même langue. Cette situation commence à fortement intéresser les annonceurs, ce qui permet de penser que la gratuité de l'information sur l'Internet a encore un bel avenir...

Enfin, on a trop souvent tendance, lorsque l'on évoque l'information sur l'Internet, à ne parler que du Web et de ses services multimédias. On oublie ainsi toute l'information dite « informelle » que l'on peut obtenir au travers d'outils comme les forums de discussion ou les listes de diffusion. Pourtant, s'il est intéressant de connaître les dernières caractéristiques techniques d'un modèle automobile – disponibles sur le site Web du constructeur –, il est primordial de savoir ce que les gens en pensent. Les forums et listes de diffusion peuvent donner des indications précieuses à ce sujet.

D'autre part, les technologies push, que nous évoquerons dans le chapitre 4, donneront également un autre type d'information, notamment sur l'actualité d'un domaine, quasiment en temps réel. Les systèmes de push s'affirment comme une réelle alternative au Web tout en restant complémentaires, l'information étant distribuée à l'utilisateur selon un « modèle » prédéfini, configuré au préalable et répondant parfaitement aux besoins de l'internaute (utilisateur de l'Internet).

Un ouvrage sur la recherche d'information : pour qui, pourquoi ?

Il nous a semblé important, pour répondre à un besoin grandissant en matière de manipulation d'outils de recherche sur l'Internet, d'y consacrer un ouvrage. La plupart des internautes sont séduits par l'information qu'ils trouvent sur le réseau. Ils demeurent néanmoins peu performants dans leurs recherches. Ainsi, 90 % d'entre eux se contentent de la plus élémentaire des requêtes, formée d'un ou deux mots clés. Pire, l'adjonction d'un second mot clé a souvent pour but de restreindre le nombre de documents obtenus en réponse. Dans la réalité, ce second mot clé élargit d'autant la recherche, ce qui conduit au résultat inverse de celui recherché. Lorsqu'ils découvrent les possibilités réelles de moteurs de recherche et qu'ils se familiarisent enfin avec la signification et l'effet des différentes manipulations, les utilisateurs décuplent leur efficacité.

D'autre part, des services très utiles, qui permettent de rechercher, par exemple, l'adresse E-mail d'un correspondant, le contenu de FAQ (*Frequently Asked Questions*, traduit en français par Foire Aux Questions), ou les archives des forums de discussion, sont souvents méconnus, voire inconnus des utilisateurs.

Nous nous attacherons, dans un premier temps, à étudier les différents types de structures (depuis la multinationale jusqu'à l'utilisateur individuel, en passant par les sites gouvernementaux) qui fournissent de l'information à travers l'Internet, et nous les commenterons. Puis, nous passerons en revue les principaux moteurs de recherche disponibles à l'heure actuelle sur le Web.

Nous verrons quelles sont les autres sources d'information présentes sur l'Internet (presse en ligne, FAQ, listes, etc.) et étudierons les systèmes de *push,* de type Pointcast ou Backweb, qui permettent à l'utilisateur de s'abonner à des canaux d'information, selon le modèle télévisuel. Nous nous attacherons ensuite à décrire les projets en cours dans le domaine des agents intelligents, qui devraient révolutionner la recherche d'information dans les années qui viennent.

Les systèmes qui permettent de rechercher l'adresse E-mail d'une personne connectée sur le réseau feront l'objet du sixième chapitre.

Le septième sera consacré aux autres services de l'Internet : les listes de diffusion et les forums de discussion (*Newsgroups*). Puis, les logiciels et les serveurs FTP seront examinés. L'objectif de ces chapitres sera d'ouvrir des pistes pour rechercher de façon efficace des données sur ces services (liste des listes de diffusion, comment trouver un forum de discussion intéressant, comment l'utiliser lors d'une recherche d'information...).

Quelques informations plus techniques seront ensuite données à propos d'outils comme Traceroute, Whois, Ping, Bing ou Finger.

Nous continuerons avec la présentation d'une méthodologie de recherche d'information. Celle-ci devrait vous permettre d'être plus performant dans vos travaux, et vous éviter de passer des heures sur le réseau à chercher vainement une information. Combien de fois avez-vous tant navigué qu'à la fin vous oubliiez ce que vous cherchiez ?

Enfin, nous commenterons quelques exemples de recherches de différents types, qui vous seront d'une grande utilité lorsque votre tour viendra de prendre en main le clavier...

Info

RÉSUMÉ DU CHAPITRE

• La stratégie d'une recherche d'information sur l'Internet consiste à connaître en une demi-heure le potentiel du réseau par rapport aux questions posées : soit on continue, soit on s'arrête.

• L'Internet, ce n'est pas que le Web : les forums de discussion et les listes de diffusion sont des sources d'information essentielles. Les technologies push sont également des voies d'avenir.

• Le premier réflexe à avoir lorsqu'on affiche un document est de décrypter son adresse (URL).

• On ne trouve pas TOUT sur l'Internet, qui est un média complémentaire de la presse, des banques de données et des contacts d'experts. Certains disent que l'on trouve plutôt DE TOUT sur le réseau...

• Il est primordial de toujours vérifier a posteriori une information trouvée sur l'Internet.

Chapitre 1

TYPOLOGIE DES SOURCES D'INFORMATION

Un grand nombre d'entreprises, d'organismes et d'individus fournissent de l'information sur l'Internet, depuis la multinationale jusqu'au passionné qui a créé sa « page perso ». Le premier réflexe à avoir, lorsque l'on accède à un document correspondant à sa requête, est d'en vérifier la pertinence et la fiabilité. L'origine des pages consultées en donnera une première idée. Nous allons, dans les pages qui viennent, établir un premier niveau de segmentation de ces sources d'information.

Les entreprises (sources « officielles »)

Un grand nombre d'entreprises ont mis en place des sites dits « institutionnels ». Au menu : catalogues, produits, prix, coordonnées postales et téléphoniques, E-mail pour les joindre, mot du Président, chiffres-clés, bilans, etc. C'est, bien entendu, une source de départ essentielle pour connaître l'état de l'art de l'offre d'une entreprise.

L'évolution de l'Internet est telle que rares sont les entreprises à ne pas avoir mis en place un site Web, y compris dans certains pays en voie de développement. Ce sont maintenant les PME et les professionnels indépendants qui présentent leur activité sur le Web. Dans quelques années, un balayage exhaustif de l'activité professionnelle d'un pays sera certainement possible sur ce média.

Une rubrique intéressante à consulter sur un site d'entreprise est la rubrique « Actualités » (*What's new,* en anglais). Y sont souvent décrits les derniers produits, les dernières offres de services de l'entreprise, parfois bien avant que la presse n'en parle. Il se passe souvent plusieurs jours, voire plusieurs semaines avant qu'un communiqué de presse, réalisé par l'entreprise, ne soit réceptionné par le journaliste, et, ensuite, avant que l'article ne soit écrit, publié, diffusé et enfin lu (on sait bien que la circulation des revues dans les entreprises pose toujours de nombreux problèmes). Sur le site Web, cette information est présente, la plupart du temps, le jour même de l'annonce, donc celui de la réalisation du communiqué de presse. Cette rapidité d'information, notamment en ce qui concerne des entreprises concurrentes dans un secteur, peut parfois se révéler déterminante.

D'autre part, les expériences accumulées au cours des deux dernières années ont clairement montré qu'une entreprise ne pouvait se contenter d'un site « institutionnel » ou d'une vitrine statique sur le Web. L'utilisateur, qui se connecte à un service, sera peut-être très content d'y trouver le bilan financier de l'année précédente et le mot du président, mais il n'y reviendra pas si l'information n'est pas vivante ou si elle ne possède pas une réelle valeur ajoutée. Ainsi, la plupart des sites Web d'entreprises fournissent maintenant de riches dossiers d'information pour attirer le client. La stratégie est simple : il est plus facile de vendre, même dans la « vie réelle », à un client qui se trouve dans sa boutique plutôt que dans la rue où il peut être tenté d'aller chez le concurrent d'en face (et, sur le Web, on est en général à un clic de souris du site de la concurrence). Les entreprises fournissent donc des dossiers, souvent très complets, sur leur domaine d'activité. Un constructeur automobile proposera des informations techniques et économiques sur le véhicule électrique ou sur les systèmes à gaz de pétrole liquéfié (GPL); une agence immobilière fournira un dossier complet sur le marché de la vente d'appartements en France; une banque vous aidera à choisir et à constituer un portefeuille boursier, etc.

Ces renseignements, placés sur le site Web dans un but d'avantage concurrentiel, feront le bonheur des connectés qui disposeront d'un gisement d'information inépuisable, souvent très complet et régulièrement mis à jour (c'est la crédibilité de l'entreprise qui est en cause). Bien entendu, il faudra considérer avec une attention soutenue la fiabilité des données ainsi diffusées, qui ne défavoriseront jamais l'entreprise qui les présente – cela semble clair –. Mais il s'agit cependant d'une source de départ non négligeable.

Cerise sur le gâteau, la plupart de ces entreprises vous proposent de vous envoyer par E-mail les dernières annonces concernant leur activité. Vous n'avez plus à vous connecter sur le Web pour aller chercher l'information, c'est elle qui vient à vous. On se rapproche alors de la notion de *push* qui sera développée au chapitre 4.

En revanche, il est inutile de chercher sur ces pages les projets stratégiques et ultra secrets à 10 ans des entreprises concurrentes de votre secteur d'activité. Celles-ci ne divulguent bien évidemment pas ce type d'information sur leurs sites Internet. Cela semble une évidence, mais il est bon parfois de rappeler que l'Internet n'est pas un avatar de la caverne d'Ali Baba...

Info

Les sites Web d'entreprises se trouvent généralement de trois façons : si l'on recherche un éventail le plus large possible de sociétés travaillant sur un thème précis (évaluation de la concurrence présente sur l'Internet, par exemple), le moyen de plus efficace consiste à utiliser les moteurs de recherche par thèmes (voir chapitre 2) où sont répertoriés tous les sites d'un domaine donné. La recherche intuitive (voir le chapitre 10 sur la méthodologie) est également un bon moyen d'investigation si l'on recherche une entreprise dont on connaît le nom. Enfin, les possibilités host: *et* url: *du service AltaVista (voir chapitre 3) donnent également de bons résultats.*

Les sites de référence

Un certain nombre de sites dits « de référence » ont vu le jour ces dernières années sur le Web. Il s'agit, la plupart du temps, de services mis en place par des associations, des organismes à but non lucratif ou des sociétés privées, qui ont pour but de faire le point sur un domaine d'activité, de devenir le carrefour et le point d'entrée indispensables lorsqu'on s'intéresse à un thème particulier.

Quelques sites de référence	
www.wateronline.com	Water on Line. L'eau dans le monde.
www.envirolink.com	Envirolink. Environnement .
www.qualisteam.com **www.finance-net.com**	Qualisteam et Finance-Net. Banques et finance.
www.enews.com	Electronic Newsstand. Revues et périodiques.
www.latribune-desfosses.fr/@pme/indexpme.html	Web des PME mis en place par le journal *La Tribune*.

Des dizaines de sites de ce type sont disponibles, et ce sur les thèmes les plus divers. Y sont présentés la liste des services Web du domaine couvert, l'actualité, souvent quotidienne, la possibilité d'abonnement à des lettres d'information diffusées par E-mail, des forums permettant de débattre de sujets divers entre internautes (des experts appartenant à la structure propriétaire du Web répondent également souvent aux questions posées), des bibliographies, la liste des entreprises travaillant dans le domaine en question (sans qu'elles soient nécessairement présentes sur le Web), les associations, des FAQ (voir chapitre 4), les opportunités d'emploi, les colloques et conférences, des guides d'achats, des dossiers complets d'information sur des points précis, etc.

L'objectif de ces sites est souvent atteint : ils constituent un point de passage obligé lorsque l'on s'intéresse à un sujet donné, car ils sont souvent proches de l'exhaustivité.

Info

Il n'existe pas, à notre connaissance, d'outil spécifique pour trouver ces sites de référence. Seuls les moteurs de recherche par thème (voir chapitre 2) pourront vous donner des indications et vous aider dans vos recherches. On les trouve généralement en bonne place dans les listes d'adresses fournies par ces moteurs.

La recherche par mots clés est plus aléatoire, mais il suffit généralement de tomber sur un site de référence pour y trouver des liens avec d'autres sites de même vocation.

Les pages bénévoles

L'Internet est un média extraordinaire dans le sens où il permet à chaque connecté de faire partager ses passions au plus grand nombre pour un moindre coût. Chaque utilisateur peut, s'il est connecté au travers d'un fournisseur d'accès – fort nombreux à l'heure actuelle –, profiter d'un espace sur les disques durs de son prestataire pour diffuser de l'information sur les thèmes qu'il désire.

Telle personne fournira la liste des différents métiers existant dans le domaine de l'environnement (en spécifiant les universités ou écoles dispensant les cours adéquats, les salaires moyens à envisager et les organismes à contacter) ou celle des services Minitel traitant des chiens et des chats. Telle autre partagera son expérience dans la création d'entreprise ou parlera du bon vin de sa commune, de sa voiture favorite ou du logiciel qu'il vient de mettre au point. Il est incroyable de voir à quel point l'Internet suscite des vocations d'apprenti journaliste. Ces « pages personnelles » (*homepages*) sont légion sur le Web et se chiffrent en dizaines de milliers. Toute cette information est, bien entendu, gratuite. Ce sont des passionnés qui fournissent de l'information sur un spectre très large de thèmes, tout simplement pour partager leur passion. Il s'agit d'universitaires ou de chercheurs qui parleront de leurs derniers projets, mais également de beaucoup de particuliers séduits par ce nouveau média qui permet de proposer son propre reportage, son propre journal de façon très simple et interactive, et d'échapper aux contraintes sévères de la profession.

Ces pages HTML sont très souvent conçues par l'auteur des informations, ce qui peut parfois expliquer la relative médiocrité du graphisme utilisé (du type écriture verte sur fond noir, par exemple). Mais l'information divulguée est souvent de première qualité même si, là encore, il faut souvent contrôler la fiabilité des données ainsi diffusées. Sans aller jusqu'à parler de désinformation, le caractère non professionnel de ces documents les expose à l'approximation et au manque de rigueur. Aucune structure ne contrôlant les documents mis en ligne, l'internaute peut tout simplement « mentir de bonne foi » et donner des informations fausses en les croyant exactes...

La notion de liste constitue une des caractéristiques principales de ces pages. Beaucoup d'utilisateurs individuels, lorsqu'ils mettent en place leurs pages personnelles, proposent une liste des meilleurs sites traitant d'un thème particulier : liste des banques présentes sur l'Internet, liste des pages consacrées aux dauphins, liste des meilleurs sites s'intéressant aux Harley-Davidson, etc. Ces pages sont d'une très grande utilité car il est souvent très difficile de s'y retrouver dans la profusion de services. Des passionnés vous ont précédé sur le Web et ont consulté tous ces sites. Ils vous proposent donc un *best of* de ce qui s'y trouve concernant leur domaine de prédilection. Bien entendu, cela reste subjectif (sur quels critères se sont-ils fondés pour établir qu'un site est meilleur qu'un autre ?), mais cela constitue un bon point de départ pour engager ses recherches dans un domaine précis. Pourquoi aller rechercher des sites pendant des heures, alors que l'essentiel du travail a déjà été réalisé par une autre personne ? Il est cependant conseillé, sur l'Internet, d'envoyer un E-mail à l'auteur de ces pages, pour lui faire don d'informations pouvant compléter son travail. Il vous a aidé en vous faisant gagner du temps, aidez-le à améliorer et mettre à jour ses pages !

Info

Les listes peuvent être trouvées sur l'Internet au travers du site Yahoo! qui les indexe par le terme Indices (voir chapitre 2) sur un grand nombre de pages traitant d'un domaine paticulier. Les pages personnelles sont parfois référencées sur les moteurs de recherche par thèmes, mais elles le sont, le plus souvent, sur les noms des auteurs, triés par ordre aphabétique, ce qui n'améliore pas réellement la recherche.

Les laboratoires de recherche et les universités

Quasiment tous les laboratoires de recherche et les universités dans le monde ont aujourd'hui un site Web qui présente leurs travaux, des documents de référence, des thèses, et fait un point sur les technologies en cours. Les revues spécialisées sur support papier ont très souvent leur pendant électronique sur le Web. Certains étudiants présentent également leurs travaux directement sur le site de leur université, où l'on peut trouver également le cursus et les activités du campus. C'est souvent une bonne source pour s'informer des colloques scientifiques prévus partout dans le monde.

En règle générale, les laboratoires de recherche proposent un contenu beaucoup plus élaboré (notamment un nombre croissant de bases de données scientifiques en ligne) que celui des universités qui, bien souvent, se contentent de présenter leurs cours et de mettre en place un mini-site créé par le Bureau des Élèves.

Introduction
Sources d'information
Moteurs de recherche par thèmes
Moteurs de recherche par mots clés
Autres outils
Métamoteurs et agents intelligents
E-mail
Forums, listes de diffusion
Logiciels
Outils techniques
Méthodologie de recherche
Exemples commentés
Conclusion

Le premier constat que nous pourrons établir sur l'état actuel de l'Internet est que les services qui y sont proposés donnent une part extrêmement réduite à l'activité lucrative. Si l'information que l'on y trouve est souvent gratuite, elle est malheureusement très technique et son format est parfois rébarbatif.

Info

Pour trouver rapidement des informations sur les laboratoires de recherche et les universités américaines, servez-vous de la possibilité domain:edu d'AltaVista (voir chapitre 3) qui restreindra votre recherche aux sites dont le nom se termine par .edu.
Sinon, les moteurs de recherche par thèmes (chapitre 2) seront les plus efficaces pour trouver la page d'accueil d'un laboratoire dont on connaît le nom. Les moteurs de recherche par mots clés (chapitre 3) seront indispensables pour chercher de l'information sans connaissance préalable de la source.
Attention, dans le cas où un laboratoire de recherche met en ligne une base de données accessible par saisie de requête (de mots clés), les informations contenues dans cette base ne seront pas indexées par les moteurs de recherche par mots clés de type AltaVista. Cette restriction sera examinée dans le chapitre 3.

Les bibliothèques

Un grand nombre de bibliothèques proposent des sites sur le réseau. Elles présentent notamment des possibilités de recherche bibliographique très poussées. Certaines fournissent même des ouvrages en ligne.

Des expositions électroniques, culturelles ou historiques, sont souvent proposées. Prenons pour exemple le site de la Bibliothèque nationale de France (*www.bnf.fr*) qui a mis en ligne sa base nommée Opale-BN. Cette base contient plus de deux millions de références :

• tous les livres entrés par dépôt légal, achat, don ou échange depuis 1970,

• les périodiques entrés par dépôt légal, abonnement, don ou échange depuis 1960,

• les ouvrages anonymes du XVIe au XVIIIe siècle,

• les microformes de sauvegarde commercialisées par le service de la reproduction,

• les documents informatiques recensés depuis 1994,

• le catalogage partagé avec des bibliothèques universitaires ou spécialisées,

• la gestion partagée du dépôt légal avec les bibliothèques habilitées,

• la production de la Bibliographie nationale française (livres, publications officielles, publications en série, soit au total 48 000 références par an).

L'information diffusée est tout à fait considérable. Malheureusement, les interrogations de bases de données sur la plupart des bibliothèques nationales dans le monde se font encore très souvent au moyen de l'outil Telnet (en mode texte), ce qui confine l'exploitation de ces bases au cercle des bibliothécaires et documentalistes spécialisés. L'interface texte enlève une forte dose de convivialité àl'interrogation de ces bases.

Il est également dommage qu'il n'y ait pas de domaine (de type *.com*, *.info* ou *.arts*) réservé pour les bibliothèques, ce qui aurait facilité bon nombre de recherches. Il n'existe pas non plus (pas encore en tout cas, voir le projet Gabriel ci-après) de moteur de recherche propre à la majeure partie de ces établissements, qui permettrait d'effectuer une requête sur plusieurs sites en une seule saisie. Pour réaliser des recherches, si l'on ignore la localisation exacte de l'information, il faudra passer en revue la majorité des bibliothèques et effectuer les mêmes interrogations sur les bases de données spécifiques de chacune d'entre elles. En effet, la recherche sur ces sites se faisant souvent à l'aide de formulaires de saisie, l'utilisation des moteurs de recherche par mots clés se révélera souvent inefficace (voir chapitre 3).

Info

La liste des bibliothèques possédant un service Web dans le monde se trouve sur le site Web :
http://sunsite.berkeley.edu/Libweb/

Le projet Gabriel a pour ambition de regrouper des interrogations sur les serveurs Web des bibliothèques nationales européennes.
http://portico.bl.uk/gabriel/fr/welcome.html

Les sites gouvernementaux et institutionnels

Dans un certain nombre de pays, comme les États-Unis et le Canada, il existe des dizaines, voire des centaines de sites institutionnels diffusant l'information publique. Dans ces pays, il est même courant que ce type d'information soit disponible gratuitement sur un site Web.

Ces services constituent donc des sources irremplaçables : textes législatifs, mesures prises dans un domaine précis, projets en cours, actions des gouvernements, dossiers de fond, forums de discussion, glossaires, actualité. La quantité d'information fournie est considérable, et ce grâce à l'Internet, sans lequel rien de tel ne serait possible.

En France, où l'on a eu longtemps l'habitude de vendre l'information publique sur le Minitel (au prorata du temps passé), les réflexes de diffusion gratuite par l'Internet ont été longs à venir. Il semblerait cependant que l'on s'oriente maintenant dans cette voie. La plupart des Ministères ont mis en place un site Web et certains (la Culture ou les Finances, notamment) sont de véritables mines d'or où chacun peut puiser l'information qui l'intéresse particulièrement. Cette situation devrait encore s'améliorer dans les mois et les années qui viennent.

Info

Vous trouverez un certain nombre d'informations sur les sites gouvernementaux dans le monde sur les pages suivantes :

http://www.fin.gc.ca/links/pubadmf.html

http://www.nctech.fr/NCTech/html/Francais/InternetGouvernements.html

Plus particulièrement, voici quelques adresses de services relatifs à des sites gouvernementaux nationaux :

Australie : http://gov.info.au/

États-Unis : il est possible d'effectuer des recherches sur AltaVista en utilisant la restriction domain:gov (chapitre 3) mais le service FedWorld (http://www.fedworld.gov/) devrait répondre à vos attentes.

Japon : http://www.kantei.go.jp/index-e.html et http://www.kantei.go.jp/foreign/server-e.html

France. Annuaire des services Internet de l'Administration française : http://www.admifrance.gouv.fr/

Union Européenne : http://europa.eu.int/index.htm

G7 : http://www.g7.utoronto.ca/ et http://www.g7.com/

OCDE : http://www.oecd.org/

ONU : http://www.un.org/

Les banques de données

Les banques de données traditionnelles viennent petit à petit sur l'Internet. Certaines fournissent de l'information par l'intermédiaire de l'outil Telnet (en mode texte), d'autres sur le Web.

Elles n'offent pas encore la richesse de leurs interfaces plus « classiques » (au travers de logiciels de communication, du Minitel ou d'outils spécifiques), mais le contenu de ces sites s'est considérablement amélioré depuis peu de temps. Un état des lieux s'impose car on peut parier que le Web deviendra à terme le vecteur quasi unique de diffusion d'information pour ces organismes.

Info

Voici quelques adresses de banques de données sur le Web :
Dialog / DataStar
http://www.dialog.com/
Questel/Orbit
http://www.questel.orbit.com/
Lexis-Nexis
http://www.lexis-nexis.com/
CAS OnLine / STN
http://www.cas.org/
Yahoo
http://www.yahoo.com/Business_and_Economy/Companies/Information/
Page qui vous donnera une foule d'informations sur les bases de données en ligne.

Les organismes de presse

La presse est l'un des premiers corps de métier à être touché de plein fouet par l'essor de l'Internet. En effet, on trouve depuis longtemps dans les pays anglo-saxons, et depuis quelques mois en France, un grand nombre de revues et quotidiens en ligne – mais qui existent également au format papier – fournissant, souvent gratuitement, de l'information générale ou spécifique d'un domaine particulier, au travers de services Web.

Gratuitement, avez-vous dit ? Cette situation pourrait sembler bizarre, en ce sens que les revues au format papier sont, elles, payantes. Pourtant, le domaine du *on-line* amène d'autres réflexions, d'autres modèles économiques que ceux auxquels nous sommes couramment habitués. Examinons, pour bien comprendre la révolution que l'Internet va engendrer dans le domaine de l'édition, les charges et recettes liées à la publication d'une revue papier, par exemple d'un hebdomadaire :

Revue au format papier
Charges - Coûts de fonctionnement
• **Papier** • **Fabrication des films, impression** • **Mise en pages** • **Contenu (pigistes, journalistes)** • **Diffusion (NMPP...)**
Recettes
• **Vente en kiosques** • **Abonnements** • **Publicité**

Les charges se répartissent en trois grandes familles : la création (coût du papier, de la mise en pages, reprographie, impression), la diffusion (par l'intermédiaire des NMPP ou d'un autre organisme), et les charges sociales (paiement des journalistes et des pigistes). Les recettes, pour leur part, sont apportées par les ventes (au numéro ou par abonnement) et, pour une grande partie, par la publicité (souvent près de 50 % des gains).

Qu'en est-il maintenant pour une version électronique du même journal, diffusée gratuitement sur un site Web ?

Revue au format électronique sur l'Internet

Charges - Coûts de fonctionnement

- **Papier**
- **Fabrication des films, impression**
- **Mise en pages**
- **Contenu (pigistes, journalistes)**
- **Diffusion (NMPP...)**

Recettes

- **Vente en kiosques**
- **Abonnements**
- **Publicité**

Les coûts sont réduits au moins des deux tiers. En effet, pour mettre en place un service Web, vous n'avez plus besoin de papier. Il n'y a donc plus d'impression ni de films. Tout se passe comme si l'organisme de presse mettait un exemplaire unique de l'hebdomadaire sur son trottoir, le client venant sur place lire ou photocopier les passages qui l'intéressent. Les coûts d'impression sont donc déportés chez l'utilisateur (sur son imprimante). La mise en pages est réduite à sa plus simple expression. En effet, un grand nombre de revues sur l'Internet sont mises à jour automatiquement par des logiciels qui vont, la nuit, « piocher » dans le contenu du journal papier – préalablement numérisé – et le transformer au format HTML, selon un canevas (une « maquette ») préconçu. Les coûts de diffusion sont également supprimés, puisque c'est l'utilisateur qui vient chercher l'information sur le serveur. Ils sont ainsi déportés sur l'utilisateur qui paye sa connexion à l'Internet. Restent alors les salaires des journalistes et des pigistes, qui continueront à être payés (du moins faut-il l'espérer...). Dans ces calculs, nous parlons des coûts de fonctionnement et non pas des coûts d'investissement. Nous ne comparons donc pas le prix d'une rotative à celui d'un serveur Web. Il est d'ailleurs évident que cette comparaison serait largement favorable aux outils de l'Internet.

Les recettes, de leur côté, seront quasi uniquement assurées par de la publicité sous la forme de bandeaux loués par des annonceurs vantant les mérites de leurs produits et services. On constate donc qu'en dépit de la diffusion gratuite de l'information, les bénéfices sont bien plus importants sur un format électronique que pour une version papier, même si les deux médias sont – et resteront certainement longtemps – complémentaires. Sans compter que le client a tout à gagner puisqu'il bénéficie d'une information désormais gratuite (aux frais de communication près).

Mais ce ne sont pas là les seuls atouts de l'Internet pour le monde de la presse. Il permet d'enregistrer de nouveaux clients et de fidéliser les anciens. Il permet également de donner des informations régionales à des personnes « du cru », qui vivent à l'étranger. C'est notamment le cas du quotidien *Les Dernières Nouvelles d'Alsace* qui permet aux Alsaciens expatriés dans le monde entier de se tenir au courant de l'actualité de leur région sans délai, alors qu'auparavant ils recevaient la copie sur papier avec plusieurs jours de retard. On ne peut rêver mieux en termes de nouvelles fraîches...

Si l'Internet permet d'accueillir de nouveaux clients, il permet également de leur offrir de nouveaux services. Imaginez un chef d'entreprise demandant qu'on lui fournisse tous les articles du journal *Le Monde* évoquant la ville de Berlin, depuis trois ans. Si la pauvre documentaliste ne dispose que des archives papier de ce journal, elle sera incapable de mener à terme sa recherche. Elle sera, en revanche, en mesure de donner entière satisfaction à son responsable, immédiatement, en passant par l'Internet. La saisie du mot clé « Berlin » sur les pages mettant en ligne les archives de la revue lui fournira l'intégralité des articles recherchés. Il y a fort à parier que, dans ce cas-là, ces articles seront payants, notamment grâce aux systèmes de porte-monnaie virtuel, de type Kleline.

Info

Voir le service de la galerie marchande Globe On Line, à l'adresse http://www.globeonline.fr/, qui vous propose déjà un grand nombre d'exemples dans le domaine de la presse.

Mais ce n'est pas tout. Il est maintenant possible de créer des journaux adaptés aux besoins de l'utilisateur. L'organisme de presse ne crée plus un journal identique pour 100 000 lecteurs, mais un journal unique par lecteur, en fonction de ses choix : sport national, politique régionale, faits divers mondiaux, horoscope. On prédétermine ses propres thèmes d'intérêt et on recevra directement un journal formaté selon ses besoins.

Beaucoup d'organismes de presse ont donc pressenti tout le parti qu'ils pouvaient tirer d'un média comme l'Internet. Ils diffusent déjà un grand nombre d'informations sur le Net, directement vers l'usager, sans attendre qu'il se connecte personnellement. Nous reviendrons sur ces systèmes de push dans le chapitre 4.

Info

Voici quelques adresses de sites spécialisés dans le domaine de la presse :
Electronic Newstand vous propose plus de 2000 magazines et périodiques de la presse anglo-saxonne.
http://www.enews.com/
Electronic Library, répertoire de magazines, Newsletters et livres
http://www2.elibrary.com/

Le Financial Times

http://www.ft.com/

Le Wall Street Journal

http://www.wsj.com/

Le San Jose Mercury News

http://www.sjmercury.com/

La Tribune

http://www.latribune-desfosses.fr/

Les Dernières Nouvelles d'Alsace

http://www.sdv.fr/dna

Le Monde

http://www.lemonde.fr/

Chapitre 2

MOTEURS DE RECHERCHE PAR THÈMES

A partir de l'année 1993, le contenu de l'Internet, et notamment du Web, a connu une croissance exponentielle très rapide. Le World Wide Web est un colossal gisement d'information, en mouvement perpétuel. Il devenait donc nécessaire de mettre en place des systèmes plus structurés et répondant mieux aux attentes des internautes. Ces outils, souvent appelés « moteurs de recherche », se subdivisent en plusieurs catégories : recherche géographique, thématique ou par mots clés. Ils seront utilisés différemment, selon le type de stratégie que l'on désire adopter et le type d'information que l'on souhaite trouver. Ces options seront prises en compte dans le chapitre 10, dans le cadre de la méthodologie de recherche sur l'Internet.

Nous nous attacherons, dans ce chapitre, à présenter le service le plus connu dans le domaine des moteurs de recherche par thèmes : Yahoo!. Nous vous donnerons aussi, en annexe 2, les adresses d'un grand nombre d'autres services sur lesquels vous pourrez également vous connecter pour mener à bien vos recherches.

Le chapitre 3 vous proposera une description détaillée d'un autre type de moteur de recherche, appelé « moteur de recherche par mots clés », travaillant sur le texte intégral des pages du Web.

Les moteurs de recherche par thèmes

Le moteur de recherche par thèmes est l'un des systèmes de recherche les plus utilisés. Il présente, dans une hiérarchie de domaines et de sous-domaines divers, le contenu du Web au travers de ses sites décrits par un nom et un commentaire de quelques mots. Ces moteurs de recherche ressemblent à nos « pages jaunes », qui auraient pris un « coup de jeune » en se structurant à l'aide d'un thésaurus interactif. La recherche se fait en descendant une hiérarchie qui balaie des thèmes allant du plus général au plus précis, et qui fournit, en dernier lieu, une liste de sites représentatifs du domaine présenté, quel que soit le niveau de l'arborescence atteint. Nous avons donc affaire à une base de données de liens pointant vers d'autres sites du Web, ces liens étant classés de façon hiérarchique.

Ces moteurs sont utilisés pour trouver un site spécifique parlant d'un thème donné. Ils sont très efficaces pour trouver de l'information de type général, puisqu'ils décrivent les services référencés par quelques mots seulement.

Le moteur de recherche thématique le plus connu s'appelle Yahoo! et se trouve à l'adresse *http://www.yahoo.com/*.

Yahoo!

Yahoo! a vu le jour en avril 1994, à l'initiative de deux étudiants de l'université de Stanford, David Filo et Jerry Yang, dont l'objectif aurait pu se limiter à l'obtention du doctorat d'ingénierie électrique, qu'ils préparaient. Mais un jour, ils eurent l'idée simple de recenser, pour leur usage personnel, les sites présents sur l'Internet. Cette démarche devint une folle passion avant de se métamorphoser en activité commerciale à l'échelle mondiale. Yahoo! signifie *Yet Another Hierarchical Officious Oracle* (« Un oracle à classement hiérarchique officieux de plus »), mais le terme signifie également butor ou rustre en anglais, ses deux créateurs se considérant comme tels. Yahoo! est également une interjection couramment utilisée par les Américains lorsqu'ils trouvent ou découvrent ce qu'ils ont cherché depuis longtemps sans succès. Pour la petite histoire, les premières machines abritant le système de nos créateurs furent nommées *akebono* (machine de Jerry Yang qui hébergeait le service) et *konishiki* (celle de David Filo qui s'occupait de la recherche), du nom de célèbres lutteurs de sumo.

Début 1995, Marc Andreessen, cofondateur de Netscape, invita nos deux compères à installer leur moteur de recherche sur les ordinateurs de sa société, ce qui décongestionna les lignes de l'université de Stanford, à la grande joie de ses responsables. Les machines utilisées en 1997 étaient, en majeure partie, des serveurs Compaq Proliant 5 000 sous Unix (FreeBSD ou Linux). La ligne télécom de connexion à l'Internet était dimensionnée à cette époque à 45 Mbps ! La plupart des outils logiciels (base de données et serveur Web, notamment) ont été développés spécifiquement pour Yahoo!. Les technologies intègrent également les outils de recherche créés par AltaVista, le moteur de recherche de Digital (voir chapitre 3).

Ce service est actuellement un des plus sollicités sur le Web. En juin 97, Yahoo! annonçait que, sur la totalité de ses sites, il atteignait un total de 38 millions de requêtes de pages par jour. Le service d'annuaire recensait 600 000 sites à cette date-là.

Lorsque l'on parle des sites de Yahoo!, il s'agit de la multitude de services que cette entreprise a mise en place depuis quelques années. Les sites créés font partie d'une gamme de publications électroniques ciblées selon différents critères :

Yahoo! : sites géographiques	
Yahoo! France	www.yahoo.fr
Yahoo! Allemagne	www.yahoo.de
Yahoo! Grande-Bretagne & Irlande	www.yahoo.co.uk
Yahoo! Japon	www.yahoo.co.jp
Yahoo! Canada	www.yahoo.ca
Yahoo! Asie	www.yahoo.com.sg

Yahoo! : sites thématiques	
«Yahoo! Internet Life», magazine sur le Web	www.zdnet.com/yil/
Actualité quotidienne	www.yahoo.com/headlines/
Finance	quote.yahoo.com
Sports	sports.yahoo.com
Météo	weather.yahoo.com
Guide TV	tvguide.yahoo.com/tvguide/
Cartes de régions (aux États-Unis seulement)	maps.yahoo.com/yahoo/
Musique (en collaboration avec MTV)	www.unfurled.com

Yahoo! : sites par types d'utilisateurs	
Yahooligans!, guide pour enfants	www.yahooligans.com
Beatrice's Web Guide, guide féminin	www.bguide.com

Info

Pour tout connaître de la « galaxie Yahoo! », connectez-vous à l'adresse http://www.yahoo.com/docs/family/more.html, qui vous donnera un listing exhaustif de tous les sites mis en place et maintenus par Yahoo! Il est également possible d'arriver sur cette page en cliquant sur le logo More Yahoos sur les pages de Yahoo!

La toile d'araignée de Yahoo! s'est peu à peu étoffée pour devenir une source d'information principale et indispensable sur le Web, et n'a plus grand-chose à voir aujourd'hui avec le petit annuaire « perso » du début de l'année 1994. Yahoo! Inc. est basée à Santa Clara en Californie. En Europe, la société est basée à Londres et possède des filiales à Paris et Munich. C'est désormais une multinationale dont le poids économique sur l'Internet est considérable.

Parmi tous ses services, nous nous attacherons à étudier uniquement la partie « Recherche thématique » de Yahoo! (*www.yahoo.com*).

Nous l'avons dit, Yahoo! est un annuaire thématique répertoriant ce que l'on trouve sur le Web. Mais il incombe aux créateurs des sites de s'inscrire auprès de Yahoo!. Ce référencement est gratuit et très simple.

Comment référencer votre site sur Yahoo! ?

Imaginons que vous ayez créé un site à l'adresse *www.stela.com* (votre société s'appelant Stela). Il vous suffit de vous connecter sur Yahoo!, de vérifier que vous n'y êtes pas déjà référencé, et de choisir, dans un premier temps, la catégorie qui vous intéresse, celle qui est la plus représentative de l'activité de votre entreprise. Prenez votre temps, car ce choix est primordial pour permettre aux utilisateurs de vous retrouver sans difficulté par la suite.

Attention, lors de ce référencement, vous devrez observer certaines règles :

- Les sites commerciaux doivent être placés dans un sous-domaine du thème *Business and Economy*, soit sous *Companies*, soit sous *Products and Services.*

- Les sites commerciaux doivent être placés dans deux sous-domaines au plus.

- Les pages personnelles doivent être indexées dans la partie *Entertainment/People.*

- Il est possible d'indiquer plusieurs catégories lors du référencement. Cependant, ce sont les gestionnaires de Yahoo! qui choisiront, après avoir visité le site, celle(s) où ils l'inscriront finalement.

- Si le site est spécifique d'une région, il est possible de le placer dans le cadre d'une recherche géographique, grâce au domaine *Regional.*

- Un certain nombre de catégories sont dites « réservées ». Cela veut dire qu'on ne peut y référencer son site. Il s'agit des thèmes « supérieurs » (ceux présentés en gras sur la page d'accueil) et de quelques autres.

Info

Vous trouverez la liste des rubriques « protégées » de Yahoo! à l'adresse www.yahoo.com/docs/info/reserved.html. Il s'agit de rubriques de deuxième niveau (de type Business and Economy/Companies) ou de catégories destinées à être remplies par le personnel de Yahoo! exclusivement (Entertainment/Cool Links par exemple).

Une fois positionné sur une catégorie qui convient à votre site, cliquez sur le logo Add URL.

Vous avez ainsi accès à un formulaire qui vous permet de saisir toutes les informations dont Yahoo! a besoin pour référencer votre site :

> **Nom** : ce titre sera celui qui apparaîtra dans les pages de Yahoo!,
>
> **Adresse** : URL sous la forme *http://www.stela.com/,*
>
> **Commentaire** : 20 mots au maximum, qui serviront à décrire votre site Web.

Il est également demandé de répondre à plusieurs questions sur l'utilisation de Java, VRML (3D), et de rajouter un certain nombre de catégories à votre choix principal (la décision finale de placer votre site dans certains de ces sous-domaines, ou dans tous, revient *in fine* à Yahoo!). Enfin, il est demandé d'indiquer le nom et l'E-mail de la personne effectuant le référencement. Quelques jours plus tard, le site sera mis en place et présenté en ligne sur Yahoo!

Il existe un autre système de référencement effectué par Yahoo!, sur la base de robots scrutant le Web pour identifier de nouveaux sites. Nous reparlerons de ce type d'automatisation par robots logiciels lors de la présentation des moteurs de recherche par mots clés (chapitre 3).

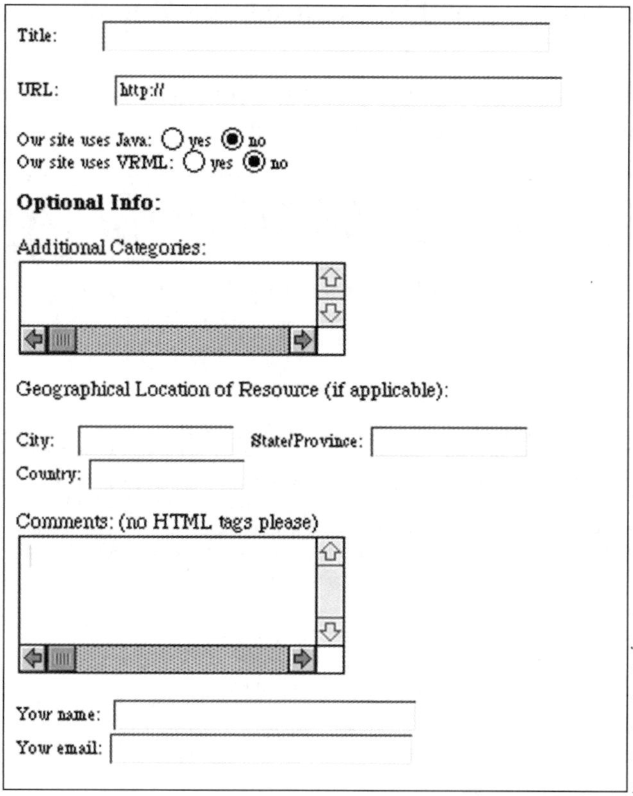
Title:

URL: http://

Our site uses Java: ○ yes ◉ no
Our site uses VRML: ○ yes ◉ no

Optional Info:

Additional Categories:

Geographical Location of Resource (if applicable):

City: State/Province:
Country:

Comments: (no HTML tags please)

Your name:
Your email:

Page permettant le référencement sur Yahoo!. Un certain nombre de champs sont à remplir, puis l'envoi de ce formulaire amène l'inscription dans la base quelques jours plus tard.

Chaque jour, Yahoo! référence ainsi de 1 000 à 2 000 nouveaux sites.

Depuis plusieurs années, Yahoo! recense ces dizaines de milliers de services Web, les classifie, puis met le résultat de ce travail à la disposition des internautes.

Recherche par thèmes au sein de Yahoo!

Sur sa page d'accueil, Yahoo! propose un certain nombre de grands thèmes de recherche :

L'option *Search* sera présentée par la suite.

Le service Yahoo! présente plusieurs options en haut de l'écran :

• **New** : liste des services récents, rajoutés depuis la semaine précédente.

• **Cool** : une sélection de services, selon les critères des concepteurs de Yahoo! (les plus amusants, les plus extraordinaires, ou tout simplement les plus intéressants).

• **Today's News** : actualité mise à jour toutes les heures (informations fournies par l'agence Reuters) sur des thèmes divers (commerce, loisirs, sport, politique...).

• **More Yahoos** : ce pictogramme vous permet d'accéder à une page comprenant tous les sites de la « Galaxie Yahoo! », présentés dans les pages précédentes.

Une fois un premier thème choisi (par exemple *Business and Economy*), un écran présente les sous-domaines disponibles :

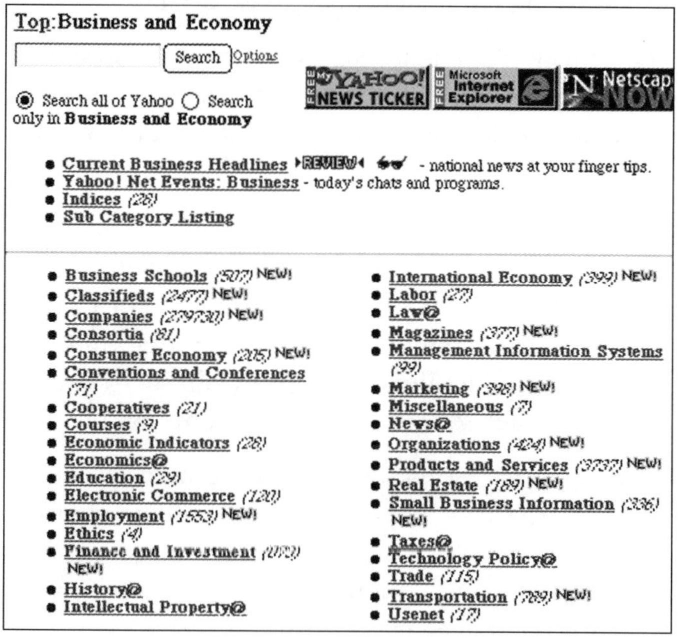
Top:Business and Economy

Search Options

Search all of Yahoo Search only in Business and Economy

- Current Business Headlines - national news at your finger tips.
- Yahoo! Net Events: Business - today's chats and programs.
- Indices (26)
- Sub Category Listing

- Business Schools (577) NEW!
- Classifieds (2477) NEW!
- Companies (279730) NEW!
- Consortia (81)
- Consumer Economy (205) NEW!
- Conventions and Conferences (71)
- Cooperatives (21)
- Courses (9)
- Economic Indicators (26)
- Economics@
- Education (29)
- Electronic Commerce (120)
- Employment (1553) NEW!
- Ethics (4)
- Finance and Investment ([illegible]) NEW!
- History@
- Intellectual Property@
- International Economy (399) NEW!
- Labor (27)
- Law@
- Magazines (377) NEW!
- Management Information Systems (99)
- Marketing (398) NEW!
- Miscellaneous (7)
- News@
- Organizations (424) NEW!
- Products and Services (3737) NEW!
- Real Estate (789) NEW!
- Small Business Information (336) NEW!
- Taxes@
- Technology Policy@
- Trade (115)
- Transportation (789) NEW!
- Usenet (17)

Choisissons le sous-domaine *Electronic Commerce.* Sur la page suivante apparaissent des sous-domaines permettant de procéder à une recherche plus fine dans cette catégorie, ou une première liste de sites traitant du thème sélectionné.

On peut ainsi naviguer à travers des sous-domaines de plus en plus précis, jusqu'à aboutir au thème désiré, et donc à la liste des sites correspondants.

Les écrans présentant les catégories et les sites finaux sont agrémentés d'un certain nombre de pictogrammes ou d'indications diverses :

• **[Xtra!]** indique que, sur le thème choisi, des informations actualisées heure par heure sont mises à disposition par l'agence de presse Reuters.

• Une paire de lunettes signifie que le site est considéré comme l'un des meilleurs de sa catégorie (tant au niveau de la présentation que du contenu) par les spécialistes de Yahoo!.

NEW!

• Le sigle **NEW** signale que ce site a été récemment (dans la semaine) ajouté à la base de Yahoo!. Si cet icône apparaît devant un nom de catégorie, cela signifie que le contenu de ce thème a été modifié dans les trois derniers jours. En clair : « il y a de nouveaux sites référencés dans ce thème ».

• Le signe @ est ajouté derrière un nom de thème lorsque cette catégorie apparaît à plusieurs endroits au sein de la hiérarchie du service Yahoo!, et lorsqu'elle peut ne pas être physiquement localisée sous le thème indiqué en tête de page.

• Le chiffre entre parenthèses suivant le nom de thème représente le nombre de sites répertoriés dans cette catégorie. Il n'inclut pas les liens vers d'autres catégories.

• Le mot **Indices** (en tête de sous-domaine) indique la présence de listes de sites sur le Web n'ayant pas été réalisées par les netsurfeurs de Yahoo! (exemple : liste des banques sur le Web, liste des sites traitant des animaux familiers, etc.).

• **Sub Category Listing** vous donne accès à la hiérarchie de la catégorie, sous forme de listes.

• **Yahoo! Net Events** propose l'actualité du jour sur l'Internet dans la catégorie choisie.

Recherche par mots clés au sein de Yahoo!

En plus de la navigation de catégories en sous-catégories, Yahoo! offre la possibilité de rechercher de l'information par mots clés.

Attention : contrairement aux services comme Infoseek, Lycos ou AltaVista, dont nous parlerons dans les pages suivantes (moteurs de recherche par mots clés), Yahoo! n'effectue pas ses recherches en texte intégral sur le contenu des pages Web. Ses recherches se limitent aux indications fournies lors du référencement effectué par les auteurs des sites, c'est-à-dire :

- le **nom** (le titre),
- l'**adresse** (l'URL),
- les deux lignes de **commentaire**,
- les noms des **catégories** choisies pour l'indexation du site.

Cette différence est primordiale car elle établit la ligne de démarcation avec les moteurs de recherche par mots clés comme AltaVista qui, eux, effectuent leurs recherches dans le contenu des pages distantes, en texte intégral. La recherche par mots clés de Yahoo! s'applique exclusivement aux données citées ci-dessus et à deux autres sources qui sont : les dépêches d'actualité les plus récentes et la rubrique intitulée*Yahoo!'s Net Events & Chat*, qui présente les événements de l'Internet et les systèmes de discussions en temps réél (*Chat*).

Yahoo! a donc un fonctionnement différent de celui d'un moteur comme AltaVista. D'ailleurs, et l'on peut le regretter, lorsque la recherche de Yahoo! n'aboutit pas, il « passe la main » à AltaVista et se contente d'afficher ses résultats, ce qui peut être déroutant pour des utilisateurs peu habitués aux subtilités de la recherche d'information sur le Web. Mais nous pouvons gager que Yahoo! s'améliorera sur ce point dans le futur.

Sur la page d'accueil de Yahoo!, la possibilité de recherche est présentée sous la forme suivante :

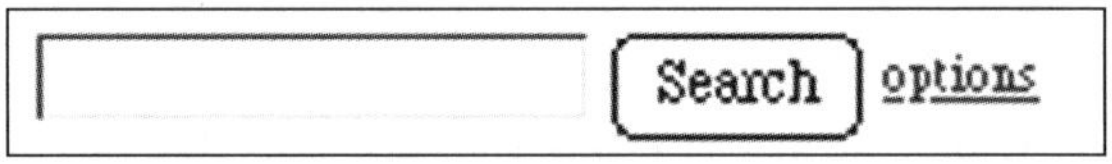

Lorsque vous procédez à une recherche depuis la page d'accueil du service Yahoo!, elle s'effectue sur tous les sites référencés.

Sur les pages suivantes, thèmes et sous-thèmes du service, le formulaire d'interrogation se présente sous la forme :

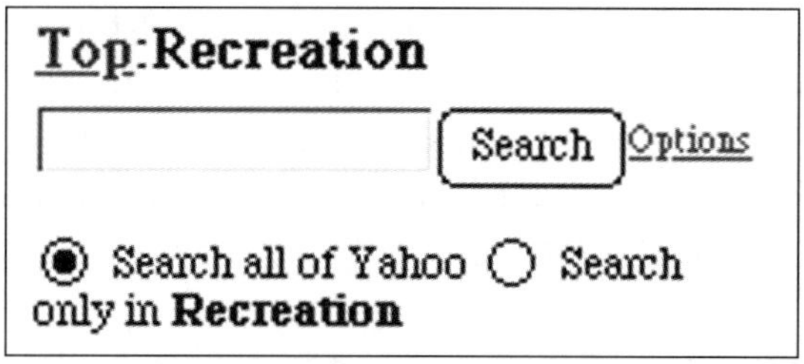

Dans cet exemple (catégorie *Recreation*), l'option *Search all of Yahoo* provoquera une recherche sur l'ensemble des sites référencés par Yahoo!, tandis que le choix *Search only in Recreation* restreindra la recherche aux seuls sites cités dans cette rubrique et dans ses sous-thèmes éventuels.

Revenons au formulaire de départ, sur la page d'accueil. Les mots clés peuvent être saisis indifféremment en majuscules ou en minuscules. Il en est de même pour les lettres accentuées. Par exemple, *Ministère des Télécommunications* sera traité de façon identique à *ministere des telecommunications.*

Une fois les mots clés saisis, Yahoo! va chercher dans ses bases de données toutes les occurrences des mots indiqués. Puis il classe le résultat de la manière suivante :

• un document sera considéré d'autant plus pertinent (son poids sera élevé) que le nombre d'occurrences du (ou des) mot(s) clé(s) sera grand,

• les informations auront un poids plus élevé si c'est leur titre qui comporte les mots clés indiqués, au lieu du commentaire ou de l'adresse (URL),

• un site trouvé sera mieux classé s'il fait partie de la catégorie dite « supérieure » (les 14 grands domaines de la page d'accueil) et le sera d'autant moins bien s'il se trouve dans les profondeurs de la hiérarchie de Yahoo!.

Imaginons que nous recherchions de l'information sur la fibre optique. Les mots clés *fiber* et *optic* vont aboutir au résultat suivant :

Categories - Sites - AltaVista Web Pages | Headlines | Net Events

Found **5** Category and **338** Site Matches for **fiber optic**.

Yahoo! Category Matches (1 - 5 of 5)

Business and Economy: Companies: Computers: Hardware: Components: Cables and Connectors: **Fiber Optic**s

Regional: Countries: Canada: Business: Companies: Computers: Components: **Fiber Optic**s

Regional: Countries: United Kingdom: Business: Companies: Computers: Hardware: Components: Cables and Connectors: Fibre **Optic**s

Business and Economy: Companies: Computers: Hardware: Components: Cables and Connectors: **Fiber Optic**s: **Optic**al Cable Corporation

Business and Economy: Companies: Computers: Hardware: Components: Cables and Connectors: **Fiber Optic**s: ADC **Fiber**mux

Yahoo! Site Matches (1 - 15 of 338)

Science: Engineering: **Optic**al Engineering

- illinois **FibeR-optic** and Optoelectronic Systems Toolkit (iFROST) - A computer-aided design (CAD) tool for mixed-level modeling, simulation, and analysis of digital **fiber-optic** data links and parallel **fiber-optic** busses
- Usenet - sci.**optics**.**fiber**

Business and Economy: Companies: Computers: Hardware: Components: Cables and Connectors: **Fiber Optic**s

- Global **Fiber Optic**s - specialize in **fiber optic**s: custom patch cords, training, OTDR testing, **fiber** installation, **fiber** lan's & lan hardware/software.
- **Fiber Optic** Marketplace - Satisfy your needs for information, products and services related to the **fiber optic**s industry.

Sont indiqués d'abord les thèmes correspondant à votre recherche (*Yahoo Category matches)*, puis les occurrences de vos mots clés dans les noms de services ou dans les commentaires associés (*Yahoo Site matches*). Dans ce cas, pour chaque service trouvé, la catégorie dans laquelle il se trouve est rappelée.

Il ne vous reste plus qu'à choisir, sur cette page, les liens qui vous semblent les plus appropriés dans le cadre de votre recherche.

Mais une recherche plus affinée peut également être envisagée au moyen d'opérateurs booléens (voir annexe 1) :

L'opérateur ET est symbolisé par le signe +

Exemple

+fiber +optic signifie que vous recherchez, dans les bases de données de Yahoo! (rappelons que la recherche s'effectue essentiellement sur les noms, les adresses, les commentaires et les catégories des sites), les descriptifs qui contiennent à la fois le mot *fiber* ET le mot *optic*.

Exemple

La saisie de *fiber optic* (sans les signes +) équivaut à un OU : « je recherche les sites dont le descriptif contient le mot *fiber* OU le mot *optic* ».

Attention : dans le cas du ET, le signe + doit précéder chaque mot devant se trouver obligatoirement dans le descriptif. Il ne doit, notamment, pas être oublié devant le premier mot. En effet, la saisie *fiber +optic* signifie : « je cherche les sites dont le descriptif contient obligatoirement le mot *optic* et éventuellement le mot *fiber* », ce qui est différent de la demande *+fiber +optic*.

Il est également possible de restreindre sa recherche grâce à un SAUF, illustré par le signe -.

La saisie de la requête *Lennon -Beatles* signifie : « je recherche les sites dont le descriptif contient le mot *Lennon* MAIS PAS le mot *Beatles* ».

Bien entendu, il est possible de mixer ces opérateurs :

+computer +compaq -ibm
sélectionnera les sites dont la description comprend obligatoirement les mots *computer* et *compaq* mais pas le mot *ibm*.

Il est possible d'effectuer une recherche sur les chaînes de caractères en se servant de guillemets. Ainsi la requête *"fiber optic"* cherchera les sites contenant les mots *fiber* et *optic* positionnés l'un à côté de l'autre et dans cet ordre.

Il est également possible d'utiliser le joker *. Si le mot clé est saisi sans joker, la séquence exacte sera recherchée. Le joker permet de rechercher tous les mots commençant par la séquence saisie comme mot clé :

La saisie de *cap* trouvera les occurrences du mot *cap* tandis que *cap** ira rechercher les occurrences de *cap*, *capitaine*, *capital*, *caprice*, etc.

Le joker n'est autorisé qu'en fin de mot. Il ne peut être le caractère initial d'un mot (**taine*), ni être placé au milieu (*ca*ne*).

Enfin, il est possible de restreindre une nouvelle fois la recherche grâce à deux options :

t: effectue la recherche sur les titres (les noms des sites) et u: sur les adresses (URL) uniquement.

Comme précédemment, on peut mixer à loisir les options de recherche :

Exemple

+t:cisco +u:cisco +router -entertainment
donnera comme résultat : les sites dont le titre comprend le mot *cisco*, dont l'adresse contient le terme *cisco*, dont le descriptif contient le mot *router*, en excluant les sites dont le descriptif fait apparaître le mot *entertainment*.

On effectue souvent une recherche sur Yahoo! par approches successives. On commence par spécifier deux mots clés, combinés au moyen d'opérateurs logiques élémentaires. Si le résultat trouvé est trop important (dizaines de réponses ou plus encore), on adjoindra l'opérateur SAUF (-) combiné aux options t: ou u: pour restreindre peu à peu la recherche.

Exemple

Prenons l'exemple d'une recherche dans le domaine de l'informatique. Dans un premier temps, le mot clé saisi est : *computer*. Premier résultat : 754 catégories et 23 031 sites trouvés.

Le résultat est bien trop volumineux pour être exploitable. On peut décider de ne s'intéresser qu'aux PC, ce qui exclut les machines Apple. De plus, on préférerait avoir des renseignements sur les ordinateurs de la marque Dell.

La nouvelle requête sera donc : *+computer +dell -apple*. Résultat : 3 catégories et 54 sites trouvés.

Mais on peut également choisir de ne demander que l'information présente sur des sites qui contiennent le mot *Dell* dans leur adresse, de la façon suivante : *+computer +dell -apple +u:dell*. Résultat : 0 catégorie et 29 sites trouvés.

En revanche, il est impossible de restreindre sur Yahoo! une recherche à un nom de domaine précis, comme *dell.com*, *fnac.fr* ou *mit.edu*. En effet, la requête *+computer +u:dell.com* sera interprétée comme : « je recherche les sites contenant obligatoirement le mot *computer* et le mot *dell* dans leur adresse. Accessoirement, le mot *com* peut être présent ». Le point entre les termes *dell* et *com* est interprété comme un espace et la requête ci-dessus est équivalente à : *+computer +u:dell com*. La saisie de *+computer +u:"dell.com"* donne, hélas, les mêmes résultats. On aurait aimé avoir l'équivalent des possibilités *host:* et *domain:* d'AltaVista (voir chapitre 3).

Yahoo! vous permet également de spécifier un certain nombre de critères supplémentaires, en choisissant le lien *Options*, présent sur quasiment toutes les pages à droite du formulaire de saisie.

Cette option vous donne accès à un formulaire plus complet :

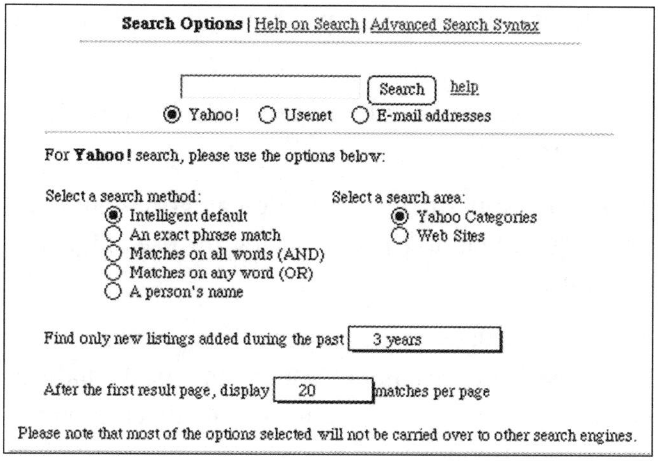

Les choix suivants sont ainsi proposés :

• recherche sur les sites Web, les forums de discussions (Usenet) ou les adresses E-mail. Ces deux dernières fonctionnalités seront étudiées aux chapitres 6 et 7,

• sélection d'un mode de recherche :

- laisser Yahoo! décider comment sera effectuée la recherche (*Intelligent default*). Vous saisissez plusieurs mots à la suite, séparés par des espaces, et Yahoo! se chargera de vous donner les résultats qu'il considérera les plus pertinents,

- la recherche doit inclure l'expression saisie (*An exact phrase match*) : équivalent de l'utilisation des guillemets,

- *matches on all Words (AND)* : tous les mots seront obligatoires dans la recherche (ET),

- *matches on any word (OR)* : équivalent du OU : la présence d'un seul des mots est suffisante dans le descriptif d'un site pour que le résultat soit affiché,

- *a person's name* : le mot saisi est le nom d'une personne,

• recherche soit sur les noms de catégories uniquement (équivalent de t:), soit sur les adresses (équivalent de u:),

• choix de la date ou de la période de consultation. Cette possibilité est intéressante pour ne visualiser que les sites récents. 7 options sont offertes (voir illustration ci-contre),

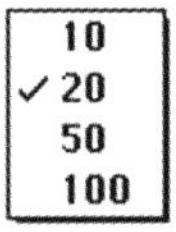

• choix du nombre de réponses par page (voir illustration ci-contre).

Récapitulatif des options de recherche de Yahoo!

Fonctionnalité	Saisie	Exemple	Commentaire
Minuscules/ majuscules			Les minuscules sont traitées de la même façon que les majuscules
Lettres accentuées			Les lettres accentuées sont traitées de la même façon que les lettres non accentuées
Correspondance de phrase	guillements	"barrière de corail"	
ET	+	+pet +dog	Le + doit être indiqué devant chaque mot obligatoire
SAUF	-	pet -dog	
Joker	*	cap*	
Recherche sur les titres	t:	t:ibm	
Recherche sur les adresses (URL)	u:	u:mit	

Autres moteurs de recherche par thèmes

Yahoo! ne détient pas le monopole dans sa catégorie. Beaucoup d'autres services similaires sont disponibles sur le Web. Vous en trouverez une liste dans l'annexe 2 du présent ouvrage, ainsi que leurs fiches descriptives.

Il est à noter que Yahoo!, dans sa version internationale, a depuis la fin 1996 mis en place une version française de son annuaire, appelée Yahoo! France (*www.yahoo.fr*). Ce site référence les services francophones (et non pas, contrairement à ce que son nom indique, uniquement les sites français), selon les mêmes modalités, et avec exactement les mêmes fonctionnalités que la version internationale. Il indexe 25 000 sites, à l'été 97, et enregistre 250 nouvelles inscriptions chaque jour.

Page d'accueil de Yahoo! France. Les concepteurs du site s'amusent avec le mot Yahoo! et le modifient en fonction de l'actualité (ici le Tour de France, au cours de l'été 97).

D'autres moteurs de recherche par thèmes, comme Nomade ou Les pages Web, permettent de rechercher un site sur la francophonie.

Devant l'afflux de nouveaux prétendants à la « Grande Encyclopédie du Web », un vent de spécialisation souffle aujourd'hui sur les services de catalogues par thèmes. Ainsi, un grand nombre d'entre eux se sont donné pour but de désigner les meilleurs sites Web. Leur ambition est donc à l'opposé de l'exhaustivité, elle est de vous délivrer la crème, le « must » des services disponibles pour chaque thème présenté. Ils constituent souvent un bon point de départ pour une recherche sur un thème donné.

D'autres services se sont spécialisés dans les catalogues nationaux ou continentaux. La recherche se fera toujours sur des thèmes particuliers, mais dans une sphère géographique limitée à un continent ou un pays.

La plupart de ces services vous sont présentés en annexe 2.

Chapitre 3

MOTEURS DE RECHERCHE PAR MOTS CLÉS

Le type de recherche le plus courant chez les internautes repose sans conteste sur la saisie de mots clés. Un grand nombre de services ont été créés depuis quelques mois, offrant ce type de fonctionnalité. Le principe en est simple : le service indexe au préalable, c'est-à-dire stocke et traite sur ses propres disques durs, un certain nombre de pages Web. Cette indexation s'effectue en texte intégral, tous les mots contenus dans toutes les pages référencées devenant alors des index potentiels de recherche. L'utilisateur saisira ensuite un ou plusieurs mots clés, reliés entre eux par des opérateurs booléens ET ou OU (voir annexe 1). Le moteur ira rechercher les occurrences de ces mots dans les pages sources et affichera celles qui lui semblent les plus pertinentes. D'autres fonctionnalités, beaucoup plus pointues, sont également disponibles, comme nous le verrons dans les pages suivantes. Un classement des documents estimés les plus pertinents par le moteur de recherche est alors établi et une liste de liens vers ceux-ci est présentée.

Ces outils sont d'une efficacité extraordinaire, notamment par la puissance informatique qu'ils mettent en œuvre pour rechercher, en une fraction de seconde, des occurrences de mots dans 50 à 100 millions de pages en texte intégral.

Ils sont plus ou moins puissants, soit par le nombre de pages indexées au préalable, soit par leur aptitude à relier les mots clés par des opérateurs booléens différents, ou encore par leurs possibilités de recherche dans certaines parties des pages préindexées (titre, liens hypertexte, etc.). Ils posent cependant un problème de fond. Il est de plus en plus clair que le XXIe siècle sera le siècle de l'information. Ceux qui la maîtriseront (gouvernements, entreprises, organismes...) acquerront un véritable ascendant stratégique et économique sur les autres. Or, les moteurs de recherche par mots clés tendent à devenir l'outil quasi unique de recherche pour tous les internautes de la planète. Une dérive possible serait que ces moteurs délivrent des résultats différents selon le profil (notamment la nationalité) des utilisateurs effectuant les requêtes. Ces services deviendraient alors de véritables outils de désinformation et de manipulation entre les mains d'États qui, à leur tour, maîtriseraient totalement l'information délivrée sur ce média majeur du siècle prochain. Dieu merci, il semble que nous n'en soyons pas encore là, et, pour l'heure, ces moteurs de recherche sont une source essentielle de recherche pour tous les utilisateurs de l'Internet et notamment du Web.

Mais le monde de l'Internet est en pleine évolution, et l'avènement des technologies dites de push (voir chapitre 4) amène une concurrence pour ces moteurs de recherche qui se financent de manière quasi unique par les bandeaux publicitaires. On peut penser que, dans les années qui viennent, l'utilisateur s'orientera plus vers des systèmes qui « prédigèrent » l'information avant de la lui restituer automatiquement. L'internaute deviendra alors beaucoup plus passif dans sa démarche de recherche de données sur l'Internet. Ce phénomène se traduira par moins de sollicitations des moteurs de recherche qui demandent une action volontaire de l'utilisateur, et donc par moins d'« audimat » et moins de recettes publicitaires. Il s'agit là d'un des enjeux essentiels pour les années qui viennent, et il y a fort à parier qu'un certain nombre de moteurs de recherche n'y survivront pas.

Indexation des pages

L'indexation préalable des pages peut se faire de deux façons :

• par déclaration volontaire du responsable du site Web distant, qui prévient le moteur de recherche (en remplissant un formulaire sur le Web, exactement comme avec Yahoo!, voir chapitre 2) de l'existence de son service. Le moteur indexe alors toutes les pages du service qui est ainsi référencé dans la base du moteur,

• au travers de robots – autrement appelés *spiders*, *crawlers* ou *agents* – qui parcourent de façon automatique le Web et ses pages d'information. Ces logiciels démarrent à partir d'un certain nombre de pages de départ, et testent tous les liens hypertexte rencontrés sur chacune des pages atteintes. Chaque page identifiée est alors indexée automatiquement en texte intégral. Ce système dispense de la déclaration préalable d'un service, à condition que sa page d'accueil soit la cible d'au moins un lien hypertexte d'un site déjà accessible quelque part dans le monde.

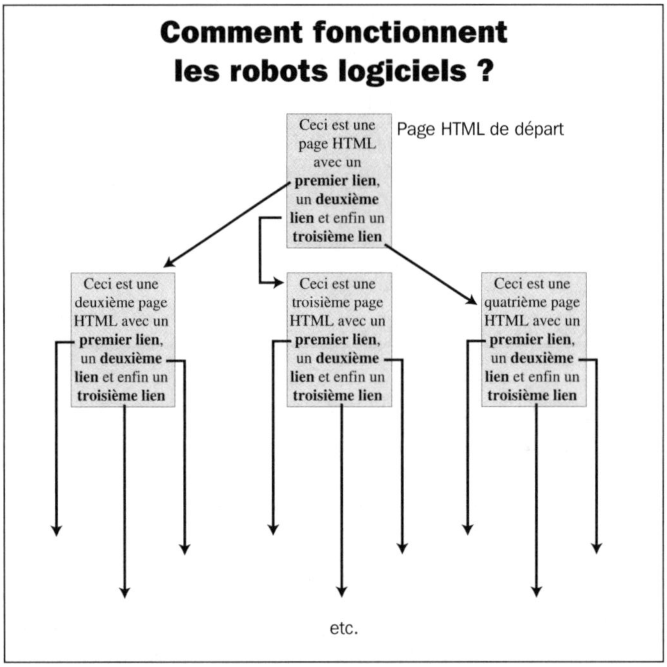

Le robot logiciel part d'une ou de plusieurs pages définies au préalable et parcourt tous leurs liens hypertexte. Il fait de même pour toutes les pages rencontrées au fur et à mesure de sa progression sur le Web mondial. Il parcourt ainsi en une douzaine de jours la majeure partie des pages HTML disponibles sur l'Internet

Les robots logiciels parcourent à l'heure actuelle l'univers complet (ou quasi complet) du Web dans un laps de temps qui oscille entre 10 et 20 jours. Et lorsqu'ils ont fini, ils recommencent leur labeur en repartant des pages initiales pour mettre à jour leur base.

Un service spécifique traitant des robots logiciels peut être trouvé à l'adresse :
http://info.webcrawler.com/mak/projects/robots/robots.html
Vous y trouverez des FAQ ainsi qu'une liste de robots existants.

Info

Limites des robots logiciels

Il est important de bien comprendre le principe de fonctionnement de ces services. Chaque indexation de page provoque une « capture » des informations présentes sur celle-ci et un stockage du fichier trouvé, sur les disques durs du moteur de recherche. Lorsque, en tant qu'utilisateur, vous saisissez un mot clé, le système ne se connecte pas en temps réel sur tous les serveurs de la planète – ce qui serait totalement irréalisable –, mais effectue ses recherches au sein du texte des pages qu'il a auparavant stockées puis indexées lors de ses pérégrinations sur le Web.

Il peut donc arriver qu'une information périodiquement mise à jour sur un site Web ne soit pas accessible, dans sa version la plus récente, par l'intermédiaire du moteur de recherche utilisé, celui-ci ayant capturé ses informations plusieurs jours auparavant. Ceci est particulièrement vrai dans le domaine de la presse, dont les sites Web sont souvent mis à jour quotidiennement. Les moteurs de recherche par mots clés n'ont qu'une vision parcellaire du contenu de leurs pages.

Il faudrait, pour avoir une image plus fidèle des informations présentes sur le Web à tout moment, que les robots parcourent le Web en une journée, voire moins. Il y a fort à parier qu'on y arrivera un jour, mais ce n'est, pour l'instant, pas le cas. En effet, la croissance du Web est à l'heure actuelle phénoménale (1 000 à 2 000 nouveaux sites chaque jour), et les robots ont déjà bien du mérite à ne pas rallonger leurs délais de parcours du Web malgré cette augmentation quotidienne du volume traité.

La capture des pages se fait en trois phases : le robot parcourt le Web et envoie les pages au serveur d'index qui sert de référence au serveur Web abritant l'interface utilisateur.

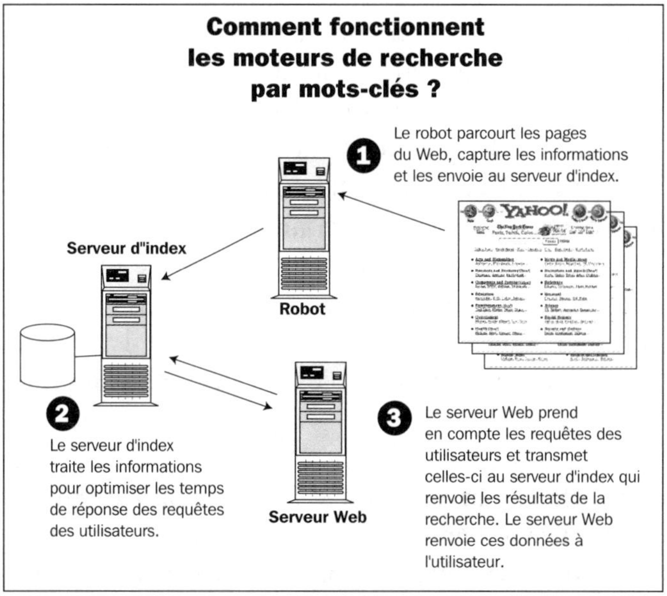

Autre limitation de ces services, ils n'indexent que l'information trouvée dans les pages HTML dites « statiques ». Ils ne prennent pas en compte l'information contenue dans des pages dites « dynamiques ». Prenons un exemple : le journal *Le Monde* (*www.lemonde.fr*) met en ligne ses archives moyennant paiement *via* le système de porte-monnaie virtuel Globe Online :

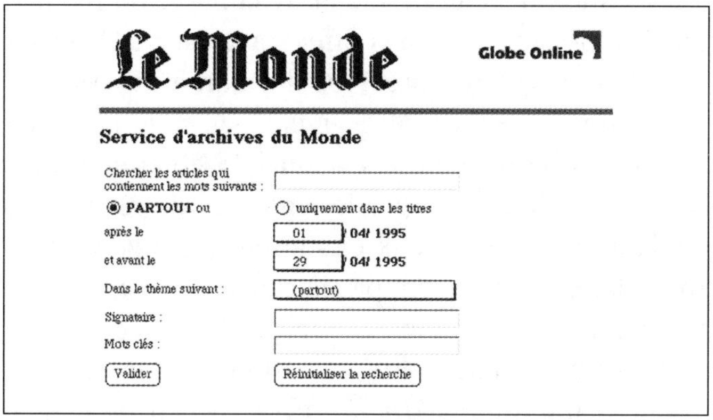

Page d'accueil du service d'archives du journal Le Monde. Il suffit de saisir les critères désirés et d'envoyer ce formulaire.

Ici, l'utilisateur saisit le mot clé *sarajevo* dans une zone d'interrogation du formulaire, effectue d'autres choix (dates de parution, etc.) et obtient, une fois l'opération validée, un écran de présentation des articles trouvés avec leur prix :

Résultats de la recherche

53 articles ont été trouvés. [Page suivante | Nouvelle Recherche]

N°	Date	Page	Titre	Thème	Catégorie	Prix
1	29/04/1995	5	A trois jours de l'expiration de la trêve, Sarajevo se prépare à de nouvelles heures noires	International	-	5 FF
2	28/04/1995	R09	La Yougoslavie pour l'exemple	Livres	-	5 FF
3	28/04/1995	18	L'alibi des hypocrites	Horizons	bulletin	5 FF
4	27/04/1995	14	Pâques sanglantes à Sarajevo	Horizons	opinion	5 FF
5	27/04/1995	14	Bosnie-Nations unies : des leçons pour l'avenir	Horizons	opinion	5 FF
6	27/04/1995	1	Le retour impérial de la Russie	La Une	-	5 FF
7	26/04/1995	3	BOSNIE : deux civils à Sarajevo	International	-	5 FF
8	26/04/1995	3	Radovan Karadzic devant la justice internationale	International	-	5 FF
9	25/04/1995	12	Les Serbes ferment l'aéroport de Sarajevo aux médiateurs occidentaux	International	-	5 FF
10	24/04/1995	3	Nouvelles consignes de sécurité pour les « casques bleus »	International	-	5 FF

L'utilisateur n'a plus qu'à cliquer sur l'article désiré pour le voir s'afficher à l'écran. Le paiement s'effectue, rappelons-le, par l'intermédiaire de son porte-monnaie Globe Online. Mais les informations ainsi traitées le sont de façon dynamique, la requête par les mots clés saisis s'effectuant dans la base de données interne des archives du journal *Le Monde*. Ces informations ne se trouvent pas sous la forme de pages HTML « brutes » sur le Web et ne seront donc pas référencées par les moteurs de recherche, quels qu'ils soient. Ceux-ci s'arrêteront à la page de formulaire, car ils n'ont pas la capacité de saisir tous les mots clés possibles et imaginables nécessaires pour indexer l'intégralité des articles de la base de données interne du *Monde*. En tout état de cause, cela signifierait qu'ils auraient à payer pour tous ces articles et, une fois ceux-ci disponibles à leur niveau, ils seraient en mesure de les restituer gratuitement au profit de l'internaute...

Dernière limitation, il est possible, pour le créateur d'une page, d'indiquer dans son code HTML (ou au niveau du serveur) son refus d'indexation par les robots logiciels. Cette restriction est cependant souvent anecdotique, car on voit mal l'utilité de publier sur le Web si c'est pour ne pas être référencé par les moteurs de recherche, sauf pour des pages à usage privé, ou dans le cadre de services en cours de création.

Info

Des informations plus complètes sur les standards d'interdiction d'indexation des pages par les robots sont disponibles à l'adresse :
http://info.webcrawler.com/mak/projects/robots/exclusion.html

Malgré ces quelques limitations, les moteurs actuels restent, en général, tout à fait performants et donnent d'excellents résultats pour la majeure partie des besoins. Les six services de ce type les plus connus sont décrits dans les pages suivantes.

Moteurs de recherche par mots clés étudiés

AltaVista	http://altavista.digital.com/
Hotbot	http://www.hotbot.com/
Excite	http://www.excite.com/
Infoseek	http://www.infoseek.com/
Lycos	http://www.lycos.com/
Web Crawler	http://www.webcrawler.com/

Les deux premiers seront analysés en profondeur, car ils fournissent le plus grand nombre de fonctionnalités aux internautes recherchant de l'information. Les quatre derniers, très utilisés également mais présentant moins de possibilités, seront étudiés plus succinctement. Tous ces moteurs seront ensuite comparés quantitativement et qualitativement. Un grand nombre d'autres moteurs de recherche par mots clés sont également cités en annexe 3, sous la forme de fiches descriptives.

ALTAVISTA

http://altavista.digital.com/
http://www.altavista.digital.com/

AltaVista est le résultat d'un projet de recherche amorcé durant l'été 1995 au sein des laboratoires de Digital à Palo Alto (Californie). L'idée de ce service est née au printemps de l'année 1995, lors d'une simple conversation entre Louis Monier, du Western Research Lab de Digital et Joella Paquette, expert marketing du groupe Internet Business, au cours d'un déjeuner. Par la suite, Paul Flaherty, du laboratoire des systèmes réseau de Digital, se joignit à l'équipe qui mit en place en quelques mois le service AltaVista.

Il fallut, dans un court laps de temps (moins de six mois), concevoir non seulement un robot – nommé *Scooter* – capable de parcourir le Web le plus rapidement possible pour collecter plusieurs dizaines de millions de pages, mais également le serveur d'index, le serveur Web et l'interface client. Enfin, il fallut tester le service en grandeur réelle et une partie du personnel de Digital fut mise à contribution sur un projet pilote. 10 000 employés l'utilisèrent pendant près de deux mois avant que le feu vert définitif ne fût donné.

La première mise en service du projet eut lieu le 15 décembre 1995, un peu dans l'affolement général, car deux jours avant son inauguration, le service changea de nom et de charte graphique avant qu'on ne revienne aux décisions initiales en quelques heures.

Pour Digital, c'était une occasion rêvée d'effectuer une entrée médiatique en force sur l'Internet, qui comptait depuis quelque temps parmi ses priorités marketing et stratégiques. C'est, en tout cas, une illustration parfaite du fait qu'on peut rattraper un retard important sur l'Internet – AltaVista est loin d'avoir été le premier moteur de recherche par mots clés à apparaître sur le Web – si le produit est bon, et si l'équipe est réactive et sait prendre les bonnes décisions au bon moment. Cela nécessite du flair et le personnel d'AltaVista ne semble pas en être dépourvu...

Un livre, appelé « The AltaVista Search Revolution », écrit par R. Seltzer, E.J. Ray et D.S. Ray, raconte la genèse de ce service. Il est disponible chez l'éditeur MacGraw-Hill. Plus d'infos à l'adresse :
http://demos.altavista.software.digital.com/book/promo.htm

Info

Le premier jour de lancement, 300 000 utilisateurs étaient déjà au rendez-vous. Après trois semaines de fonctionnement, le site enregistrait déjà deux millions de requêtes par jour. En mai 1996, le service AltaVista indexait 30 millions de pages Web à travers le monde et recevait 12 millions de requêtes quotidiennes. En août 1997, il en était à 31 millions de requêtes par jour, en semaine. Le 14 octobre 1997, AltaVista annonçait un index de 100 millions de pages Web et la gestion de 20 millions de requêtes chaque jour.

L'interface utilisateur du service a été entièrement « relookée » fin juillet 1997, date à laquelle des systèmes d'aide comme la fonction *Refine* (anciennement appelée LiveTopics) et la possibilité de configurer ses préférences d'interface ont été rajoutés. Au début de l'été 1997, d'autres fonctionnalités comme la reconnaissance de requêtes écrites dans 25 langues différentes ont été intégrées.

Le service AltaVista est installé sur différentes machines travaillant sous Unix. Le serveur Web affichant l'interface utilisateur est hébergé sur trois stations Digital alpha 500/333s. Chaque station est dotée de 256 Mo de Ram et d'un disque dur de 6 Go. Les systèmes de recherche de l'information dans les pages Web mis en place fonctionnent sur sept serveurs Alpha 8400 5/300 munis de dix processeurs, 6 Go de Ram et d'un disque dur de 210 Go. Chaque serveur contient une copie complète de l'index du Web, d'une taille de 60 Go. Le temps de réponse sur une requête est d'environ une demi-seconde. Le robot *Scooter* s'exécute sur une machine AlphaServer 4100 5/300 disposant d'1,5 Go de Ram et d'un disque dur de 30 Go. Le système chargé d'indexer les pages Web « récupérées » par *Scooter* s'appelle *Vista* et fonctionne sur un serveur Alpha 4100 5/300 avec 2 processeurs, 2 Go de Ram et un disque de 180 Go. Le dispositif technique du système AltaVista Search représente, d'après Digital, une puissance équivalente à 375 PC haut de gamme mis en réseau. La connexion à l'Internet s'établit à l'aide d'une ligne à 100 Mbps. Le robot *Scooter* indexait 10 millions de pages par jour à l'automne 1997. Il scrute également de façon continue 2 000 sites majeurs (parmi les plus populaires) afin de fournir un contenu remis à jour le plus souvent possible.

Aujourd'hui la technologie AltaVista se décline en une multitude de produits, permettant de rechercher de l'information sur un intranet ou sur le disque dur d'une machine isolée. D'autres produits (notamment dans le domaine de la sécurité) ont également vu le jour. L'activité AltaVista est maintenant filialisée par Digital. Le service de recherche par mots clés a également été disséminé sur plusieurs serveurs miroirs en Asie, Australie, Amérique Latine, Europe du Nord et Europe du Sud, sans oublier le site originel situé à Palo Alto, en Californie. Tous fournissent le même service, seule l'interface, et notamment la langue utilisée, change.

AltaVista permet deux types de recherche, selon deux formulaires différents : une recherche simple

(*Simple Search*), offerte par défaut sur la page d'accueil, et une recherche avancée (*Advanced Search*), pour les utilisateurs confirmés du service.

> *Un certain nombre d'internautes confondent le site d'AltaVista (altavista.digital.com ou www.altavista.digital.com) avec celui d'ATI – AltaVista Technology Inc – (www.altavista.com).*
> *Digital a essayé en vain d'utiliser le nom de domaine altavista.com, propriété d'ATI. La justice américaine a cependant contraint cette dernière à proposer sur sa page d'accueil un accès vers le site de Digital, sous la forme d'un formulaire. Celui-ci n'est toutefois pas conforme à la version actuelle du moteur de recherche.*

Recherche simple (Simple Search)

La recherche simple est proposée sur la page d'accueil du service. Un formulaire élémentaire est fourni pour saisir les mots clés :

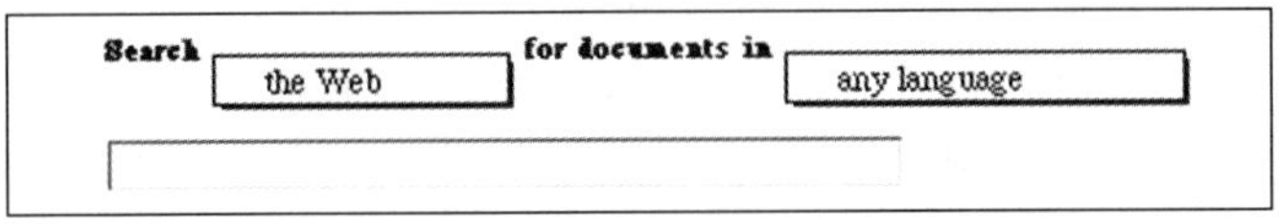

Le premier menu déroulant permet d'effectuer une recherche soit sur les pages Web, soit sur les archives des forums Usenet (sur les quinze derniers jours). Seul le premier choix nous intéresse dans le cadre de ce chapitre.

Le deuxième menu déroulant (*language*) permet de choisir une langue dans laquelle est écrite la page résultat. Il existe 25 langages disponibles (certains seront rajoutés par la suite pour couvrir la quasi-totalité des langues du Web). Le choix *any language* ne tiendra pas compte de la langue de la page cherchée. Il s'agit d'une véritable recherche linguistique (la technologie utilisée est appelée *Langage Tags*) et non pas d'une reconnaissance de sites se terminant en *.fr* (France) ou *.es* (Espagne), par exemple. De la même façon, on pourrait penser que la saisie de mots clés en français amène automatiquement à trouver des pages dans la même langue, mais cela n'est pas vrai pour les noms propres ni pour les homonymes et homographes (*chat* signifie bavarder en anglais, par exemple).

Il existe deux limites, bien compréhensibles, dans la recherche linguistique d'AltaVista : si le document est trop court, il n'existe pas assez de mots représentatifs d'une langue pour la définir clairement. De même, si la page est écrite en plusieurs langues différentes, il est difficile d'indiquer celle qui prédomine dans la page.

Une fois les mots clés saisis, un clic sur le bouton *Search* affiche la page de résultats suivante :

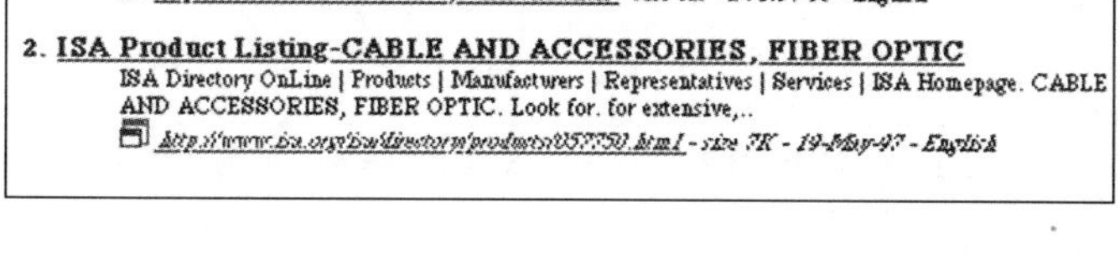
1. SystiLAN SH-EFL and SH-EFB Fiber- Optic Backbone Card
SystiLAN the network accelerator. SH-EFL and SH-EFB Fiber- Optic Backbone Card LANstack. The SystiLAN SH-EFL and SH-EFB expansion cards plug into LANstack.
[illegible] - size 3K - 24-Nov-96 - English

2. ISA Product Listing-CABLE AND ACCESSORIES, FIBER OPTIC
ISA Directory OnLine | Products | Manufacturers | Representatives | Services | ISA Homepage. CABLE AND ACCESSORIES, FIBER OPTIC. Look for. for extensive,..
[illegible] - size 7K - 19-May-97 - English

Sont ainsi indiqués : le titre de la page (en gras), le début du texte de la page, l'adresse (URL), la taille (en Ko), la date et la langue.

À la gauche de l'URL se trouve un logo représentant deux écrans. En cliquant sur ce pictogramme, une deuxième fenêtre s'ouvre sur votre navigateur pour effectuer un lien vers l'URL sélectionnée (celle se trouvant à droite du pictogramme). Cela vous permet ainsi de sauvegarder le résultat de la recherche, afin de revenir éventuellement à l'écran de résultats d'AltaVista. Il vous suffira alors de resélectionner la fenêtre de départ pour obtenir la liste d'URL affichée par AltaVista.

La date indiquée correspond à la dernière modification du document fournie par le serveur, si cette page a été indexée par le robot *Scooter*. Si la page a été prise en compte par AltaVista au travers de la demande *Add URL* (sur la page d'accueil), qui permet d'indiquer au moteur des pages à indexer qui ne le seraient pas encore, c'est la date de soumission de cette demande qui est affichée.

AltaVista affiche 10 résultats par page. Il n'est pas possible de modifier cette donnée.

Sur les pages de résultats, AltaVista donne également un certain nombre d'indications générales :

About **179800** documents match your query.

En haut de l'écran, avant le premier résultat, est indiqué le nombre de pages trouvées dans la base d'AltaVista, qui répondent à la requête formulée (ici 179 800 documents). En bas de page apparaît le nombre de fois où AltaVista a trouvé dans ses pages les mots recherchés (ici 115 368 fois le mot *optic* et 342 500 fois le mot *fiber*).

Word count: optic: 115368; fiber: 342500

Le pictogramme *next* permet de passer à la page suivante, tandis qu'en cliquant sur l'un des carrés, on aboutit à la page de résultats correspondante (le point jaune indique votre position actuelle).

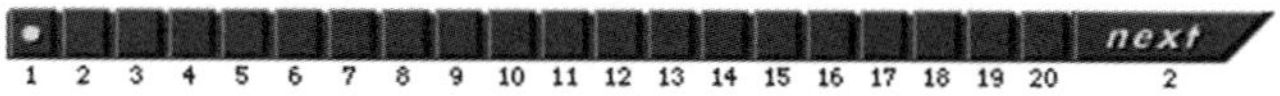

La notion de pertinence est importante sur AltaVista, comme sur tous les moteurs de recherche par mots clés. Le classement des pages obtenues dépend de plusieurs critères :

• présence de tous les mots de la requête,
• présence des mots recherchés au début du document (dans le titre), plutôt qu'à la fin,
• proximité des mots dans les documents,
• rareté des termes demandés dans la base des documents. Le mot *caniche* obtiendra un poids plus élevé que le mot *chien,* par exemple.

En revanche, le nombre d'occurrences d'un mot ne joue aucun rôle dans le classement d'une page. Même si un document contient 20 fois le mot

Clinton, il obtiendra un score identique à celui d'une page où le mot n'apparaît qu'une seule fois.

AltaVista affichera les pages trouvées par ordre décroissant de pertinence.

Le service vous donne accès aux vingt premières pages de résultats, soit les 200 premiers documents trouvés. À la mise en place du site, en décembre 1995, la permissivité était bien plus grande. Malheureusement, des utilisateurs en ont profité pour piller la base d'AltaVista au moyen de logiciels (*scripts*) automatisant certaines tâches, ce qui a amené Digital à restreindre cet accès. Selon Louis Monier, responsable du projet, « la pertinence des résultats baisse, de toute façon, assez vite. En moyenne, personne ne va au-delà de 30 résultats. »

Les documents indexés par AltaVista le sont théoriquement dans leur intégralité. En réalité, une limite a été fixée à 100 Ko. Mais, la moyenne de la taille d'une page Web étant de 5 Ko, cette restriction permet d'écarter des documents souvent peu intéressants pour l'utilisateur (*logs* de serveurs, par exemple). Cette restriction devrait cependant disparaître à terme.

Pour la saisie des mots clés, AltaVista propose un grand nombre de possibilités que nous allons maintenant passer en revue.

Format des mots clés

• Est considérée comme mot, au moment de l'indexation des pages, toute suite de lettres et/ou de chiffres séparée d'un autre mot par un espace, un signe de ponctuation ou un caractère non alphabétique (&, %, $, /, #, etc.). Les signes de ponctuation ne sont pas indexés.

• AltaVista permet la saisie de requêtes en langage naturel, mais il est conseillé de se servir des fonctionnalités énoncées dans les pages suivantes.

• Les minuscules et majuscules sont importantes. Si vous tapez un mot entièrement en minuscules, AltaVista effectuera une recherche sur tous les mots, sans se soucier du style des lettres. Il s'agit ici d'une recherche appelée en anglais *case insensitive* (insensible à la casse).

Exemple

La saisie de	cherchera les mots
biologie	*biologie, Biologie, BIOLOGIE*

En revanche, si une majuscule au moins apparaît à n'importe quel endroit du mot, AltaVista le recherchera tel qu'il a été tapé (recherche dite *case sensitive*, soit sensible à la casse).

Exemple

La saisie de	cherchera	mais ne cherchera pas
Biologie	*Biologie*	*biologie, BIOLOGIE*

Il est donc recommandé, dans une première approche, de taper les mots clés en minuscules, afin de ne se fermer aucune porte. Il sera toujours temps, par la suite, de saisir une ou plusieurs majuscules pour restreindre la recherche.

• Les accents sont traités à part entière et sont distinctifs. En clair, si la requête est *perequation*, ce mot sera cherché tel quel, sans accents. Si le mot saisi est *péréquation*, la version accentuée sera cherchée mais pas le mot *perequation*. Le traitement des lettres accentuées fonctionne très bien sur AltaVista. Le fait qu'une certaine partie de ses concepteurs soient français n'y est peut-être pas étranger...

• Un joker « * » (*wildcard*, voir annexe 1) peut être utilisé pour remplacer une lettre ou une série de lettres.

Exemple

La saisie de	trouvera
*alumin**	*aluminum, aluminium, alumine, aluminate*
*alumi*m*	*aluminum, aluminium*

L'utilisation du joker * est soumise à certaines restrictions :

• il ne peut être utilisé avant la troisième lettre d'un mot : **dinateur* n'est pas accepté, *ord** l'est,

• il remplacera de zéro à cinq lettres, uniquement en minuscules. Les majuscules et les chiffres ne sont pas pris en compte,

• si le moteur trouve trop d'occurrences pour le mot contenant le joker, il l'ignorera dans sa recherche et donnera le résultat :
Ignored inte : 4292323. No documents match this query.*

Format des interrogations

• Pour rechercher une phrase, donc une suite de mots adjacents, il est nécessaire de la placer entre guillemets, de la façon suivante :

Exemple

"guerre du golfe"

AltaVista recherchera ainsi les trois mots saisis côte à côte. Dans ce cas, il trouvera les pages contenant l'expression guerre du golfe :

La Guerre du Golfe a eu lieu au Koweït.

mais pas les pages contenant les trois termes non adjacents :

La guerre a eu lieu dans les États du Golfe.

• Opérateurs booléens ET, OU, SAUF

Si une suite de mots distincts est saisie sans syntaxe particulière – mots séparés par des espaces –, AltaVista réagit en plaçant un opérateur implicite OU entre eux.

Exemple

Exemple : *fiber optic*
recherchera les pages contenant le mot *fiber* OU le mot *optic* OU les deux. Les résultats étant classés par AltaVista, les pages contenant les deux mots seront cependant, dans la plupart des cas, affichées en premier.

Pour indiquer une recherche sur deux mots reliés par un booléen ET, le signe + est requis. Pour le booléen SAUF, c'est le signe - qui convient. Toutes les options présentées peuvent, bien entendu, être couplées :

Exemple

+computer +IBM -Compaq

Cette requête déclenchera une recherche sur les documents contenant obligatoirement les mots *computer* ET *IBM*, mais ne contenant pas le terme *Compaq*. Comme sur Yahoo!, la saisie du premier signe + est indispensable si vous désirez que le premier mot saisi soit obligatoirement présent dans la page demandée.

Recherches spécifiques

AltaVista permet d'effectuer des recherches sur certaines parties des documents préindexés : adresse, texte, liens, images, etc. Les fonctionnalités (*title:*, *domain:*, etc.) doivent obligatoirement être saisies en minuscules, immédiatement suivies par un signe : et le terme cherché. Aucun espace ne doit être saisi à gauche ni à droite du signe :. Voici une liste des possibilités mises à votre disposition :

Recherche sur un titre de page
title:

title:homepage
recherchera le mot *homepage* uniquement dans les titres des documents.

Cette fonction est intéressante pour restreindre une recherche qui donnerait autrement trop de résultats. Un document intéressant sur un thème donné contient certainement sa signification principale dans son titre. Ceci permet d'éviter de se retrouver avec des documents ne contenant un mot que de façon tout à fait accessoire, sans réel intérêt de fond.

Recherche sur un domaine donné
domain:

domain:fr
effectuera des recherches uniquement sur les serveurs dont le nom se termine par *.fr*. Cette fonctionnalité est utilisée seulement en conjonction avec un autre critère, afin de restreindre la recherche.

Exemple : *+prozac +domain:edu*
trouvera les pages contenant le mot *prozac*, mais uniquement sur des pages se trouvant sur des machines dont le nom se termine par *.edu*, c'est-à-dire des serveurs appartenant aux universités et laboratoires de recherche américains.

Cette fonctionnalité est intéressante pour les domaines américains comme *edu*, *gov* (organismes gouvernementaux) et *mil* (organismes militaires). Elle l'est moins pour les domaines spécifiques de pays, puisque les suffixes *com*, *net* et *org* sont internationaux. Si l'on désire restreindre sa recherche aux sites français, la saisie de *+domain:fr* occultera les sites français en *.com*. Dans ce cas, la recherche linguistique d'AltaVista fera certainement mieux l'affaire.

Recherche sur le nom du serveur
host:

host:fnac.fr
recherchera l'expression *fnac.fr* dans le nom du serveur Web (donc dans l'expression *http://www.fnac.fr/*). La recherche ne s'effectue pas sur l'intitulé complet de l'URL, mais uniquement sur le nom de la machine (entre *http://* et le premier slash). Dans l'exemple ci-dessus, *http://www.fnac.fr/* sera trouvé, mais pas *http://www.societe.com/Fnac/fnac.html.*

Cette fonctionnalité est intéressante pour trouver le nom d'une entreprise car nombre de serveurs ont un nom qui commence par *www.nom_de_la_société.* Mais elle est également intéressante si vous désirez savoir combien de pages de votre site Web sont indexées par AltaVista. Si le nom de votre entreprise est *Stela* et celui de votre site Web *www.stela.fr*, la commande *host:www.stela.fr* vous indiquera la liste des pages de votre site qui se trouvent dans la base d'AltaVista. S'il en manque, vous pourrez les rajouter par l'option *Add URL.*

Cette fonctionnalité est également intéressante pour affiner une recherche. Imaginez que vous recherchiez de l'information sur le thème des magazines traitant du marketing. La requête sera, par exemple, *+magazine +marketing*. AltaVista vous donne accès à un grand nombre de pages dont une bonne partie se trouve sur le site australien *http://www.phoenix-mags.com.au/* qui, malheureusement, ne vous intéresse pas. Vous pouvez alors resserrer votre recherche en tapant la requête :
+magazine +marketing -host:www.phoenixmags.com.au

Ainsi, AltaVista occultera le site et votre recherche sera moins parasitée par ces nombreuses pages ne correspondant pas à vos besoins.

Recherche à l'intérieur d'une URL
url:

url:tintin.html
recherchera l'expression *tintin.html* dans l'URL complète des pages sources, contrairement à la recherche sur le nom du serveur (*host:*), décrite plus haut. Cette possibilité doit être utilisée de façon complémentaire à la fonctionnalité *host:* si celle-ci n'a pas donné de résultats satisfaisants, notamment dans le cas d'une recherche sur un nom d'entreprise.

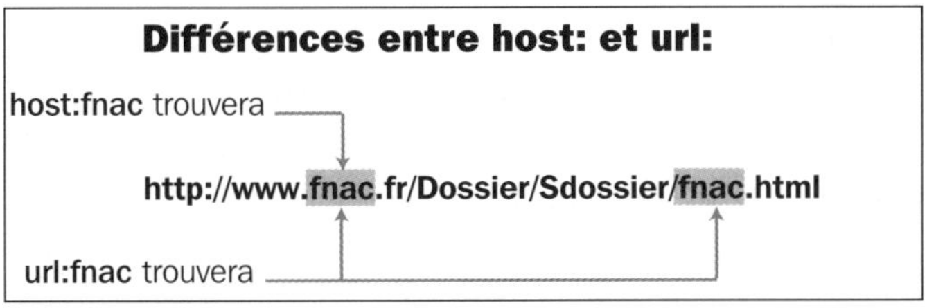

Recherche sur le texte uniquement
text:

text:Napoléon
recherchera le mot *Napoléon* uniquement dans le texte des pages (et non dans les adresses relatives aux liens, les noms d'images, etc.). En effet, si aucune indication n'est donnée à AltaVista, celui-ci recherche les mots clés saisis dans le code HTML complet de ses pages, adresses des liens hypertexte et noms d'images compris. Seuls les commentaires ne sont pas indexés par AltaVista dans le code

HTML. Cela explique que l'on saisisse parfois un mot clé qui ne se retrouve pas dans le texte lisible de la page. Le terme saisi se retrouve peut-être dans le nom d'une image ou dans l'adresse d'un lien hypertexte, données invisibles lorsque l'on affiche une page HTML (l'autre raison peut tout simplement être que le contenu de la page trouvée a été modifié depuis le moment où le robot l'a indexée). La fonction *text:* permet de s'affranchir de ce type de désagrément. Son utilisation est vivement conseillée pour obtenir de meilleurs résultats de recherche.

Recherche sur un lien hypertexte
anchor:

anchor:page
recherchera le mot *page* uniquement s'il fait partie intégrante d'un lien hypertexte (au niveau de son texte apparaissant en couleur et souligné sur une page HTML) contenu dans une page. Exemple : ceci est une *page* de présentation du service.

Cette fonctionnalité est essentielle dans un certain nombre de cas :

• Si vous désirez savoir quelles sont les pages qui pointent vers votre site. Si votre société s'appelle *Stela*, la commande *anchor:stela* indiquera toutes les pages contenant un lien qui comporte le mot *stela* et qui pointe certainement sur une page de votre site. Il est important de savoir qui pointe vers vous, notamment en cas de changement d'adresse (pour indiquer la nouvelle URL de votre site), ou tout simplement pour contacter les auteurs de ces pages dans un but commercial. De la même façon, savoir qui « pointe vers vous » vous permet de découvrir qui « ne pointe pas vers vous » (voir point suivant). Pour vous faire connaître, il est essentiel qu'un grand nombre de pages établissent des liens vers votre site.

• Mais il est également possible, par la fonction *anchor:*, de savoir quelles sont les pages qui pointent vers les sites de vos concurrents. Par exemple, la commande *+anchor:concurrent1 +anchor: concurrent2 +anchor:concurrent3 -anchor:stela* vous donnera la liste des pages comportant des liens vers les sites de vos trois principaux concurrents, mais qui ne pointent pas vers le vôtre. Vous pouvez ne pas trouver cela normal et décider d'envoyer un mail à l'auteur de ces pages pour que vous y soyez référencé.

• Il est également très utile, lorsque vous trouvez une page digne d'intérêt sur le Web, d'en découvrir d'autres du même type. Par la fonction *anchor:* (ou également *link:*, voir ci-dessous), vous allez pouvoir connaître les pages qui contiennent un lien vers cette page passionnante. Si elle est si intéressante, pourquoi les pages qui pointent dessus ne le seraient-elles pas aussi ? Le mieux, c'est d'aller y faire un tour. Partant d'une seule page, on arrive petit à petit à remonter les fils de la toile d'araignée, pour se créer un répertoire consistant en quelques minutes.

Recherche dans l'URL d'un lien

link:

link:whitehouse.gov

recherchera les pages contenant des liens vers une page distante ayant l'expression *whitehouse.gov* dans son adresse (URL), et non plus dans le texte du lien, comme c'était le cas avec l'interrogation *anchor:*. Cette fonctionnalité est encore plus fine que *anchor:*, car si vous ne maîtrisez pas le texte des liens inclus dans les pages Web du monde entier, vous maîtrisez beaucoup mieux l'adresse d'un site, et notamment du vôtre. Si celle-ci est *www.stela.com*, la saisie de *link:www.stela.com* donnera la liste des pages comportant un lien vers une page du serveur *www.stela.com.* Le résultat devrait être beaucoup plus précis que *anchor:stela,* car un lien vers votre site ne comporte peut-être pas obligatoirement le mot *stela* dans son texte. Il comporte, en revanche, obligatoirement le nom de votre serveur dans l'URL associée.

Recherche d'une image

image:

image:marylin.gif

recherchera les pages affichant une image nommée *marylin.gif.*

On est toujours à la recherche d'images pour agrémenter un rapport, un courrier, une note, un faire-part, pour les rendre plus attractifs, plus conviviaux. Le Web est un énorme réservoir de graphiques et de photos. Attention, l'Internet n'étant pas au-dessus des lois, un *copyright* peut très bien être attaché à une photo diffusée sur une page HTML. Si vous faites une utilisation commerciale d'images trouvées sur le Web (pour une plaquette de présentation d'une entreprise, par exemple), il faudra veiller au bon respect des lois, l'organisme qui a diffusé la photo pouvant théoriquement engager des poursuites à votre encontre. Bien entendu, si vous recherchez une photo de Bill Clinton, la commande *image:clinton* retournera les pages contenant une image ayant pour nom *clinton.gif* ou *clinton.jpg*. S'il existe sur le Web une superbe image du Président des États-Unis, qui s'appelle *XC34TVF.gif*, AltaVista ne la trouvera pas... Mais, en général, les concepteurs de sites Web donnent des noms explicites aux illustrations mises en ligne.

Recherche d'applet Java
applet:

applet:javaclass10
recherchera les pages contenant le nom de la classe *javaclass10* dans les liens lançant une applet Java. Cette fonctionnalité est plutôt réservée aux programmeurs.

refine

Fonction *Refine* (*Cow9*)

La recherche d'une information sur le Web, au travers d'un moteur de recherche par mots clés comme AltaVista, aboutit souvent à la sélection de milliers, voire de centaines de milliers de pages. La fonction *Refine*, appelée anciennement *LiveTopics* puis débaptisée pour recevoir finalement le nom de code actuel *Cow9*, permet de faire le tri dans les réponses obtenues, et pourrait bien révolutionner ce type de recherche. Ce système de tri a été le résultat d'une collaboration entre les laboratoires de Digital à Palo Alto et François Bourdoncle, ingénieur en chef des Mines, maître de recherche au Centre de mathématiques appliquées de l'Ecole des mines de Paris.

En permettant de trier rapidement les réponses obtenues lors d'une requête, cette fonctionnalité ouvre une nouvelle dimension dans la recherche d'information sur le Web.

Cet outil prend en compte l'ensemble des pages résultant d'une requête, puis analyse leur contenu et propose des mots clés en rapport avec la demande, c'est-à-dire ceux revenant le plus souvent dans les pages résultat. Ces mots clés potentiels sont classés par thèmes, puis, à l'intérieur de chaque thème, par ordre de fréquence décroissante des mots dans les pages analysées. L'utilisateur peut alors affiner sa requête en retenant ou en éliminant certains des mots clés, grâce à deux possibilités : *Require* et *Exclude*.

Deux interfaces sont disponibles, selon les outils de navigation de l'utilisateur : une interface texte (appelée *List*), qui fonctionne sur tous les navigateurs, et une interface graphique (appelée *Graph*) écrite en langage Java, pour les utilisateurs disposant d'un navigateur adapté à ce langage (comme Netscape 3.0 ou Explorer 3.0). La première version, appelée *LiveTopics*, comportait également une version écrite en langage JavaScript, mais elle a été abandonnée, car ce langage souffrait d'une certaine instabilité et avait souvent tendance à engendrer des pannes sur les ordinateurs des internautes.

Exemple

Prenons, par exemple, une recherche sur les mots *fiber optic*. AltaVista touve 179 800 pages.

La fonction *Refine* va proposer l'écran suivant :

...	96%	**Optic**, fiber, cable, telecommunications, network, backbone, networks, cables, coaxial
...	35%	**Optical**, optics, laser, fibers, lasers, wavelength, diode, wavelengths, wdm
...	27%	**Bandwidth**, mbps, fddi, kbps
...	26%	**Ethernet**, hubs, hub, ports, port, transceiver, repeater, snmp, aui
...	24%	**Cabling**, wiring, conduit
...	24%	**Switching**, switches, switched, atm, sonet, asynchronous, synchronous, sdh
...	23%	**Transmission**, signals, transmit, transmitting
...	21%	**Communications**, wireless, cellular

Elle a, en fait, analysé le contenu des 179 800 documents correspondant à la requête et indique les thèmes les plus souvent rencontrés. Un pourcentage est attribué, correspondant à la fréquence relative du thème – des mots indiqués – dans les pages. Il suffit

de choisir l'option *Exclude* ou *Require* sur les thèmes, selon qu'ils vous intéressent ou pas, pour affiner la recherche. Les autres mots, ceux pour lesquels ne sera pas choisie l'option *Require* ou *Exclude*, seront ignorés.

Les algorithmes de décision de la fonction *Refine* sont assez complexes, mais peuvent être illustrés par un exemple simple.

Si vous choisissez la fonction Require :

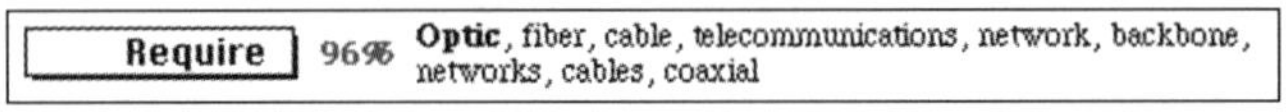

AltaVista va traduire votre requête ainsi : « les pages résultats DOIVENT contenir le mot *Optic* OU le mot *fiber*, OU le mot *telecommunications...*, OU le mot *coaxial* ».

Si vous choisissez la fonction Exclude :

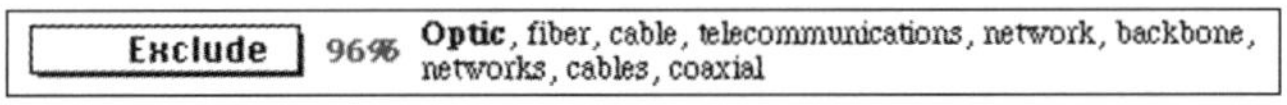

AltaVista l'interprétera ainsi : « les pages résultats NE DOIVENT PAS contenir le mot *Optic* OU le mot *fiber*, OU le mot *telecommunications...*, OU le mot *coaxial* ». Il n'est pas possible de choisir uniquement certains de ces mots. Tous sont pris en compte. Pour choisir uniquement certains mots à exclure ou à exiger, il faut utiliser la version graphique de la fonction *Refine*.

La fonction *Refine*, cependant, effectuera un contrôle afin de ne pas rejeter de la demande formulée des mots se trouvant dans la requête initiale.

search

Une fois cette manipulation effectuée, vous pouvez cliquer sur le bouton *Search* pour obtenir le résultat de votre nouvelle requête.

La page résultat obtenue affichera en haut de l'écran une indication sur le fait qu'un mot a été demandé par la fonction *Refine*. Une boîte à cocher (ou plutôt à décocher dans ce cas) permet d'invalider cette option pour les recherches suivantes.

Vous pouvez également choisir de cliquer de nouveau sur le bouton *Refine* au lieu de *Search,* lorsque vous vous trouvez au cœur de la fonction *Refine*. Cela aura pour effet de vous donner une nouvelle liste de mots clés, sur la base du nouveau résultat obtenu.

La version graphique est, quant à elle, disponible uniquement pour les utilisateurs disposant d'un navigateur acceptant le langage Java. Pour la même requête que ci-dessus, elle affiche l'écran suivant :

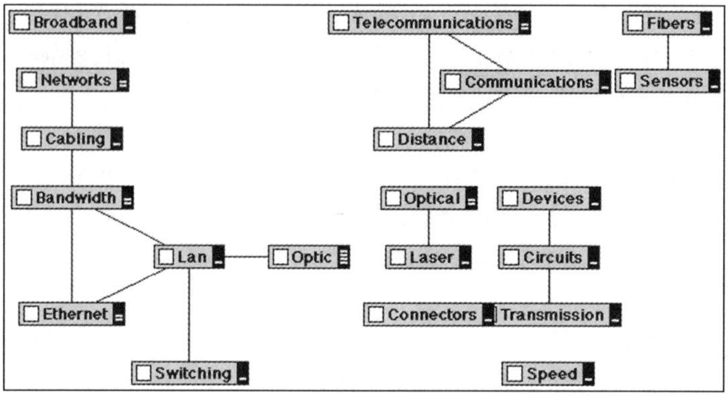

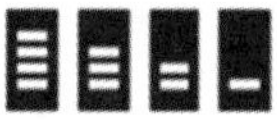

Chaque thème est accompagné d'un certain nombre de petites barres jaunes horizontales qui indiquent le degré de pertinence du mot (le nombre de fois où ce mot apparaît dans les documents). Plus il y a de barres, plus le mot est présent dans la base de documents trouvés. Les thèmes sont représentés au travers de menus reliés entre eux par des traits indiquant l'existence d'une relation « sémantique ».

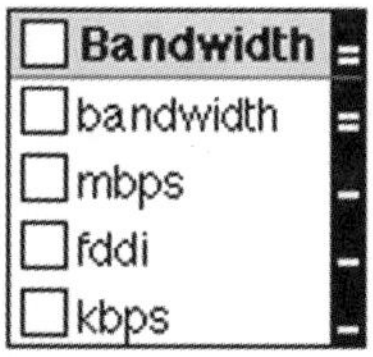

En positionnant la souris sur un thème, un certain nombre de mots apparentés à ce thème apparaissent. Cliquer une fois sur la boîte située à gauche d'un mot va effectuer l'équivalent d'un *Require*, et cliquer deux fois correspondra à un *Exclude*. Cliquer une troisième fois remet la boîte à cocher à blanc. Lorsque au moins un mot est sélectionné (en *Require* ou *Exclude*), un carré noir apparaît à gauche du nom du thème. Cela vous permet de visualiser, sur la page d'ensemble, les thèmes qui ont été traités auparavant.

Exemple

Encore une fois, raisonnons sur un exemple : la fenêtre du thème *Bandwidth* affiche les mots *bandwidth, mbps, fddi* et *kbps*.

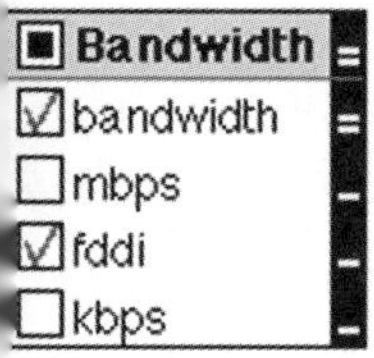

Si vous cliquez une fois sur les mots *bandwidth* et *fddi*, AltaVista prendra en compte la requête suivante : « les pages résultats DOIVENT contenir le mot *bandwidth* OU le mot *fddi*. Les mots *mbps* et *kbps* seront ignorés », ce qui se traduira de façon visuelle par une coche dans les carrés correspondants.

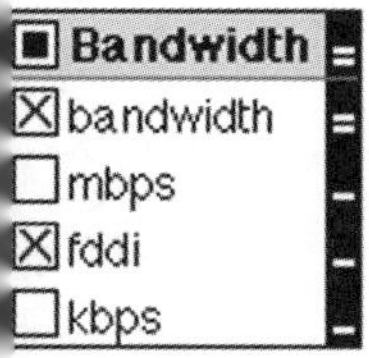

Si vous cliquez deux fois sur les mots *bandwidth* et *fddi*, AltaVista comprendra votre demande ainsi : « les pages résultats NE DOIVENT PAS contenir le mot *bandwidth* OU le mot *fddi*. Les mots *mbps* et *kbps* seront ignorés » ce qui se traduira par une croix.

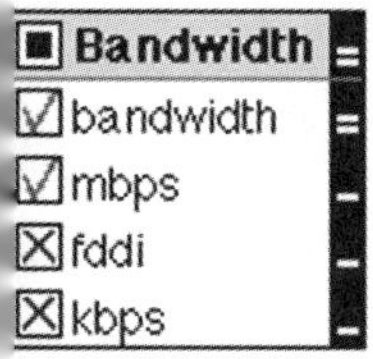

Compliquons l'exercice : vous avez saisi dans le même menu deux fonctions *Require* et deux *Exclude*. La demande signifie alors : « les pages résultats DOIVENT contenir le mot *bandwidth* OU le mot *mbps* ET NE DOIVENT PAS contenir le mot *fddi* OU le mot *kbps* ».

Enfin, pour en terminer avec cet exemple, imaginons que vous ayez choisi des mots dans deux thèmes différents, comme illustré ci-dessous :

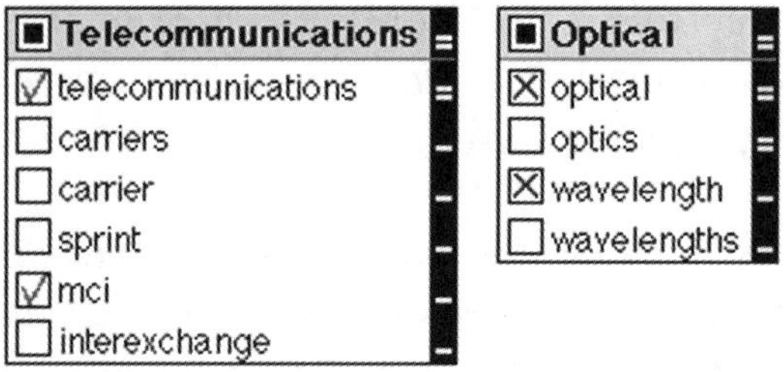

Dans ce cas, un ET sera rajouté entre les requêtes correspondant à chaque menu : « les pages résultats DOIVENT contenir les mots *telecommunications* OU *mci* ET NE DOIVENT PAS contenir les mots *optical* OU *wavelength.* Les mots *carriers, carrier, sprint, interexchange, optics et wavelengths* seront ignorés ».

De la même façon, vous pouvez, une fois vos sélections effectuées, cliquer sur *Search* ou *Refine*, avec les mêmes actions que pour la version texte.

De nombreuses évolutions de la fonction Refine sont prévues dans les mois qui viennent, notamment une meilleure gestion des lettres accentuées. Une version intranet du système sera également proposée.

Recherche avancée (Advanced Search)

Cette possibilité est donnée lorsque vous cliquez sur le lien *Advanced Search* de la page d'accueil d'AltaVista. Un formulaire plus complet (et plus complexe) est alors affiché.

Les menus déroulants (*Search* et *Language*) sont identiques à ceux de la recherche simple. Nous n'y reviendrons pas.

Le format des mots clés (majuscules/minuscules, lettres accentuées, jokers) obéit aux mêmes règles que pour la recherche simple.

De même, les recherches spécifiques (*anchor:*, *domain: text:*, *link:*, etc.) sont également possibles, ainsi que la fonction *Refine*.

La recherche avancée vous donne, de plus, la possibilité de coupler vos mots clés avec des opérateurs booléens et des parenthèses.

Les opérateurs booléens suivants sont possibles : AND, OR, NEAR, NOT. Ils peuvent indifféremment être saisis en majuscules ou en minuscules.

Ils peuvent être remplacés par des symboles :

Equivalence des opérateurs		
AND	**peut être remplacé par**	**&**
OR	**peut être remplacé par**	**|**
NEAR	**peut être remplacé par**	**~**
NOT	**peut être remplacé par**	**!**

Si le mot recherché correspond à l'intitulé d'un opérateur booléen, il faut le saisir entre guillemets.

Exemple : *ruée* AND *"or"* comprendra que le mot *or* n'est pas l'opérateur OR mais le mot qui désigne le métal.

Les expressions comprenant plusieurs mots adjacents du type *deuxième guerre mondiale* peuvent, comme dans le cas de la recherche simple, être saisies entre guillemets.

Voici quelques exemples d'interrogations utilisant les possibilités de recherche avancée fournies par AltaVista :

Exemple *apple OR macintosh*
cherchera les mots *apple* OU *macintosh* dans les pages cibles.

Exemple *"biologie cellulaire" AND CNRS*
cherchera obligatoirement la chaîne de caractères *biologie cellulaire* ET le mot *CNRS*.

John NEAR Smith
cherchera la présence des deux mots clés *John* ET *Smith* dans une plage de texte de dix mots adjacents, les deux termes cherchés pouvant donc être distants d'au plus huit mots. Les deux mots peuvent être dans un sens ou dans l'autre (*john NEAR smith* est équivalent à *smith NEAR john*). Cette fonctionnalité est notamment intéressante lorsque l'on recherche des personnes américaines, dont les patronymes sont souvent entrecoupés d'initiales, comme *John T. Smith.*

Exemple

Bruxelles AND NOT choux
trouvera les occurrences du mot *Bruxelles* dans les pages ne contenant pas le mot *choux*. La saisie de *Bruxelles NOT choux* est incorrecte. Le booléen NOT doit être utilisé après AND ou OR.

Exemple

Des parenthèses sont également possibles. Ainsi :

premier OR deuxieme AND troisieme
cherchera soit le mot clé *premier*, soit la présence des deux mots clés *deuxieme* ET *troisieme*. Cette requête est équivalente à :

Exemple

premier OR (deuxieme AND troisieme)

En revanche, elle est différente de :

(premier OR deuxieme) AND troisieme

qui cherchera la présence conjointe de *premier* ET *troisieme*, OU de *deuxieme* ET *troisieme*.

Il est tout à fait possible d'imbriquer les parenthèses. Il est cependant recommandé de ne pas en abuser, car la requête deviendrait vite incompréhensible (quoique tout à fait valable techniquement). Pour exemple, essayez de déchiffrer celle-ci :

((premier NEAR deuxieme) AND (troisieme OR quatrieme) OR (quatrieme AND premier)) AND NOT (premier NEAR quatrieme)

L'écran de saisie de la recherche avancée d'AltaVista est subdivisé en deux parties : la fenêtre du haut permet de saisir les critères de recherche. La fenêtre du bas (*Ranking*) permet d'effectuer un tri, un classement parmi les documents trouvés.

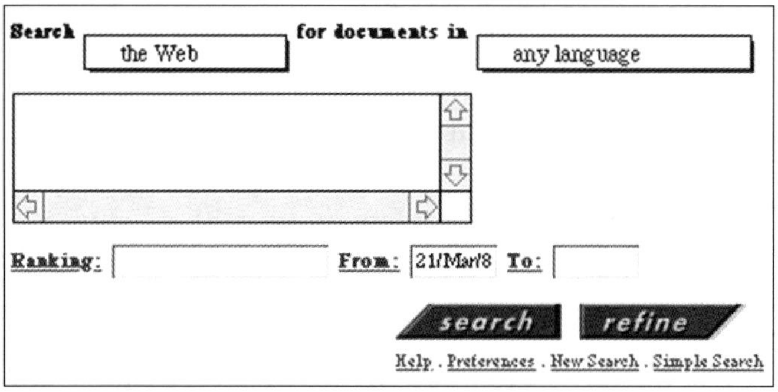

Dans la fenêtre du haut, il vous suffit de saisir vos mots clés assortis des opérateurs AND, OR, NEAR et NOT, ainsi que des parenthèses si nécessaire, comme indiqué ci-dessus.

La deuxième zone (*Ranking*) vous permet de définir un ordre pour l'affichage des informations sur la page de résultats. Si rien n'est indiqué dans cette zone, AltaVista ne donnera aucun critère de pertinence aux pages trouvées. Elles seront listées les unes à la suite des autres, sans ordre réel. Aucun critère, de type « présence des mots dans le titre » ou « nombre d'occurrences des mots dans les pages », ne sera appliqué.

Reprenons l'exemple d'une saisie :

Exemple

(premier OR deuxieme) AND troisieme

Si le mot *troisieme* est indiqué dans la fenêtre *Ranking*, le tri se fera alors en affichant en premier les pages ayant obtenu le meilleur score pour ce mot uniquement. La première fenêtre sert à trouver les documents, la deuxième, à les classer.

Cette recherche avancée présente d'autres avantages. Imaginons la saisie suivante :

Écran de saisie de la requête :
(premier OR deuxieme) AND troisieme

Écran *Ranking* :
championnat

AltaVista recherchera alors les occurrences des mots clés saisis dans la première zone, mais ne donnera en résultat que les pages trouvées contenant également le mot clé *championnat*, en les classant selon le nombre d'occurrences de ce dernier mot. Cela permet donc d'effectuer une recherche encore plus fine.

Enfin, AltaVista vous donne la possibilité de créer un filtre supplémentaire sur les dates des documents.

Une date de début et une date de fin peuvent être saisies, sous la forme *dd/mmm/yy*, *dd* représentant le jour, *yy* l'année et *mmm* les trois premières lettres du mois. Exemples : *09/jan/96, 17/mar/97*, etc. Le nom du mois en lettres a été autorisé pour éviter des ambiguïtés sur le format de date, les mois se plaçant en première ou en deuxième position selon les pays.

Si aucune indication d'année n'est saisie (*10/jan*), l'année en cours est prise en compte. Si seul un chiffre est indiqué, ce sont le mois et l'année courants qui sont pris en compte par défaut.

Enfin, si la zone *Give me only a precise count of matches* est cochée :

☒ **Give me only a precise count of matches.**

AltaVista fournira comme seul résultat le nombre de documents correspondant à la requête demandée, sous la forme :

20207 documents match the query.

Sauvegarde de l'interface

Parmi ses nouvelles fonctionnalités, AltaVista vous permet de créer et de sauvegarder une interface propre à vos besoins, et de l'utiliser lors de vos connexions futures. Vous aurez accès à cette fonctionnalité grâce au lien intitulé *Preferences* sous le bouton *Search*, notamment sur la page d'accueil.

AltaVista affiche alors plusieurs possibilités de configuration de votre interface, portant notamment sur les langues de recherche utilisées :

Languages
Tell AltaVista to search for pages published in the following language(s). If you specify different languages on individual search pages, those selections will override these.

☐ Chinese	☐ Estonian	☐ Hebrew	☐ Korean	☐ Portuguese
☐ Czech	☐ Finnish	☐ Hungarian	☐ Latvian	☐ Romanian
☐ Danish	☐ French	☐ Icelandic	☐ Lithuanian	☐ Russian
☐ Dutch	☐ German	☐ Italian	☐ Norwegian	☐ Spanish
☐ English	☐ Greek	☐ Japanese	☐ Polish	☐ Swedish

✓ my languages (*)
Chinese
Czech
Danish
Dutch
English
Estonian
Finnish
French (*)
German (*)
Greek
Hebrew
Hungarian
Icelandic
Italian (*)
Japanese
Korean
Latvian
Lithuanian
Norwegian
Polish
Portuguese
Romanian
Russian
Spanish (*)
Swedish

Il est en effet possible, par ce biais, de choisir une ou plusieurs langues pour vos recherches linguistiques. Sur votre future page d'accueil, AltaVista indiquera d'une étoile, dans le menu déroulant présentant les langues disponibles, celles qui serviront à la recherche (dans l'illustration ci-contre, le français, l'allemand, l'italien et l'espagnol). Il s'agit ici de la seule solution possible pour effectuer des recherches multilingues.

☐ **Text-only View**
Choose the text-only version of this site if you use an older browser or a text-based browser such as Lynx.
☐ **Advanced Search**
Choose Advanced Search if you usually need the capabilities that it offers. Before using this option, check out Help.
☐ **Compact Format for Web Results**
Choose Compact Format to view a compact version of Web Results.
☐ **Detailed Format for Usenet Results**
Choose Detailed Format to view a detailed version of Usenet Results.
☐ **Graph View for Refine**
Choose Graph View to set the Refine results default to Graph View.

Il est également possible de choisir l'affichage d'une version textuelle du moteur de recherche, d'activer l'option de recherche avancée par défaut, ou d'imposer un affichage des résultats selon une forme compacte, comme indiqué ci-dessous :

1. SystiLAN SH-EFL and SH-EF 24-Nov-96 SystiLAN the network accel
2. ISA Product Listing-CABLE 19-May-97 ISA Directory OnLine | Pro

Seuls le titre, la date et quelques mots du début de la page seront alors indiqués.

Enfin, il est donné la possibilité d'avoir un affichage détaillé des réponses lors des recherches sur les groupes de News (voir chapitre 7), et d'arriver directement sur la version graphique de la fonction *Refine* lorsqu'elle est sélectionnée.

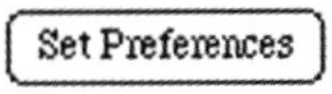

Lorsque toutes les options sont choisies selon vos desiderata, il suffit de cliquer sur le bouton *Set Preferences* et AltaVista créera votre interface au travers d'une page ayant une URL particulière, du type :

http://altavista.digital.com/cgi-bin/query?opt=on &KL=fr&KL=de&KL=it&KL=es

Il vous suffit alors de créer un *bookmark* (ou signet ou favori, selon le navigateur utilisé) avec cette adresse et d'utiliser ce *bookmark* chaque fois que vous désirez aller sur AltaVista. Votre nouvelle interface sera automatiquement affichée.

Rappel des fonctionnalités d'AltaVista

Fonctionnalité	Saisie	Exemple	Commentaire
Minuscules/ majuscules			Minuscules : pas de prise en compte de la casse. Majuscules : recherche de l'occurence exacte.
Lettres accentuées			Prise en compte des lettres accentuées
Correspondance de phrase	guillements	"barrière de corail"	
ET	+ AND	+pet +dog pet AND dog	Le + doit être indiqué devant chaque mot obligatoire. Recherche simple uniquement Recherche avancée uniquement
OU	Espace OR	pet dog pet OR dog	Recherche simple uniquement Recherche avancée uniquement
SAUF	- AND NOT	pet -dog pet AND NOT dog	Recherche simple uniquement Recherche avancée uniquement
Proximité	NEAR	pet NEAR dog	Recherche dans une « fenêtre » de 10 mots. Recherche avancée uniquement.
Parenthèses	()	(pet AND dog) OR (pet AND cat)	Recherche avancée uniquement

Fonctionnalité	Saisie	Exemple	Commentaire
Joker	*	cap*	
Recherche sur les titres	title:	title:ibm	
Recherche sur le domaine	domain:	domain:fr	
Recherche sur le nom du serveur	host:	host:fnac.fr	
Recherche sur les adresses (URL)	url:	url:peugeot	
Recherche sur le « texte visible »	text:	text:META	
Recherche sur le texte des liens	anchor:	anchor:yahoo	
Recherche sur l'adresse des liens	link:	link:www.yahoo.com	
Recherche sur les noms d'images	image:	image:chirac	
Recherche sur la date	Formulaire		Recherche avancée uniquement
Recherche sur les applets Java	applet:	applet:javaclass10	

HOTBOT

http://www.hotbot.com/

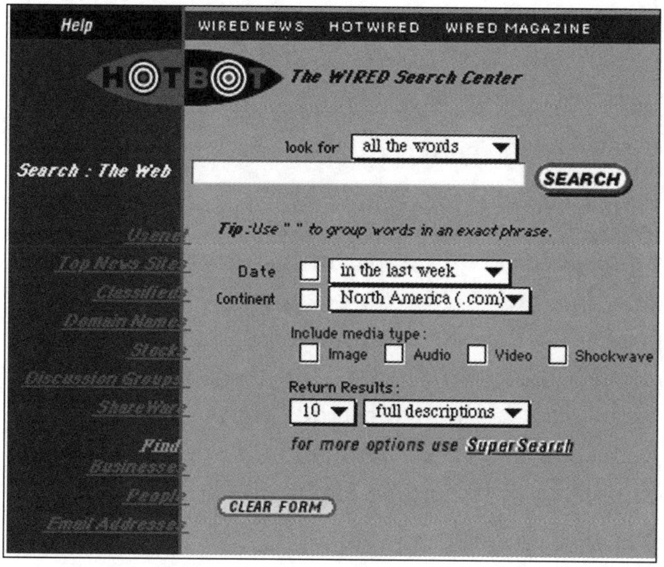

Le service HotBot, mis en place par le magazine américain Wired, est le challenger annoncé d'AltaVista. Son robot, nommé *Slurp*, a été créé sur la base de la technologie *SmartCrawl* de la société Inktomi. Il parcourt le Web environ toutes les deux semaines et fournit 54 millions de pages au moteur d'indexation. Il utilise également la technologie NOW (*Network Of Workstations*) d'Inktomi – possibilité d'installer en réseau un grand nombre de machines et de périphériques –, ainsi qu'une base de données Informix pour la gestion des profils clients et des bandeaux publicitaires.

Introduction
Sources d'information
Moteurs de recherche par thèmes
Moteurs de recherche par mots clés
Autres outils
Métamoteurs et agents intelligents
E-mail
Forums, listes de diffusion
Logiciels
Outils techniques
Méthodologie de recherche
Exemples commentés
Conclusion

Le site, disponible à l'adresse *www.hotbot.com*, dispose également d'une version épurée, moins lourde à charger au niveau graphique, à l'adresse *http://www.hotbot.com/lite/*.

Les documents trouvés par HotBot sont classés selon les critères suivants :

• nombre d'occurrences des mots dans le document,

• présence des mots dans le titre du document,

• présence des mots parmi les mots clés spécifiés dans le code HTML du document. En effet, le langage HTML permet (au moyen de la balise *<META name="description">* ou *<META name="keywords">*) d'insérer des mots clés dans une page. Ces mots clés permettent de décrire de façon complète et synthétique le contenu de la page,

Info

Pour obtenir plus d'informations sur le tag <META> dans le langage HTML, vous pouvez lire la page : http://altavista.digital.com/cgi-bin/query?pg=h
Le site Web du World Wide Web Consortium (www.W3.org) vous donnera également un grand nombre d'indications.

• la taille de la page. Un document court où sera trouvé trois fois un mot aura un meilleur classement qu'un document long contenant le même nombre d'occurrences,

• le respect de la Netiquette. Un certain nombre de *webmasters* ont recours à des techniques spécifiques pour que leurs pages soient présentes en premier sur les listes de résultats des moteurs de recherche.

Certains concepteurs de pages insèrent, par exemple, des centaines de fois le même mot dans la rubrique « mots clés » ou dans les commentaires de la page HTML, ou dissimulent des phrases en les affichant dans la même couleur que le fond d'écran du navigateur de l'utilisateur. Si HotBot reconnaît que ce type de manipulation (appelée *spam*) a été mis en place par le concepteur, la page sera classée automatiquement avec un rang inférieur aux autres qui sont considérées comme propres.

HotBot donne accès aux 1 000 premiers documents trouvés par son serveur d'index. Son interface peut dérouter au premier abord, mais elle est finalement assez simple à utiliser une fois que l'on connaît bien le service. Toutes les saisies de mots clés peuvent être effectuées soit sous la forme de menus déroulants, soit en recourant à une syntaxe avancée.

HotBot a longtemps proposé une seule et unique interface, parfois assez complexe, pour permettre à l'utilisateur d'effectuer ses requêtes. Depuis l'automne 97, ce service offre deux types de recherche : simple et avancée, comme la plupart des autres moteurs. À cette date ont malheureusement disparu deux fonctionnalités pourtant très intéressantes : la possibilité de créer sa propre interface d'interrogation, comme AltaVista le propose avec sa fonction *Preferences*, et la sauvegarde des recherches effectuées.

HotBot certifie cependant que ces fonctionnalités

reviendront rapidement sur le site, certainement dans les mois qui viennent.

Info

Il existe cependant une façon simple de sauvegarder une recherche effectuée sur un moteur. Il suffit de mettre en signet (ou favori) la page fournissant les résultats.

Lors d'une prochaine connexion à cette page, au travers du menu Signets, une requête identique sera automatiquement effectuée par le moteur.

Format des mots clés

La saisie des mots clés peut se faire indifféremment en minuscules ou majuscules, HotBot n'y prêtera pas attention, sauf lorsque le moteur « le décide ». En effet, selon vos habitudes de saisie, HotBot va prendre en compte le fait qu'un certain nombre de lettres sont saisies en minuscules et en majuscules. Par exemple, si vous recherchez des informations sur l'entreprise NeXT, et si la requête est saisie ainsi (*NeXT*), HotBot ne recherchera que les occurrences exactes du mot, en respectant majuscules et minuscules, mais c'est lui qui aura décidé de le faire ainsi. Ce choix est discutable car, en règle génénale, le netsurfeur aime bien maîtriser ses recherches, ce qui n'est pas le cas ici, puisque c'est HotBot lui-même qui décide, de manière aléatoire, si la recherche se fera en respectant ou non la casse.

HotBot fait, en revanche, la différence entre mots

accentués et mots sans accent. Comme AltaVista, il recherche toujours les occurrences exactes des mots saisis, accentués ou non.

Recherche simple

La recherche simple de HotBot est affichée par défaut à la connexion. La configuration des options choisies s'effectue à l'aide de menus déroulants et de boîtes à cocher :

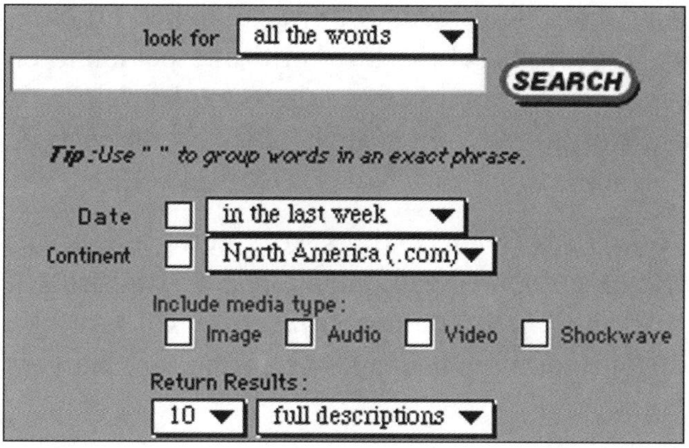

Le premier menu vous permet de choisir comment la recherche va être effectuée :

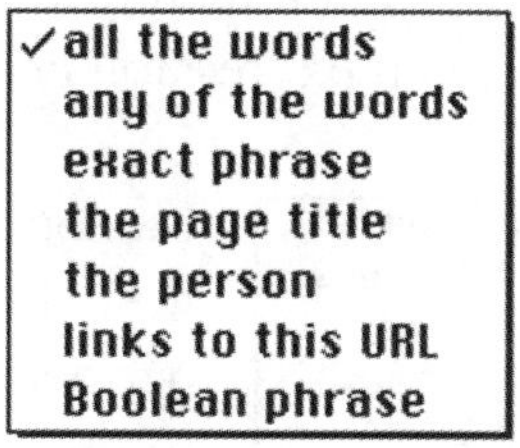

• le choix *all the words* (tous les mots) correspond à un ET. Tous les mots saisis devront obligatoirement se trouver dans la page. C'est l'option par défaut de HotBot. Ceci est important à retenir car, dans la majeure partie des moteurs de recherche, c'est un OU qui est l'opérateur implicite,

• le choix *any of the words* (certains mots) est l'équivalent du OU. La présence d'un seul parmi les mots saisis suffira pour qu'une page soit affichée,

• *exact phrase* (la phrase exacte) : les mots seront cherchés tels qu'ils ont été saisis, dans le même ordre et les uns à côté des autres. Par exemple : *deuxième guerre mondiale*,

• *the page title* (le titre de la page) : les mots seront recherchés uniquement dans les titres des documents. Fonction identique au *title:* d'AltaVista,

• *the person* (la personne) : Si cette option est choisie, HotBot cherchera le nom d'une personne en intervertissant nom et prénom. Si *John Smith* est saisi, HotBot trouvera également les occurrences de *Smith Jones*,

• *links to this URL* (liens vers cette adresse) : Cette fonction est identique au *link:* d'AltaVista. Si les termes *http://www.stela.com/* sont saisis, HotBot retournera les pages contenant un lien vers ce service,

• *Boolean phrase* (l'expression booléenne) : Cette fonctionnalité prévient HotBot que vous avez saisi un expression booléenne (voir plus loin).

La zone *Date*, si elle est cochée, vous permet de restreindre la recherche à une période donnée. Bien entendu, cette fonctionnalité est indispensable pour rechercher les nouveaux documents parus depuis votre dernière recherche. Il est possible de rechercher sur les dernières semaines, mois ou années.

Continent vous permet également d'effectuer une restriction sur la recherche mise en œuvre, basée sur des critères géographiques, en fait sur les domaines de type *com, edu, fr, es, dk, uk*, etc.

✓North America (.com)
North America (.net)
North America (.edu)
North America (.org)
North America (.gov)
North America (all)
Europe
Southeast Asia
India & Asia
South America
Oceania
Africa
Middle East
Central America

La restriction à l'Europe, par exemple, prendra en compte les pages se trouvant sur des serveurs dont le nom se termine par *.fr* (France), *.es* (Espagne), *.uk* (Grande-Bretagne), *.de* (Allemagne), etc.

Cette fonctionnalité est à double tranchant et ne peut être que partiellement efficace, car un certain nombre de domaines (*com, net, org*) ne sont pas représentatifs d'une zone géographique, puisque n'importe quel organisme connecté à l'Internet peut y avoir accès, indépendamment de sa localisation dans le monde. Donc, la restriction sur l'Europe, telle qu'elle est présentée ici par HotBot, ne prendra pas en compte les pages d'organismes européens ayant opté pour un domaine en *.com* , *.net* ou *.org*.

HotBot permet également d'effectuer des recherches sur certains types de fichiers : images, audio (fichiers son), vidéo, fichiers Shockwave (animations de pages Web).

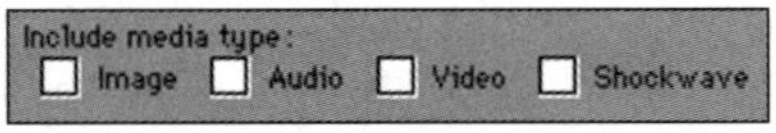

Ce module est cependant réservé aux utilisateurs confirmés du Web, et notamment aux développeurs qui auront là un moyen efficace de trouver des pages à « valeur ajoutée multimédia ».

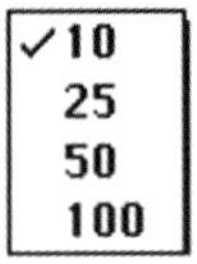

La zone *Return Results* vous permet de configurer la façon dont les résultats seront affichés. Le premier menu indique le nombre de résultats (de 10 à 100) sur chaque page de HotBot. Rappelons que HotBot vous donne accès aux 1 000 premières réponses qu'il a trouvées.

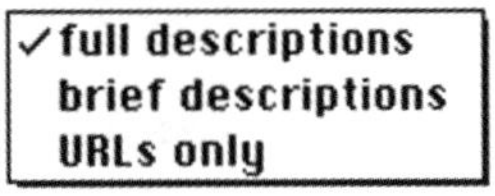

Le dernier menu vous permet de choisir le type d'affichage des résultats. Le choix *full descriptions* vous donnera l'affichage suivant :

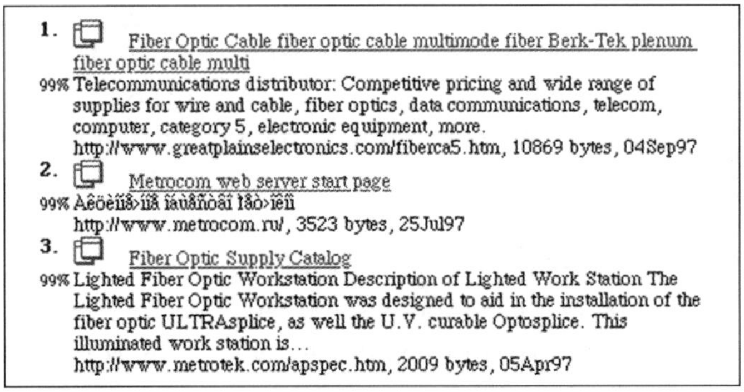

Sont indiqués le titre de la page, un pourcentage (99 % est le meilleur score obtenu par une page, puis les chiffres vont décroissant en fonction de la pertinence estimée par HotBot), le début du contenu de la page, l'adresse (URL), la taille et une date.

Cette date correspond à la date de dernière modification fournie par le serveur Web distant. Si cette date n'existe pas, sera retenue celle de l'indexation du document par *Slurp*, le robot de HotBot.

Sur la page de résultats, plusieurs indications sont également affichées, quel que soit le type d'affichage demandé :

• l'indication *Breakdown* (analyse) donne le nombre approximatif d'occurrences des mots demandés,

Breakdown: fiber: 303405, optic: 144118

• l'indication *Returned: X matches* donne le nombre de documents répondant exactement à votre demande,

Returned: 87252 matches.

• enfin, l'indication *1-10* (ces chiffres peuvent être différents selon le nombre de documents que vous avez demandé d'afficher ou selon la page sur laquelle vous vous situez), suivie d'une flèche, vous donne accès à la page de résultats suivante.

1 - 10 ▶

Devant chaque titre de document trouvé, le pictogramme représentant deux écrans vous permet, comme sur AltaVista, de lancer l'affichage de la page correspondante dans une deuxième fenêtre de votre navigateur, en sauvegardant la page présentant les résultats de HotBot et en vous permettant ainsi d'y revenir rapidement.

Le choix *brief description* proposera une version plus courte des informations :

1. Fiber Optic Cable fiber optic cable multimode fiber Berk-Tek plenum fiber optic cable multi
99% Telecommunications distributor: Competitive pricing and wide
2. Metrocom web server start page
99% Aêöèîíå›íîå íáùåñòâî Ìåò›îëî
3. Fiber Optic Supply Catalog
99% Lighted Fiber Optic Workstation Description of Lighted Work

Le choix *URLs only*, comme son nom l'indique, ne vous donnera que les adresses des pages avec leur score respectif :

1. Fiber Optic Cable fiber optic cable multimode fiber Berk-Tek plenum fiber optic cable multi - 99%
2. Metrocom web server start page - 99%
3. Fiber Optic Supply Catalog - 99%

Syntaxe avancée

Il est possible d'utiliser la recherche simple de HotBot uniquement au travers de ses menus déroulants et de ses boîtes à cocher.

Une syntaxe avancée a cependant été mise en place pour les utilisateurs connaissant de façon approfondie le service. Cette syntaxe permet de saisir les requêtes de façon plus rapide et apporte de nouvelles fonctionnalités.

Ainsi, comme sur AltaVista, le signe + correspond à un ET, le signe - à un SAUF. Il n'est cependant pas possible d'effectuer des recherches en utilisant un joker (*). Il est en revanche possible d'utiliser les guillements afin d'indiquer à HotBot une séquence de mots à rechercher.

Exemple

Exemple : +*sport* -*"base ball"*
recherchera les pages qui contiennent obligatoirement le mot *sport*, SAUF celles qui contiennent l'expression *base ball*, les deux mots étant pris en compte l'un à côté de l'autre et dans cet ordre.

Des recherches sont également possibles en utilisant des opérateurs booléens AND, OR et NOT, ainsi que les parenthèses.

Les opérateurs booléens peuvent être remplacés par des symboles :

Equivalence des opérateurs		
AND	**peut être remplacé par**	**&**
OR	**peut être remplacé par**	**|**
NOT	**peut être remplacé par**	**!**

Cette syntaxe est identique à celle d'AltaVista dans le cadre de sa recherche avancée.

Il est donc possible de saisir des requêtes plus complexes.

Exemple

(sport AND *basket)* NOT *(sport* AND *"Michael Jordan")*
recherchera les pages contenant les mots *sport* ET *basket*, MAIS PAS le mot *sport* ET l'expression *Michael Jordan*.

Attention : il faudra, pour bénéficier de la recherche par expression booléenne (AND, OR, NOT et parenthèses), choisir l'option *boolean phrase* (l'expression booléenne) dans le premier menu déroulant de la zone de saisie de HotBot.

Recherches spécifiques

Comme sur AltaVista (possibilités *anchor:*, *domain:*, *host:*, etc.), HotBot permet d'effectuer des recherches plus spécifiques. Pour connaître un certain nombre d'utilisations de ces fonctionnalités, reportez-vous au chapitre sur AltaVista.

Recherche sur un titre de page
title:

title:netscape
HotBot effectuera au travers de cette fonctionnalité une recherche uniquement sur le titre du document. Fonction identique à celle d'AltaVista.

Recherche sur un domaine donné
domain:

domain:.edu
effectuera une restriction de la recherche aux pages hébergées sur un serveur dont le nom se termine par

.edu (le point est nécessaire à gauche du domaine). Il est également possible d'effecteur une recherche sur un nom de domaine (*domain:mit.edu*) ou sur un nom de serveur (*domain:www.mit.edu*).

Recherche sur une profondeur de serveur
depth:

depth:3
effectuera ses recherches jusqu'à une profondeur de 3 sous-dossiers sur le serveur.

Exemple

Par exemple, si la profondeur est fixée à 3, HotBot trouvera les documents suivants :

http://www.stela.com/
(page d'accueil)
http://www.stela.com/Produits/Doc1.html
(profondeur de 1)
http://www.stela.com/Produits/Docs/Doc2.html
(profondeur de 2)
http://www.stela.com/Produits/Docs/Clients/Doc3.html
(profondeur de 3)

mais ne trouvera pas le document :

http://www.stela.com/Produits/Docs/Clients/Listes/Doc4.html
(profondeur de 4)

Recherche sur un type de document
feature:

Cette possibilité permet de restreindre la recherche aux pages contenant un certain type de documents :

feature:acrobat détecte les fichiers créés au format Adobe Acrobat (fichiers en .pdf),

feature:applet détecte les pages contenant des applets Java,

feature:activex détecte les pages contenant des contôles ActiveX,

feature:audio détecte un grand nombre de formats de fichiers son,

feature:embed détecte les pages faisant appel à un Plug-in,

feature:flash détecte plus spécifiquement le Plug-in Flash de ShockWave permettant d'effectuer des animations sur des sites Web,

feature:form détecte les pages contenant des formulaires HTML,

feature:frame détecte les pages faisant appel aux frames (découpage d'un écran HTML en plusieurs fenêtres),

feature:image détecte les fichiers images (fichiers en *.gif*, *.jpg* principalement),

feature:script détecte les scripts insérés dans les pages HTML,

feature:shockwave détecte les fichiers au format Shockwave (animation de pages Web),

feature:table détecte les pages contenant des tableaux réalisés selon la norme HTML,

feature:video détecte les pages contenant des fichiers vidéo,

feature:VRML détecte les pages contenant des fichiers VRML (affichage de graphiques en 3D).

Recherche sur les adresses des liens
linkdomain:

linkdomain:ibm.com
Cette fonctionnalité, identique au *link:* d'AltaVista, permet de rechercher des pages comprenant des liens vers des sites dont l'adresse contient les termes saisis.
Exemple : *linkdomain:fnac.fr* effectuera une recherche sur les documents contenant des liens vers les pages du site de la Fnac.

Recherche sur les extensions de fichiers
linkext:

linkext:gif
Cette possibilité permet d'effectuer des recherches sur les pages contenant des fichiers ayant une extension spécifique. Par exemple *linkext:wrl* trouvera les pages contenant des appels vers des fichiers de type *doc.wrl, file.wrl*, etc. (*wrl* est l'extension des fichiers VRML).

Gestion de la date des documents
before:, after:, within:

Trois possibilités sont données par HotBot pour effectuer une recherche sur la date des documents. Rappelons qu'il s'agit ici de la date de dernière modification fournie par le serveur Web distant. Si cette date n'existe pas, la date retenue est celle de l'indexation du document par Slurp, le robot de HotBot.

Introduction
Sources d'information
Moteurs de recherche par thèmes
Moteurs de recherche par mots clés
Autres outils
Métamoteurs et agents intelligents
E-mail
Forums, listes de diffusion
Logiciels
Outils techniques
Méthodologie de recherche
Exemples commentés
Conclusion

after:[jour]/[mois]/[année] permet de retrouver les documents créés ou modifiés après la date spécifiée. Exemple : *after:28/7/97*

before:[jour]/[mois]/[année] permet de retrouver les documents créés ou modifiés avant la date spécifiée. Exemple : *before:28/7/97*

within:[nombre]/[type] permet de spécifier une période de recherche. *Type* peut prendre les valeurs suivantes : *days*, *months* ou *years*. Par exemple, *within:3/months* recherchera les documents créés ou modifiés depuis les trois derniers mois seulement.

Attention, ces fonctionnalités de recherche par date en complémentarité avec la recherche de mots ne peuvent être prises en compte par HotBot que si elles se trouvent dans une expression booléenne (AND, OR, NOT et parenthèses). L'utilisation des + et - n'est pas acceptée pour ces fonctionnalités.

Exemple :

(+cloning -sheep) AND within:1/months est une expression valable.

+cloning -sheep +within:1/months ne sera pas pris en compte.

Recherche avancée (Super Search)

La recherche avancée de HotBot est disponible à partir du lien *Super Search* sur la page d'accueil.

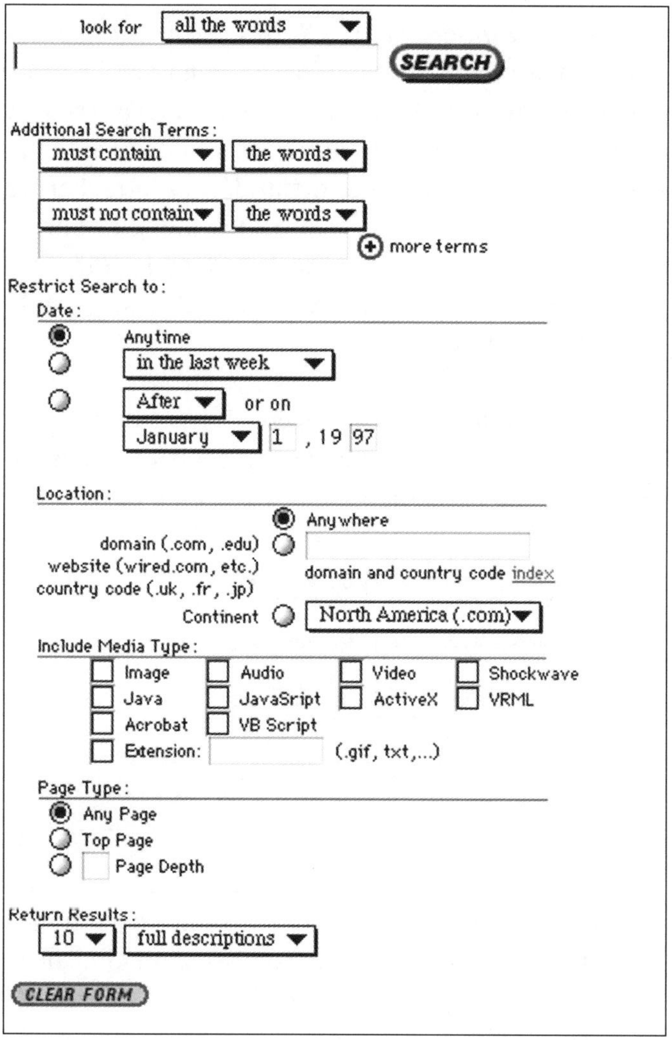

Le premier menu (*look for*) est identique à celui de la recherche simple et permet de choisir quel type de recherche sera effectuée (opérateur ET, OU, titre des documents, expression booléenne, etc.)

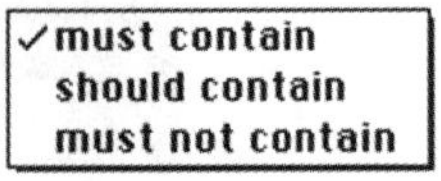

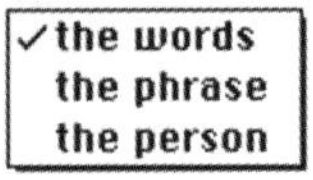

La zone *Additional Search Terms* sert à rajouter des mots à votre requête. Le premier menu vous permet ainsi de définir un ET (*must contain*), un OU (*should contain*), ou un SAUF (*must not contain*) pour le terme saisi. Le deuxième menu définit la recherche complémentaire choisie : le ou les mots, la phrase exacte, ou un nom de personne. Ces spécificités sont identiques à celles vues ci-dessus, pour la recherche simple.

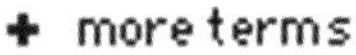

Le pictogramme + (*more terms*) permet de rajouter deux lignes de saisie à celles présentes par défaut. Ainsi, si cette fonction est choisie, l'écran deviendra :

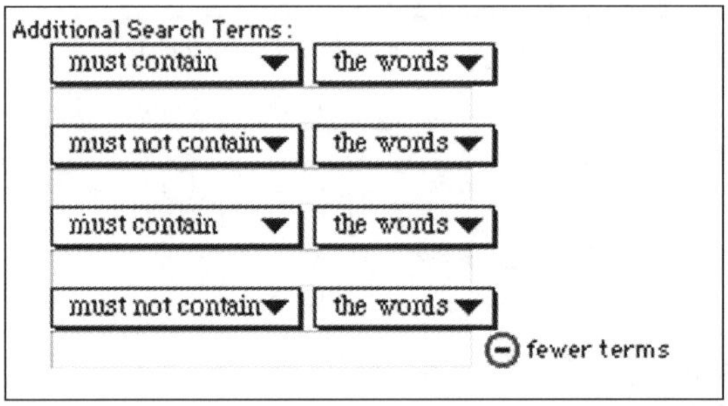

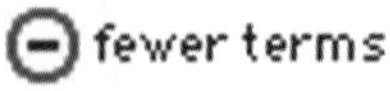

Le signe - (*fewer terms*) permet d'enlever deux lignes de saisie (si vous avez affiché deux lignes comme sur la copie d'écran ci-dessus, un clic sur le pictogramme - permettra de revenir à l'écran de départ).

La zone *Date* vous permet de spécifier une date ou une période pour la recherche. Le choix *Anytime* n'effectue pas de restriction. Le deuxième menu permet de choisir une période allant d'une semaine à deux ans, comme pour la recherche simple.

Un troisième menu permet de choisir d'effectuer la recherche avant ou après une date déterminée en spécifiant le jour, le mois et l'année de la date servant de repère.

La zone *Location* permet de restreindre la recherche à des critères de sites ou de géographie. Le choix *Anywhere* n'affecte pas de restriction sur la recherche. La deuxième possibilité affecte la recherche à un nom de serveur, un nom de domaine ou un domaine spécifique. Ainsi, peuvent être saisies les indications *.com, ibm.com* ou *www.ibm.com.* Dans le premier cas, la recherche s'effectuera sur tous les sites dont le nom de serveur se termine par *.com*, dans le deuxième, le nom de serveur contiendra obligatoirement *ibm.com*, et dans le troisième, c'est l'expression *www.ibm.com* qui sera prise en compte. Le point devant le domaine (*.edu* ou *.fr*) est nécessaire. Il est possible de saisir plusieurs termes séparés par des espaces : *.com .fr,* par exemple, restreindra la recherche aux serveurs dont le nom se termine par *.com* OU *.fr*.

Cette fonctionnalité est très intéressante, notamment pour rechercher des informations sur un site donné ou sur un ensemble de sites (par exemple, ceux de vos concurrents directs).

Il est enfin possible d'exclure des choix en faisant précéder le domaine ou l'expression du signe - : -*.com* ou -*www.fnac.fr* ôtera de la recherche les sites hébergés sur un serveur dont le nom se termine par *.com* ou dont le nom contient *www.fnac.fr*.

Le troisième choix de la zone *Location* est identique à celui de la recherche simple, soit une recherche par continent.

La fonctionnalité *Media Type* est une extension de celle fournie pour la recherche simple : images, vidéo, son, fichiers Shockwave, modules Javascript, ActiveX ou Java peuvent être spécifiés. Il est, de plus, possible de choisir l'extension des fichiers à retenir (*.gif, .txt, .wav*, etc.).

Il est enfin possible de demander à HotBot de n'afficher dans ses résultats que la page d'accueil d'un site (*Top Page*). Il est également permis de choisir la profondeur de recherche des pages, comme pour la fonction *depth:*.

La recherche avancée de HotBot permet également d'utiliser les fonctions de syntaxe avancée (opérateurs booléens, recherches spécifiques, etc.). La suite de la procédure est identique à la recherche simple.

Rappel des fonctionnalités de HotBot

Fonctionnalité	Saisie	Exemple	Commentaire
Minuscules/ majuscules			Pas de prise en compte des majuscules et minuscules sauf lorsque HotBot « le décide ».
Lettres accentuées			Prise en compte des accents. Recherche de l'occurrence exacte, accentuée ou non.
Correspondance de phrase	guillements ou Menu **exact phrase**	"barrière de corail"	
ET	Menu **all the words** ou +	+pet +dog	Le + doit être indiqué devant chaque mot obigatoire.
	AND	pet AND dog	
	Menu **must contain**		Recherche avancée
OU	Menu **any of the words** ou Espace	pet dog	
	OR	pet OR dog	
	Menu **should contain**		Recherche avancée
SAUF	-	pet -dog	
	NOT	pet NOT dog	
	Menu **must not contain**		Recherche avancée
Parenthèses	()	(pet AND dog) OR (pet AND cat)	

Fonctionnalité	**Saisie**	**Exemple**	**Commentaire**
Recherche sur les titres	title:	title:ibm	
Recherche sur le domaine			Zone Continent, ou Location
Recherche sur le nom du serveur	domain:	domain:.edu domain:mit.edu domain:www.mit.edu	Zone Continent, ou Location
Recherche sur la profondeur	depth:	depth:3	
Recherche sur le type de page			Page d'accueil ou profondeur. Zone Page Type.
Recherche sur l'adresse des liens	linkdomain: ou Menu **link to this URL**	linkdomain: www.yahoo.com	
Recherche sur les fonctionnalités des pages	feature:	feature:acrobat	Ou zone Media Type. Voir liste dans les pages précédentes
Recherche sur les extensions de fichiers	linkext:	linkext:jpg	
Recherche sur la date	after: before: within:	after:31/07/97 before:01/12/96 within:3/days	Ou zone Date (Recherche avancée)

EXCITE

http://www.excite.com/

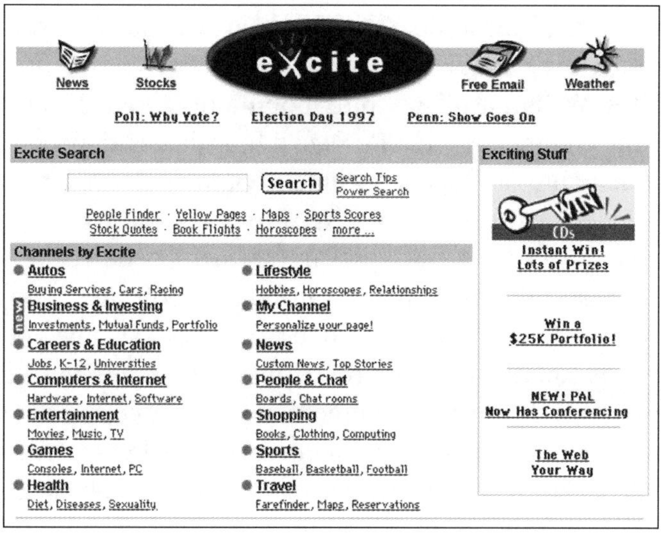

Excite est l'un des moteurs de recherche les plus utilisés sur le réseau. Il se positionne en concurrent direct de services comme AltaVista ou HotBot pour ce qui est du nombre de connexions mensuelles. Sa base de données comprend 50 millions de pages et la recherche d'information s'appuie sur une technologie appelée ICE (*Intelligent Concept Extraction*). Cet algorithme permet, selon Excite, de proposer des pages sur des sujets connexes aux thèmes recherchés par l'utilisateur, même si ces documents ne contiennent pas exactement les mots saisis. Par exemple, une recherche sur *soin* et *chien* trouvera des pages contenant *toilette* et *animal*, car ces termes sont voisins de la demande. Excite étant très peu disert sur le système ICE, on ne peut savoir comment fonctionne réellement cette recherche par approche de sens.

Le site, à l'instar de Yahoo!, propose quantité de services divers. *Excite Web Guide* recense 140 000 sites Webs parmi les plus populaires, dont 25 000 sont commentés. *Excite News* fournit des dépêches d'actualité de l'agence Reuters. *Boards & Chat* permet de dialoguer à plusieurs en temps réél. *NewsTracker* est un système permettant de rechercher des articles de presse sur plus de 300 sites Web. *Instant Info* propose des liens vers des systèmes de pages jaunes, d'annuaires E-mail, de recherche de logiciels. Il fournit également des ressources comme des dictionnaires et des recherches d'adresses postales. Enfin, le site *City.net* est une colossale base de données sur les pays, régions et villes du monde entier. Seule la fonctionnalité de recherche par mots clés (*Excite Search*) sera, cependant, étudiée ici.

Excite est né en 1993 dans un garage (comme il se doit) à Cupertino, en Californie, à l'initiative de six étudiants de l'université de Stanford. La société, baptisée dans un premier temps Architext Software, créa le service Excite en octobre 1995. En 1996, les revenus passèrent de 145 000 à 14 millions de dollars, et l'entreprise acquit deux autres moteurs célèbres, WebCrawler et Magellan. La société emploie près de 200 personnes et occupe des bureaux dans cinq villes américaines (Redwood City, Los Angeles, Chicago, New York, Austin) ainsi qu'à Londres. Le service est aujourd'hui décliné dans des versions spécifiques à de nombreux pays (Australie, France, Allemagne, Japon, Pays-bas, Suède, Grande-Bretagne).

Excite France propose notamment d'effectuer des recherches sur les sites français, européens ou mondiaux. Malheureusement, les pages sont sélectionnées uniquement en fonction du domaine du serveur (*.fr*, *.de*, *.es*, etc.), sans réelle recherche linguistique. Les documents en langue française présents sur des machines immatriculées en *.com* seront donc exclus de la recherche si l'option « sites français » est retenue.

Format des mots clés

Excite effectue ses recherches en tenant compte des lettres accentuées. Le mot *péréquation* fournira 449 documents, alors que la saisie de *perequation* ne donnera que 8 pages contenant ce mot sans accents.

En revanche, la casse des lettres importe peu. Les mots peuvent être saisis en minuscules ou en majuscules, le résultat indiqué sera identique.

Excite ne fournit pas, contrairement à de nombreux autres moteurs, la possibilité d'effectuer des recherches grâce à un joker (ou *wildcard*), de type *.

Format des interrogations

Excite permet de demander une requête sur les occurrences d'expressions ou de phrases à l'aide des guillemets (*"France Télécom"* recherchera ces deux mots, l'un à côté de l'autre et dans cet ordre).

Exemple

L'opérateur booléen ET est représenté par le signe + ou l'expression AND. Le signe + doit être saisi devant chaque mot. *+michael +jordan* recherchera les pages contenant à la fois *michael* ET *jordan*, tandis que *michael +jordan* trouvera les pages contenant obligatoirement *jordan* et accessoirement *michael.*

L'opérateur OU est représenté par le terme OR. Il est possible, comme sur la plupart des autres moteurs, de restreindre une recherche à l'aide de l'expression AND NOT ou du signe - (équivalents de l'opérateur SAUF).

Exemple

Enfin, les parenthèses permettent de coupler les opérateurs pour obtenir des requêtes plus complexes : *bourse AND (action OR obligation)* recherchera les documents qui contiennent soit les mots *bourse* ET *action*, soit *bourse* ET *obligation.*

Tous les opérateurs booléens (AND, OR, AND NOT) doivent obligatoirement être saisis en majuscules.

Recherche simple

L'interface de la recherche simple est réduite à sa plus simple expression :

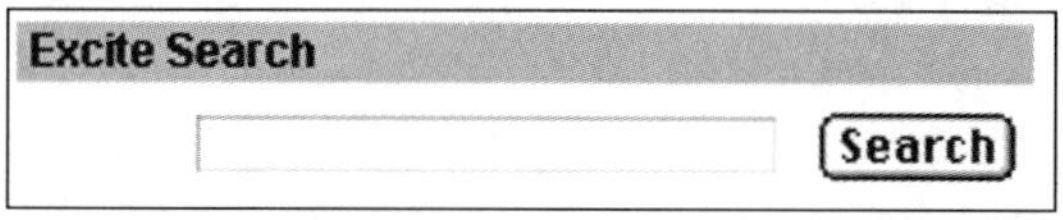

Il suffit de saisir les mots clés désirés, en utilisant ou non les opérateurs booléens proposés, et de cliquer sur le bouton *Search*.

La page de résultats suivante s'affiche (ici une recherche sur l'expression +*fiber* +*optic*) :

Top **10** matches. *[About Your Results]* **Show Titles only** **List by Web site**

83% **Broadband Guide New Product Reviews**
URL: http://www.broadband-guide.com/newproducts.html
Summary: Modular/Multi-pair base surge protection. CAT5-LAN Protector for Local Area Network Cabling and Equipment.
More Like This: Click here to perform a search for documents like this one.

81% **FOTEC, the fiber optic test equipment company**
URL: http://www.std.com/fotec/
Summary: Here you'll find technical and application information on fiber optic testing, training programs, and FOTEC products and software that can help you simplify fiber optic testing. Now it's Lennie's Guide to Fiber Optic Installation !. This web site hasn't been updated yet, so.
More Like This: Click here to perform a search for documents like this one.

80% **Search the Broadband Guide**
URL: http://www.broadband-guide.com/search.html
Summary: HOME | MEET THE PUBLISHER | ADD YOUR COMPANY | SITE MAP. | NEWSLETTERS, WHITE PAPERS | PRODUCT SHOWCASE | CATALOG SHOWCASE | ON-LINE FORUMS | SPONSORS, ADVERTISERS.
More Like This: Click here to perform a search for documents like this one.

Sont indiqués pour les 10 premiers documents trouvés : le pourcentage de pertinence calculé par Excite, le titre de la page, l'adresse et le début du contenu du document.

Le choix *About your results* vous indique le nombre de documents trouvés par Excite dans le cadre de votre requête :

About Your Results

Excite Search returned 45540 matches for your search on **+fiber +optic**.

L'option *Show Titles only* affiche uniquement le degré de pertinence et les titres des 20 premiers résultats :

Top **20** matches. *[About Your Results]* **Show Summaries** List by Web site

83% Broadband Guide New Product Reviews [More Like This]
81% FOTEC, the fiber optic test equipment company [More Like This]
80% Search the Broadband Guide [More Like This]
80% Buyers' Guide: Instruments - F [More Like This]
80% N60 - FIBER OPTICS MATERIALS, COMPONENTS, ASSEMBLIES, AND ACCESSORIES [More Like This]
79% PNWER CATALIST™ [More Like This]

Enfin, l'option *List by Web site*, très originale, affiche les 40 premiers résultats en les regroupant par nom de serveur :

Top **40** matches by web site. **View by Document**

www.broadband-guide.com
83% Broadband Guide New Product Reviews [More Like This]
80% Search the Broadband Guide [More Like This]
77% Ask the Expert! on Broadband Guide [More Like This]
www.std.com
81% FOTEC, the fiber optic test equipment company [More Like This]
77% Lennie Lightwave's Guide to Fiber Optic Testing [More Like This]
76% Fiber U Fiber Optic Training Programs [More Like This]
www.ncmlist.com
80% N60 - FIBER OPTICS MATERIALS, COMPONENTS, ASSEMBLIES, AND AC.... [More Like This]

Ce choix est intéressant car il permet de visualiser en un clin d'œil les sites qui proposent le plus de documents sur un sujet donné.

Autre possibilité originale d' Excite : le choix *More Like This*. Si vous trouvez un document répondant particulièrement bien à votre demande, cliquez sur le lien *More Like This* ou *clik here to perform a search for documents like this one*. Excite va alors prendre comme base de recherche la page correspondante pour effectuer une nouvelle requête, afin de fournir des documents ayant un contenu similaire. Cette option semble particulièrement efficace et les tests effectués ont souvent été fructueux.

Enfin, Excite donne sur chaque page de résultats une liste de mots, indiqués après une analyse des documents trouvés, vous permettant de les ajouter à votre requête en cliquant dans une boîte à cocher :

Select words to add to your search..	☐ multimode	☐ splice	☐ optics	☐ broadband
	☐ splicing	☐ fibers	☐ cladding	☐ lennie

Cette option rappelle la fonction *Refine* d'AltaVista. Elle s'avère, cependant, parfois assez décevante et moins performante que celle du moteur de Digital. Elle souffre également d'un défaut majeur : si vous sélectionnez un ou plusieurs mots pour lancer une nouvelle requête, la page de résultats suivante n'indique plus les termes précédemment choisis (les boîtes sont de nouveau décochées et les mots choisis pour affiner la recherche ne sont rappelés nulle part).

Recherche avancée

La recherche avancée d'Excite ne fournit pas de fonctionnalités supplémentaires par rapport à la recherche simple, mais plutôt une interface simplifiée permettant de saisir ses requêtes sans rien connaître des opérateurs booléens.

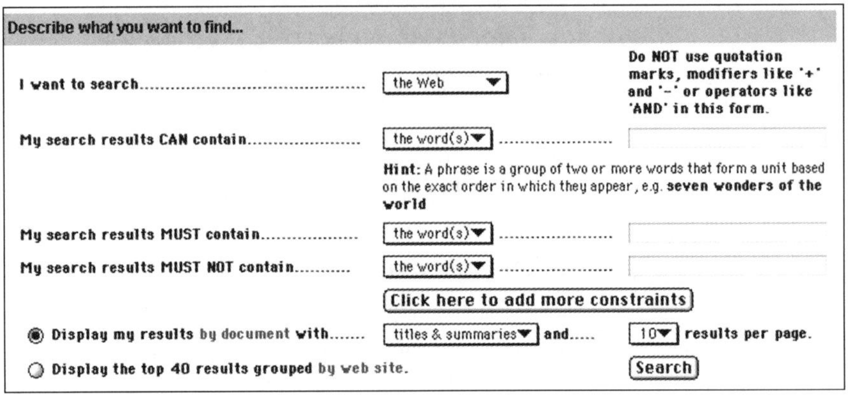

L'option *CAN contain* correspond à un OU, *MUST contain* à un ET et *MUST NOT contain* permet de restreindre la recherche grâce à un SAUF. Le choix *the word(s)* indique un ou plusieurs mots, tandis que *the phrase* correspond à l'utilisation des guillemets (recherche d'expressions).

La recherche avancée permet d'afficher les résultats par document ou par site, ainsi que de choisir le type d'affichage des résultats et leur nombre (de 10 à 50 documents par page).

Toutes ces possibilités ont déjà été étudiées dans le cadre de la recherche simple.

Excite Direct

Dernière fonctionnalité, et non la moins originale : Excite fournit un module logiciel, nommé Excite Direct, qui vous permet de rajouter une zone de saisie de critères sur votre navigateur. Deux versions existent, pour Netscape navigator et Microsoft Internet Explorer.

Dans sa version pour Netscape, un bouton nommé *Excite* et une zone de saisie sont insérés à droite des boutons d'accès rapide :

Pour effectuer une recherche, il suffit de saisir sa requête dans la zone proposée et de cliquer sur le bouton *Excite*. La page de résultats s'affiche alors dans la fenêtre du navigateur.

La version pour Microsoft Internet Explorer obéit au même schéma. Le logiciel Excite Direct propose d'effectuer directement vos requêtes dans la zone *adress* du navigateur :

Il suffit de saisir le mot *go* puis les mots clés choisis pour voir s'afficher la page de résultats correspondante.

Cette solution permet de gagner beaucoup de temps puisqu'elle vous évite d'aller sur la page d'accueil du moteur pour taper vos requêtes.

En conclusion, on peut dire qu'Excite est un moteur intéressant, qui donne souvent des résultats pertinents. A son actif, on peut relever la présence d'options originales, comme la visualisation des résulats par nom de serveur, l'utilitaire Excite Direct, ou la recherche sur des pages similaires à celles proposées. En revanche, il ne fournit pas de fonctionnalités avancées, comme les *title:* ou *domain:* d'AltaVista ou de HotBot. Son aide en ligne est également réduite à sa plus simple expression, l'internaute ayant envie d'en savoir plus restera le plus souvent sur sa faim.

Rappel des fonctionnalités d'Excite

Fonctionnalité	Saisie	Exemple	Commentaire
Minuscules/ majuscules			Pas de prise en compte des majuscules et minuscules
Lettres accentuées			Prise en compte des accents. Recherche de l'occurrence exacte, accentuée ou non.
Correspondance de phrase	guillements Menu **the phrase**	"barrière de corail"	Recherche simple Recherche avancée
ET	+ AND Menu **MUST contain**	+pet +dog pet AND dog	Le + doit être indiqué devant chaque mot obigatoire. Recherche avancée
OU	Espace OR Menu **CAN contain**	pet dog pet OR dog	Recherche avancée
SAUF	- AND NOT Menu **Must NOT contain**	pet -dog pet AND NOT dog	Recherche avancée
Parenthèses	()	(pet AND dog) OR (pet AND cat)	

INFOSEEK

http://www.infoseek.com/

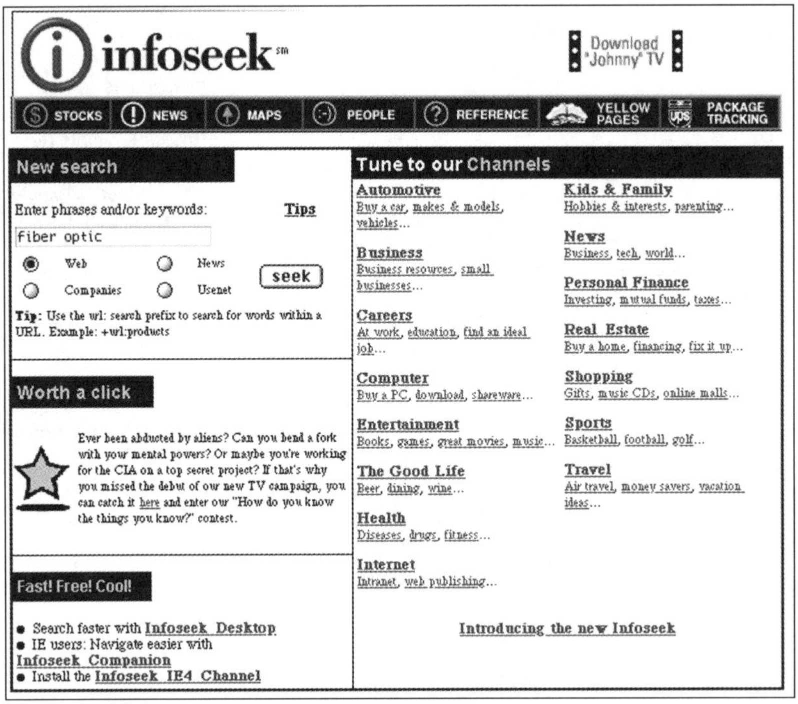

Le service Infoseek a été créé en janvier 1994 à l'initiative de Steven Kirsch, fondateur de la société *Frame Technology and Mouse Systems*. Il propose à la fois un moteur de recherche par thèmes et un moteur de recherche par mots clés. C'est ce dernier que nous étudierons ici.

Infoseek a mis en place un service en français à l'adresse *http://www.infoseek.com/Home?pg=Home.html &sv=FR*, en collaboration avec le service Nomade, moteur de recherche par thèmes francophone (challenger de Yahoo! France). Comme pour Excite, la recherche par mots clés en français semble s'effectuer uniquement sur les sites dont le nom se termine en *.fr*, ce qui est peu intéressant, aucune recherche linguistique n'étant effectuée. Tous les sites francophones (Canada, Belgique, Suisse, etc.) et les sites français se terminant en *.com* semblent exclus des recherches. Aucune information sur ce point n'est indiquée dans l'aide en ligne qui est une traduction pure et simple de la version anglaise.

Infoseek, dans sa version internationale, permet d'effectuer diverses interrogations au travers de boîtes à cocher disponibles sur la page d'accueil :

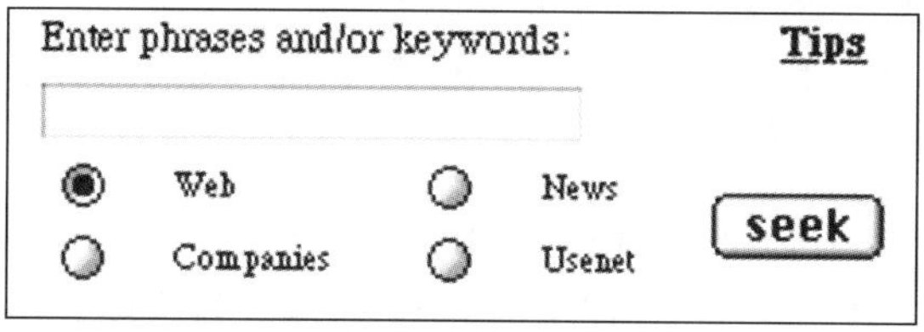

Les champs d'exploration suivants sont disponibles :

• *Web* : la recherche s'effectue sur les pages préindexées du Web,

• *News* : recherche sur l'actualité du mois précédent (brèves, nouvelles du monde, et plus spécifiquement sur le commerce, Internet, la politique et le sport). L'information est mise à jour quotidiennement,

• *Companies* : recherche sur le nom d'une entreprise (la base de données d'Infoseek comprend plus de 45 000 sociétés américaines) pour connaître l'URL de sa page d'accueil, son adresse postale, son numéro de téléphone, etc.,

• *Usenet* : recherche dans le contenu des archives des forums de discussion.

Mode de classement

Seule la première option du menu (*Web*) nous intéressera ici. Lorsque l'on effectue des recherches par mots clés sur Infoseek, le service classe les résultats selon les critères suivants :

• la présence des mots dans le titre, comptant pour une pondération plus importante que dans le texte,

• le nombre d'occurrences des mots clés saisis dans la page,

• le poids des mots, selon le degré d'occurrence de ceux-ci dans la base d'Infoseek. Un mot très souvent utilisé (*Internet, Web, industry, sport*, etc.) aura un poids plus faible qu'un mot moins courant.

Format des mots clés

Il suffit de taper plusieurs mots clés à la suite dans la zone de saisie pour constituer une requête. Les mots clés ainsi saisis sont liés par un opérateur booléen OU.

• La saisie d'une majuscule n'est prise en compte que s'il s'agit de l'initiale du mot. Deux mots tapés

Introduction
Sources d'information
Moteurs de recherche par thèmes
Moteurs de recherche par mots clés
Autres outils
Métamoteurs et agents intelligents
E-mail
Forums, listes de diffusion
Logiciels
Outils techniques
Méthodologie de recherche
Exemples commentés
Conclusion

à la suite l'un de l'autre et ayant une majuscule pour initiale seront traités comme adjacents.

Exemple

Exemple : la saisie de *John Smith* amènera une recherche sur les deux mots l'un à côté de l'autre.

La saisie de *john smith* trouvera les pages avec les deux mots clés, qu'ils soient adjacents ou distants.

• Infoseek semble ne pas tenir compte des lettres accentuées. Les mots sont traités indifféremment : la saisie de *péréquation* donne comme résultat les pages contenant ce terme. La saisie de *perequation* fournit les pages contenant *péréquation* ou *perequation.* Rien n'est indiqué sur ce point dans l'aide en ligne.

Format des interrogations

• Pour chercher deux groupes de mots adjacents dont l'initiale est une majuscule, utilisez une virgule entre les deux groupes.

Exemple

Vincent Guérin, Paris Saint Germain
cherchera les expressions *Vincent Guérin* et *Paris Saint Germain* dans la même page, mais pas *Vincent, Guérin, Paris, Saint* ou *Germain* de façon isolée.

• Comme sur AltaVista et HotBot, un groupe de mots adjacents peut être mis entre guillemets.

Exemple

"chat siamois" induira une recherche sur ces deux mots l'un à côté de l'autre, mais pas sur *chat* et *siamois* isolés l'un de l'autre.

• Le booléen ET est représenté par le signe +.

Exemple

+biologie +cellulaire effectuera des recherches sur les mots *biologie* ET *cellulaire*. Ne pas mettre d'espace entre le signe + et le mot suivant.

• Le booléen SAUF est matérialisé par le signe -.

Exemple

stones -rolling recherchera les pages contenant le mot *stones*, exceptées celles contenant le mot *rolling*. Ne pas mettre d'espace entre le signe - et le mot suivant.

Cette fonctionnalité semble donner des résultats assez décevants, un certain nombre de pages trouvées contenant quand même les mots exclus dans la requête.

• Il est également possible de demander un double tri au moteur d'Infoseek

Exemple

Exemple : *dogs|dalmatians* effectuera une recherche, dans un premier temps, sur les pages qui contiennent le mot *dogs*. Puis, en se basant sur ce résultat, le moteur choisira celles qui contiennent le mot *dalmatians* et les affichera.

Une fois les mots clés saisis et la recherche validée, Infoseek affiche les résultats sous la forme suivante :

Search results 1 - 10

Hide Summaries | next 10

L I F E - Nature - APPLICATION FILE 1997
LIFE - Nature. APPLICATION FILE 1998 LIST OF NATIONAL COMPETENT AUTHORITIES HOW TO PREPARE YOUR APPLICATION 1. What is LIFE? 2. What projects are co-financable? 3. What are the ...
48% http://europa.eu.int/en/comm/dg11/env-proj/env/nature/index-en.htm (Size 2.2K)

bourses
Actualisation : octobre 1997 L'AFLM L'Association Française de Lutte contre la Mucoviscidose, en collaboration avec ses homologues anglais, le Cystic-Fibrosis Trust, et allemand, le ...
36% http://www.infobiogen.fr/SDV/bourses.html (Size 8.3K)

Margaret Rudd And Associates, Inc., REALTORS
COMMERCIAL PROPERTY FOR SALE ($150,000 and Up). S-1870 8109 River Road, SE, Southport, NC $238,500 Active convenience store with gas sales, produce market and videos. Additional ...
36% http://www.webcom.com/~rudd/invest/invest2.html (Size 1.7K)
More results from this site ...

Sont indiqués le nombre de pages trouvées, le titre, le début du contenu, la pertinence (100 % est le degré de pertinence maximum), l'URL et la taille du document.

Point très intéressant, Infoseek vous permet d'effectuer une deuxième recherche sur la base des pages trouvées sur votre première requête (bouton *Search these results*). Cela permet de faire des doubles tris et d'affiner sensiblement une recherche.

Related topics

- Business schools

À noter qu'à gauche de l'écran, sont également indiqués les thèmes principaux (dans la partie « moteur de recherche par thèmes » d'Infoseek) au sein desquels vous trouverez également de l'information se rapportant à votre requête, ce qui peut parfois être fort utile.

En dessous de certains résultats apparaît la mention *More results from this site*. Bien que rien ne soit indiqué sur cette fonctionnalité dans l'aide en ligne, on peut penser qu'Infoseek effectuera, si cette option est choisie, une recherche sur la totalité du site désigné (et non plus sur une page isolée de celui-ci) avec les mots clés saisis précédemment. Malheureusement, les tests effectués se sont révélés très peu fructueux (aucun résultat complémentaire n'a été trouvé après de multiples essais).

Syntaxe avancée

Comme AltaVista et HotBot, Infoseek vous donne accès à une recherche avancée vous permettant d'effectuer des recherches sur certaines parties du contenu des pages de sa base :

Recherche sur un titre de page
title:

title:"Financial Times"
recherchera les pages qui contiennent l'expression *Financial Times* dans leur titre. Cette fonctionnalité est identique au *title:* d'AltaVista.

Recherche sur le nom du serveur
site:

site:sun.com
effectuera ses recherches uniquement sur les pages se trouvant sur les serveurs contenant l'expression *sun.com* dans leur nom. Cette fonctionnalité est identique au *host:* d'AltaVista.

Recherche sur les adresses des liens
link:

link:apple.com
recherchera les pages contenant des liens vers une page distante ayant l'expression *apple.com* dans son adresse (URL). Cette fonctionnalité est identique au *link:* d'AltaVista.

Recherche sur l'adresse d'une page
url:

url:biology
cherchera les occurrences du mot *biology* dans l'adresse (URL) complète des pages. Cette fonctionnalité est identique à la syntaxe *url:* d'AltaVista.

infoseek®
proof of intelligent life on the net SM

Rappel des fonctionnalités d'Infoseek

Fonctionnalité	Saisie	Exemple	Commentaire
Minuscules/ majuscules			Pas de prise en compte des majuscules et minuscules sauf lorsque deux mots ayant une initiale en majuscule sont saisis côte à côte.
Lettres accentuées			Pas de prise en compte.
Noms propres adjacents	virgule	John Smith, Walt Disney	Recherche les occurrences des expressions "John Smith" et "Walt Disney"
Correspondance de phrase	guillements	"barrière de corail"	
ET	+	+pet +dog	Le + doit être indiqué devant chaque mot obligatoire.
OU	Espace	pet dog	
SAUF	-	pet -dog	
Double tri	|	pet|dog	Effectue une recherche sur le premier critère puis refait une recherche sur le deuxième critère sur la base des pages trouvées initialement.
Recherche sur les titres	title:	title:ibm	
Recherche sur le nom du serveur	site:	site:mit.edu	
Recherche sur les adresses des liens	link:	link:yahoo.com	
Recherche sur l'adresse d'une page	url:	url:yahoo	

LYCOS

http://www.lycos.com/
http://www-fr.lycos.com/

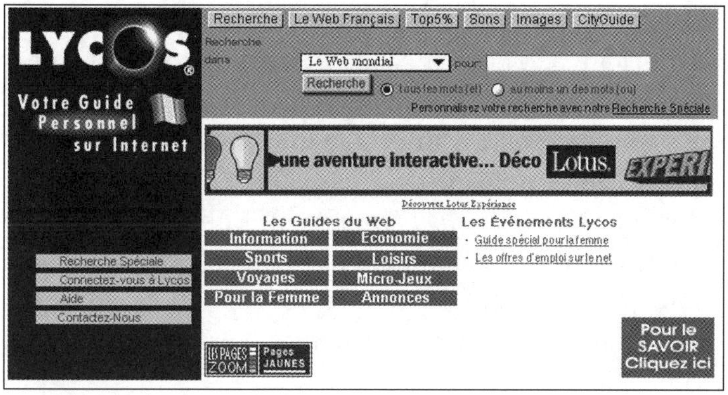

Le service Lycos doit son nom à une race d'araignées (*Lycosidae*), qui capturent leurs proies en les poursuivant, contrairement à leurs congénères qui se servent d'une toile. Les *Lycosidae* sont rapides et très actives la nuit... Lycos fait partie d'un « package » comprenant les services *Lycos Web Guide* (Moteur de recherche par thèmes), *Point* (revue des 5 % de sites les plus intéressants du Web), *CityGuide* (guides touristiques de près de 800 villes aux États-Unis, au Canada, en Europe et en Australie), *Pictures and sounds* (fichiers graphiques, son et vidéo disponibles sur l'Internet), *People Find* (adresses, numéros de téléphone et E-mail), *StockFind* (informations boursières) et *Road Maps* (cartes routières).

Lorsque vous désirez accéder au site américain de Lycos (*www.lycos.com*), celui-ci reconnaît (s'il le peut) votre nationalité, ou en tout cas l'adresse de votre machine, et vous « aiguille » automatiquement sur la version française du site (*www-fr.lycos.com*). Cette fonctionnalité est intéressante, sauf pour un Américain de passage en France et utilisant une machine ayant une adresse française qui ne pourra pas avoir accès à l'interface en langue anglaise, à moins de connaître l'adresse du site en Grande-Bretagne (*www-english.lycos.com*). Mais, sur ce site, les possibilités (notamment les menus déroulants) ne sont pas les mêmes que sur la version française. Bref, tout cela est bien déroutant...

Par ailleurs, la partie Aide de Lycos France est un mélange de pages en français et en anglais, ces dernières présentant des copies d'écran de la version américaine qui n'offre pas les mêmes fonctionnalités que la française, ce qui ne simplifie, en aucun cas, la recherche d'information. Les pages d'aide françaises vous indiquent que, selon l'endroit où vous vous trouvez, un clic sur le bouton *Aide* à gauche de l'écran vous donnera accès à une assistance personnalisée. Malheureusement, ce sont toujours les mêmes pages qui s'affichent. Manque de chance, l'information fournie est plutôt maigre : « *Lorsque vous introduisez des termes comportant des symboles ou des chiffres (par exemple, c++, 7-11, 100 av. J-C), la difficulté est plus grande qu'avec des mots (par exemple, langages de programmation, plats cuisinés, histoire de l'Antiquité)* ».

La précision est donc limitée, mais ces défauts, qui sont certainement des erreurs de jeunesse de la version française, devraient certainement être corrigés dans l'avenir. Un certain nombre d'accords, notamment avec Microsoft, France Télécom, Grolier et Softbank, signés fin 97, semblent aller dans ce sens.

Lycos vous permet d'effectuer la saisie de vos mots clés soit sous la forme d'un formulaire simplifié sur la page d'accueil (voir écran ci-dessous), soit grâce à un formulaire plus détaillé, accessible grâce au lien *Recherche spéciale* sur la page d'accueil.

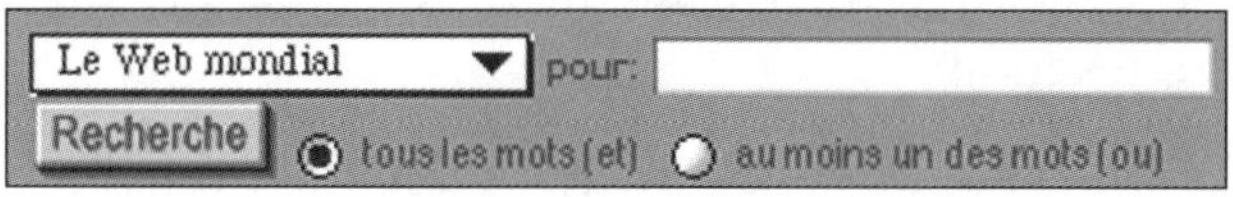

Format des mots clés

• La saisie des mots clés en majuscules ou en minuscules n'est pas un critère distinctif, bien que cela ne soit expliqué nulle part dans les pages du service.

• L'utilisation des lettres accentuées est importante : Lycos recherche l'occurrence exacte des mots saisis, avec ou sans accents. La saisie de *perequation* cherchera uniquement ce mot, sans accents. La saisie de *péréquation* recherchera uniquement ce mot, avec les accents.

• Le joker (wildcard) est exprimé par le signe $:

golf$ trouvera les occurrences des mots *golf, golfeur, golfe*, etc.

Exemple

Format des interrogations

Dans le cas du formulaire simple (sur la page d'accueil), un certain nombre de fonctionnalités sont possibles :

• Plusieurs mots peuvent être saisis à la suite les uns des autres. Ils seront reliés par défaut par un opérateur booléen ET. Le bouton *tous les mots (ET)* est en effet coché par défaut. Le bouton *au moins un des mots (OU)* permet de demander les documents contenant au moins un des mots saisis.

• Le signe + permet également de demander un ET entre les mots.

Exemple

+animal +cat cherchera les pages contenant les mots *animal* ET *cat*.

• Le signe - permet de limiter la recherche. L'opérateur équivalent est SAUF.

Exemple

cat -bird trouvera les pages parlant de chats mais pas d'oiseaux.

• Les guillemets permettent de demander une phrase, les mots se trouvant les uns à la suite des autres.

Exemple

"Financial Times" cherchera les occurrences de l'expression *Financial Times*, les mots étant pris en compte l'un à côté de l'autre et dans l'ordre spécifié.

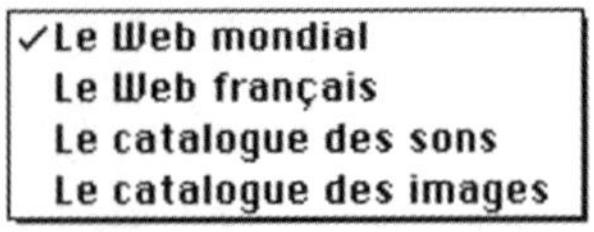

Il est possible d'effectuer des recherches sur plusieurs domaines différents, selon l'option du menu déroulant prise en compte :

• *Le Web mondial* : la recherche s'effectuera sur toutes les pages contenues dans la base de Lycos,

• *Le Web français* : seules les pages en français seront prises en compte,

• *Le catalogue des sons* : les fichiers sonores uniquement seront recherchés.

• *Le catalogue des images* : les fichiers graphiques uniquement seront recherchés.

Dans le cas du formulaire avancé, plusieurs options sont possibles sous la forme de menus déroulants :

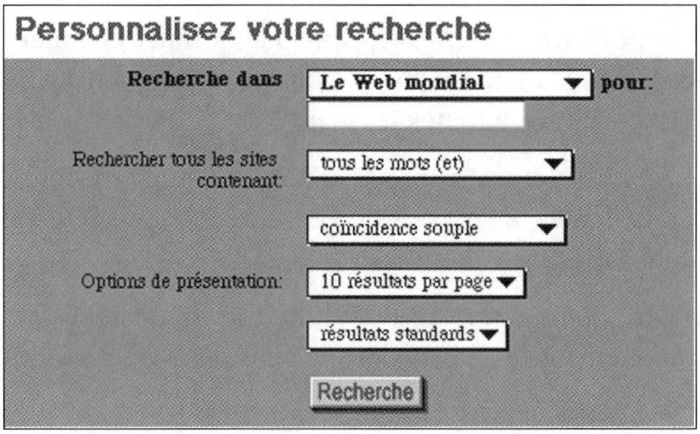

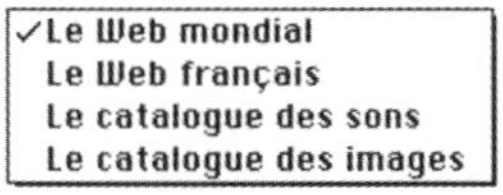

• Le premier menu vous permet de rechercher sur une base donnée : le Web complet, le Web français, les sons, les images, de la même façon que pour la recherche simple,

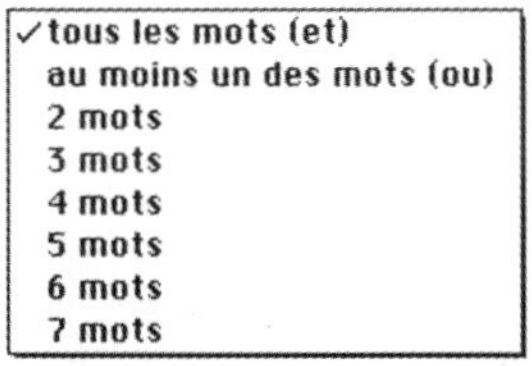

• Le deuxième menu vous permet de choisir votre opérateur booléen. Ce menu, intitulé *Rechercher tous les sites contenant*

vous donne la possibilité de relier vos mots clés, soit par un opérateur ET (*tous les mots*), soit par un OU (*au moins un des mots*). Il vous est également possible de spécifier la présence d'au moins deux à sept des termes saisis dans les pages sources.

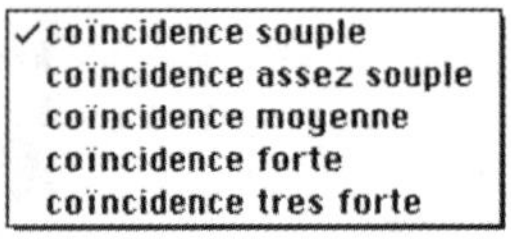

• Le troisième menu vous permet de faire afficher un nombre variable de résultats, selon la pertinence des pages trouvées. Les pages résultats sont identifiées par un score, calculé selon ce degré de pertinence. Imaginons que le score le plus élevé soit de 10. Le choix du menu *coïncidence souple - très forte* donnera les résultats suivants :

Coïncidence souple (option par défaut) affichera comme résultats les pages ayant reçu un score de 1 à 10 (c'est-à-dire toutes les pages).

Coïncidence assez souple affichera comme résultats uniquement les pages dont le score est supérieur ou égal à 3.

Coïncidence moyenne affichera comme résultats uniquement les pages dont le score est supérieur ou égal à 5.

Coïncidence forte affichera comme résultats uniquement les pages dont le score est supérieur ou égal à 7.

Coïncidence très forte affichera comme résultats uniquement les pages dont le score est supérieur ou égal à 9.

Plus l'on désirera des résultats fins, plus l'on tendra vers l'option *coïncidence très forte* qui se soldera, en contrepartie, par peu de résultats en termes de quantité. En revanche, il y a de grandes chances que la qualité soit au rendez-vous. Avec l'option *coïncidence souple*, vous aurez un grand nombre de résultats, sans vraiment de discernement entre les pages trouvées.

Cette explication est donnée sous réserve, car il n'existe plus aucune aide en ligne sur ce choix. D'autre part, la version américaine de Lycos semble ne plus prendre en compte ce menu...

• Le choix *Options de présentation* vous permet d'afficher plus ou moins de résultats (de 10 à 40) par page, sous trois formes différentes :

✓10 résultats par page
20 résultats par page
30 résultats par page
40 résultats par page

résultats résumés
✓résultats standards
résultats détaillés

Résultats détaillés :

1) fiber optic cable multimode

Pertinence: 100%
Liens avec d'autres sites: 1

Contenu: Fiber Optic Cable
Extrait: Fiber Optic Cable Telecommunications distributor: Competitive pricing and wide range of supplies for wire and cable, fiber optics, data communications, telecom, computer, category 5, electronic equipment, more. Click here

http://www.greatplainselectronics.com/fibercu1.htm (OK) Wed Sep 17 09:05:39 1997

2) fiber optic jumpers multimode

Pertinence: 100%
Liens avec d'autres sites: 1

Contenu: Fiber Optic Jumpers
Extrait: Fiber Optic Jumpers Telecommunications distributor: Competitive pricing and wide range of supplies for wire and cable, fiber optics, data communications, telecom, computer, category 5, electronic equipment, more. Click here

http://www.greatplainselectronics.com/fiberju1.htm (OK) Wed Sep 17 08:53:58 1997

Sont indiqués le titre de la page, le début du contenu, l'adresse et le taux de pertinence.

Résultats standard (option par défaut) :

1) fiber optic cable multimode
Fiber Optic Cable Telecommunications distributor: Competitive pricing and wide range of supplies for wire and cable, fiber optics, data communications, telecom, computer, category 5, electronic equipm
http://www.greatplainselectronics.com/fiberca1.htm (2k)
[100% relevant]

2) fiber optic jumpers multimode
Fiber Optic Jumpers Telecommunications distributor: Competitive pricing and wide range of supplies for wire and cable, fiber optics, data communications, telecom, computer, category 5, electronic equi
http://www.greatplainselectronics.com/fiberju1.htm (2k)
[100% relevant]

Résultats résumés :

1) fiber optic cable multimode [100%]
2) fiber optic jumpers multimode [100%]
3) Fiber Optic [100%]
4) Fiber Optic Accelerometer with Centrally Supported [100%]

Bien entendu, l'option *résultats détaillés* est riche en renseignements, mais la page de résultats est plus lourde à charger.

La version américaine semble prendre en compte un certain nombre de fonctionnalités supplémentaires, notamment les expressions booléennes (AND, OR, NOT, parenthèses, ADJ, NEAR, etc.), par rapport à la version française qui est plus que silencieuse à ce sujet. Cela est d'autant plus fâcheux que le site en français est lancé automatiquement, même lorsque l'on demande celui en anglais...

Rappel des fonctionnalités de Lycos

Fonctionnalité	Saisie	Exemple	Commentaire
Minuscules/ majuscules			Pas de prise en compte des majuscules et minuscules.
Lettres accentuées			Recherche des occurrences exactes des mots saisis.
Joker	$	cap$	
Correspondance de phrase	guillements	"barrière de corail"	
ET	+	+pet +dog	Le + doit être indiqué devant chaque mot obigatoire.
OU	Espace	pet dog	
SAUF	-	pet -dog	
Recherche sur au moins X termes	Menu déroulant		Recherche avancée uniquement
Recherche de pertinence	Menu déroulant		Options coïncidence souple à très forte. Recherche avancée uniquement.

WEBCRAWLER

http://www.webcrawler.com/

Le service WebCrawler fut mis en place à Seattle, à l'université de Washington (*Department of Computer Science and Engineering*), au début de l'année 1994, à l'initiative de Brian Pinkerton. Ce qui fut d'abord un projet universitaire fut ensuite vendu fin mars 1995, en tant qu'outil commercial à America On Line. En novembre 1996, le service fut revendu à Excite, propriétaire d'autres moteurs de recherche célèbres (Excite, Magellan).

Il ne fournit qu'un seul formulaire de saisie de critères, contrairement à beaucoup de ses homologues qui mettent à disposition de l'usager un choix plus riche de fonctions et d'interfaces simples ou avancées.

Lorsque vous saisissez plusieurs mots clés les uns à la suite des autres, WebCrawler les relie par un OU.

Introduction
Sources d'information
Moteurs de recherche par thèmes
Moteurs de recherche par mots clés
Autres outils
Métamoteurs et agents intelligents
E-mail
Forums, listes de diffusion
Logiciels
Outils techniques
Méthodologie de recherche
Exemples commentés
Conclusion

Il classe les réponses et présente en premier les pages contenant tous les mots, s'il en existe.

Format des interrogations

• L'emploi d'opérateurs booléens est possible. Ils peuvent être saisis en minuscules ou majuscules :

Exemple

pomme AND terre trouvera les pages contenant à la fois le mot *pomme* et le mot *terre*.

pomme OR terre touvera les pages contenant soit le mot *pomme*, soit le mot *terre*, soit les deux.

pomme NOT terre trouvera les pages contenant le mot *pomme* mais pas le mot *terre*.

pomme NEAR/50 terre trouvera les pages au sein desquelles les mots *pomme* et *terre* sont éloignés l'un de l'autre d'au plus 50 mots. La taille de fenêtre requise est indiquée par la saisie d'un nombre à la suite de l'opérateur NEAR/.

pomme NEAR terre trouvera les pages au sein desquelles les mots *pomme* et *terre* sont adjacents (dans n'importe quel ordre) : *pomme terre* et *terre pomme* seront pris en compte.

pomme ADJ terre trouvera les pages au sein desquelles les mots *pomme* et *terre* sont adjacents (dans l'ordre spécifié) : *pomme terre* sera trouvé mais pas *terre pomme*.

"pomme de terre" trouvera les pages au sein desquelles l'expression *pomme de terre* est présente telle quelle.

Exemple

pomme AND (terre ADJ nouvelle) trouvera les pages au sein desquelles le mot *pomme* est présent ainsi que les deux termes *terre* et *nouvelle* l'un à côté de l'autre. Il est possible de saisir des parenthèses avec tous les opérateurs booléens disponibles sur WebCrawler.

Le résultat de la recherche pourra être présenté de deux façons :

Summaries :

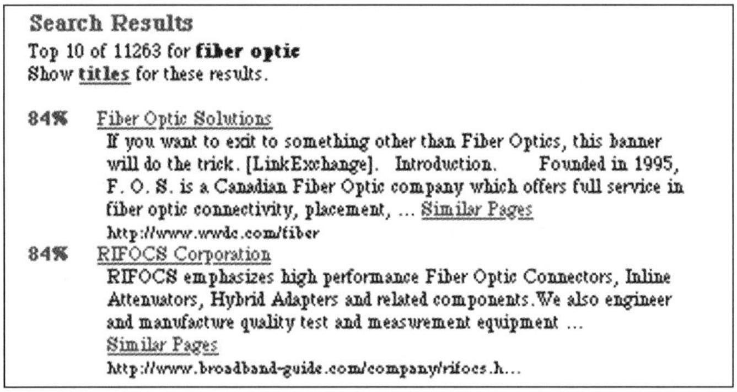
Search Results
Top 10 of 11263 for **fiber optic**
Show titles for these results.

84% Fiber Optic Solutions
If you want to exit to something other than Fiber Optics, this banner will do the trick. [LinkExchange]. Introduction. Founded in 1995, F. O. S. is a Canadian Fiber Optic company which offers full service in fiber optic connectivity, placement, ... Similar Pages
http://www.wwdc.com/fiber

84% RIFOCS Corporation
RIFOCS emphasizes high performance Fiber Optic Connectors, Inline Attenuators, Hybrid Adapters and related components.We also engineer and manufacture quality test and measurement equipment ...
Similar Pages
http://www.broadband-guide.com/company/rifocs.h...

Sont indiqués le titre, le début du contenu de la page, le degré de pertinence ainsi que l'URL. Le choix *Similar pages* semble avoir pour effet d'effectuer une nouvelle requête en prenant la page choisie comme modèle. Rien n'est cependant indiqué sur ce point dans l'aide en ligne.

Si vous choisissez l'option *titles* en haut de page, seuls les titres et les degrés de pertinence seront affichés :

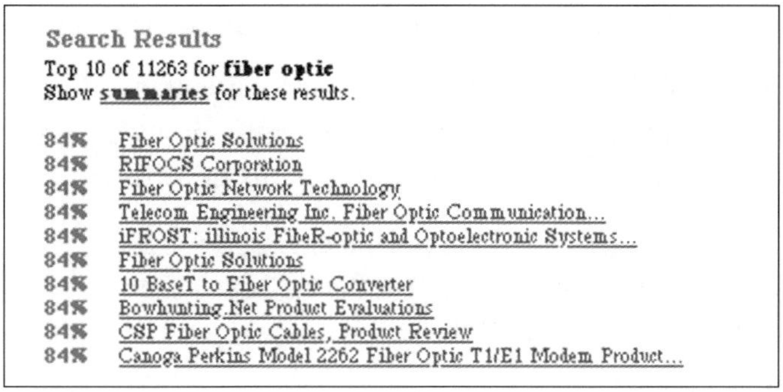

WebCrawler vous donne la possibilité de configurer votre interface selon vos besoins, grâce au lien *Search options* sur la page de résultats, au dessus de la liste des documents trouvés.

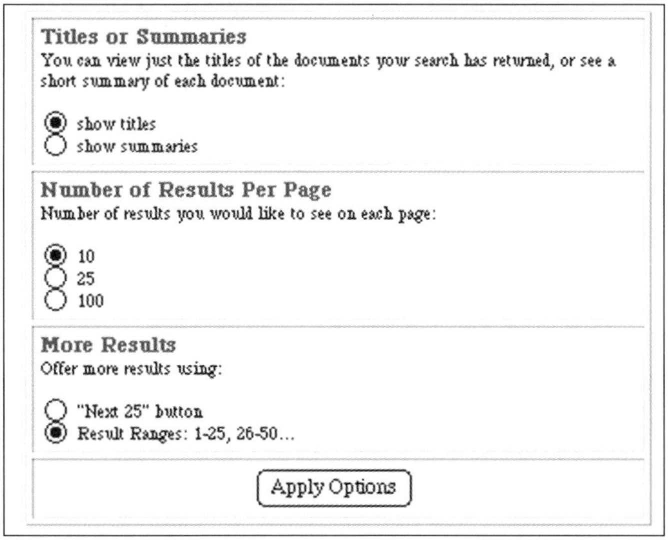

WebCrawler vous propose alors les choix suivants :

• possibilité de montrer les titres uniquement ou les titres et les résumés (voir ci-dessus),

Introduction
Sources d'information
Moteurs de recherche par thèmes
Moteurs de recherche par mots clés
Autres outils
Métamoteurs et agents intelligents
E-mail
Forums, listes de diffusion
Logiciels
Outils techniques
Méthodologie de recherche
Exemples commentés
Conclusion

• visualisation de 10, 25 ou 100 résultats par page,

• possibilité d'accéder aux pages suivantes, soit par un bouton *Next 25,* par exemple, soit par accès direct aux groupes de pages suivantes, sous la forme :

Results: **[0-10]**[10-20] [20-30] [30-40] [40-50] [50-60] ... [Next]

Une fois les options choisies et sauvegardées (bouton *Apply Options*), votre configuration sera activée à chacune de vos connexions. WebCrawler se sert du système des Cookies pour effectuer ce travail.

Rappel des fonctionnalités de WebCrawler

Fonctionnalité	**Saisie**	**Exemple**	**Commentaire**
Minuscules/ majuscules			Pas de prise en compte des majuscules et minuscules.
Lettres accentuées			Recherche des occurrences exactes des mots saisis.
Correspondance de phrase	guillements	"barrière de corail"	
ET	AND	pet AND dog	
OU	Espace ou OR	pet OR dog	
SAUF	-	pet NOT dog	
Proximité	NEAR/X	pet NEAR/10 dog	Le chiffre indiqué est la taille de la « fenêtre » de recherche.
Adjacence	NEAR	guerre NEAR mondiale	Adjacence dans un sens ou dans l'autre (guerre mondiale et mondiale guerre)
	ADJ	guerre ADJ mondiale	Adjacence stricte (guerre mondiale mais pas mondiale guerre)
Parenthèses	()		

Introduction
Sources d'information
Moteurs de recherche par thèmes
Moteurs de recherche par mots clés
Autres outils
Métamoteurs et agents intelligents
E-mail
Forums, listes de diffusion
Logiciels
Outils techniques
Méthodologie de recherche
Exemples commentés
Conclusion

QUEL SERVICE CHOISIR ?

Les moteurs de recherche sont nombreux. Ils ne travaillent pas tous sur le même nombre de pages pré-indexées, n'ont pas tous les mêmes possibilités de recherche avancée et n'aboutissent pas tous à une même pertinence de résultats.

Nous avons testé les six moteurs de recherche décrits dans les pages précédentes sur plusieurs critères : la quantité (nombre de pages indexées), la qualité (pertinence des résultats trouvés) et la puissance (comparatif des fonctionnalités de chacun). Voici le résultat :

Aspect quantitatif

Pour tester les moteurs sur le nombre de pages pré-indexées, donc sur le nombre de résultats trouvés, nous avons choisi six noms propres (*netscape, microsoft, clinton, chirac, singapour, alsace*), six noms communs anglais (*exchange, security, law, sex, church et embassy*) et enfin six noms communs français (*moteur, bourse, ambassade, disque, affaire, commerce*). Les mots ont été saisis en minuscules, pour élargir la recherche à toutes leurs occurrences. Vous pouvez, bien entendu, effectuer la même analyse en choisissant des termes plus en rapport avec votre activité professionnelle.

Le tableau suivant indique le nombre de réponses trouvées (en milliers de pages) par chacun des moteurs. Pour plus de clarté, les chiffres ont été arrondis à la centaine supérieure ou inférieure selon les résultats trouvés.

Comparatif quantitatif des moteurs de recherche par mots clés (en milliers de réponses)

Noms propres	AltaVista	HotBot	Excite	Infoseek	Lycos	WebCrawler
netscape	2 595	**2 730**	672	610	363	165
microsoft	**2 900**	2 083	672	494	260	87
clinton	591	**629**	186	153	59	13
chirac	**23**	20,7	7,3	5,1	2,3	0,2
singapour	**6**	4,6	1,8	0,8	0,4	0,07
alsace	**26**	19,6	6,4	5,4	1,7	0,7

Noms communs anglais	AltaVista	HotBot	Excite	Infoseek	Lycos	WebCrawler
exchange	**2 417**	2 213	720	761	299	95
security	2 300	**2 424**	770	707	264	61
law	**3 334**	3 015	944	962	339	75
sex	**1 303**	1 202	391	412	182	53
church	**1 527**	1 240	448	393	147	48
embassy	**164**	157,6	54,8	48,5	16,7	4,4

Noms communs français	AltaVista	HotBot	Excite	Infoseek	Lycos	WebCrawler
moteur	**37**	24	8,6	5	2,2	0,6
bourse	**38**	28	10,7	11,9	2,8	0,7
ambassade	**16**	11,7	2,7	3	1,3	0,2
disque	**42**	27	10	6,5	2,6	0,5
affaire	**57**	42	10,7	8,8	1,9	0,7
commerce	**1 332**	1 168	391	324	142	41

Les meilleurs scores sont indiqués en gras

Les chiffres sont clairs : au niveau quantitatif, AltaVista est le plus puissant, mais il est suivi de près par HotBot. Bien sûr, cette recherche n'est que le reflet de la réalité d'un jour.

Excite et Infoseek donnent approximativement le même nombre de réponses, loin cependant des chiffres affichés par les deux leaders. Lycos est légèrement en retrait. WebCrawler semble distancé en termes d'étendue de la base de pages préindexées.

Pour obtenir le nombre exact de documents trouvés par AltaVista, il est impératif de choisir la recherche avancée et de cocher l'option Give me only a precise count of matches. En effet, les chiffres indiqués par la recherche simple sont très approximatifs.

Aspect qualitatif

Pour tester la pertinence des pages présentées par les six moteurs de recherche, nous avons établi une procédure de travail. Nous avons, au préalable, choisi cinq pages sur le Web.

Puis nous avons défini, pour chacun des moteurs de recherche, quels étaient les mots clés et les fonctionnalités avancées disponibles pour rechercher ces pages. Nous avons ensuite procédé aux recherches et noté en quelle position le moteur plaçait la page qui nous intéressait.

Une première recherche a porté sur deux mots clés séparés par un espace, comme le font bon nombre d'internautes. Puis, dans un deuxième temps, les fonctionnalités avancées de chaque moteur ont été prises en compte.

Pages Web choisies	
Adresse et description	Mots clés choisis
http://www.isoc.asso.fr/ Page d'accueil du chapitre français de l'Internet Society, autrement appelée Isoc	**isoc france**
http://www.inria.fr/Unites/RENNES-fra.html Page d'accueil de l'Inria, antenne de Rennes	**inria rennes**
http://www.digicash.com/ecash/ecash-home.html Page d'accueil du site de Digicash présentant ecash, système de porte-monnaie virtuel	**digicash ecash**
http://cwis.kub.nl/~frw/people/koops/lawsurvy.htm Page sur la législation dans le domaine du chiffrement	**crypto survey**
http://www.estp.fr/eyrolles/ Page d'accueil du site Web des éditions Eyrolles	**eyrolles informatique**

Le résultat a été validé, même si la page cherchée se trouvait sur une autre machine que celle désirée (par exemple, le serveur *zenon.inria.fr*, alias de *www.inria.fr*).

Les recherches portant sur deux mots clés séparés par un espace ont abouti au résultat suivant :

Comparatif qualitatif des moteurs de recherche par mots clés (rang de la réponse)

Pages	AltaVista	HotBot	Excite	infoseek	Lycos	WebCrawler
Isoc	**1**	**1**	-	6	-	-
Inria	**2**	20	24	**2**	-	-
Digicash	68	3	-	48	54	**2**
Chiffrement	**3**	-	**3**	5	-	-
Eyrolles	8	**2**	3	5	-	-

Seuls deux mots clés ont été saisis, séparés par un espace

- Un tiret signifie que le moteur de recherche n'a pas affiché la réponse dans ses 100 premiers résultats
- Les meilleurs scores sont indiqués en gras

Seuls AltaVista et Infoseek ont trouvé les cinq documents demandés, avec un avantage au moteur de Digital (trois meilleurs scores). HotBot et Excite sont très proches, mais le premier trouve un document de plus que le second et obtient deux meilleurs scores. Lycos et WebCrawler n'ont trouvé qu'une page, ils semblent hors course en comparaison des quatre autres.

AltaVista se classe donc premier de ce test, puis vient Infoseek, suivi de près par HotBot et Excite. Lycos et WebCrawler ferment la marche.

Essayons maintenant de rechercher de l'information grâce aux fonctionnalités avancées de ces moteurs.

Voici, pour chaque document et chaque service, quelles ont été les fonctionnalités mises en œuvre :

Isoc

AltaVista	langage français, requête :+isoc +france +host:isoc.	infoseek	requête : +isoc +france
	recherche avancée, choix *all the words*, zone *Location* : domain=.fr, requête : isoc france	LYCOS	requête : isoc france, choix *tous les mots*
excite	requête : isoc AND france	WebCrawler	requête : isoc and france

Inria

AltaVista	langage français, requête : +inria +rennes +host:inria	infoseek	requête : +inria +rennes
	recherche avancée, choix *all the words*, zone *Location* : website=inria.fr, requête : inria rennes	LYCOS	requête : inria rennes choix *tous les mots*
excite	requête : inria AND rennes	WebCrawler	requête : inria and rennes

Digicash

AltaVista	requête : +title:ecash +title:digicash	infoseek	requête : +digicash +ecash +title:ecash
	requête : +digicash +ecash +title:ecash	LYCOS	requête : digicash ecash choix *tous les mots*
excite	requête : digicash AND ecash	WebCrawler	requête : digicash and ecash

Chiffrement (nous sommes partis du principe que nous savions que cette page avait un titre qui contenait les mots Crypto et Survey)

AltaVista	requête : +title:crypto +title:survey	infoseek	requête : +title:crypto +title:survey
	requête : +title:crypto +title:survey	LYCOS	option *coïncidence forte* (recherche avancée), requête : Crypto Survey
excite	requête : crypto AND survey	WebCrawler	requête : crypto NEAR/5 survey

Eyrolles (nous sommes partis du principe que nous savions que cette page se trouve sur un site dont le nom se termine en .fr)

AltaVista	langage français, requête : +Eyrolles +informatique +domain:fr	infoseek	requête : +Eyrolles +informatique +site:fr
	recherche avancee, choix *all the words*, zone *Location* : domain=.fr, requête : Eyrolles informatique	LYCOS	requête : Eyrolles informatique choix *tous les mots*
excite	requête : eyrolles AND informatique	WebCrawler	requête : Eyrolles and informatique

Les résultats sont alors les suivants :

Comparatif qualitatif des moteurs de recherche par mots clés (rang de la réponse)

Résultat obtenu avec fonctions avancées (rappel du résultat sans fonctions avancées)

Pages	AltaVista	HotBot	Excite	Infoseek	Lycos	WebCrawler
Isoc	**1** (1)	**1** (1)	6 (-)	2 (6)	- (-)	- (-)
Inria	**1** (2)	20 (20)	25 (24)	2 (2)	- (-)	- (-)
Digicash	5 (68)	- (3)	- (-)	8 (48)	54 (54)	**2** (2)
Chiffrement	**3** (3)	- (-)	24 (3)	7 (5)	- (-)	- (-)
Eyrolles	14 (8)	3 (2)	**1** (3)	**1** (5)	- (-)	- (-)

Les fonctionnalités avancées des moteurs de recherche ont été utilisées, lorsqu'elles existaient.

- Un tiret signifie que le moteur de recherche n'a pas affiché la réponse dans ses 100 premiers résultats
- Le meilleur score est indiqué en gras

On peut tirer de ce test quelques enseignements :

• les fonctions avancées font apparaître toutes les pages dans les 10 premiers résultats d'Infoseek,

• AltaVista aurait également pu trouver toutes les pages dans ses 10 premiers résultats mais, bizarrement, la page d'Eyrolles se situe ici en 14e position, alors qu'elle est au 8e rang sans fonctions avancées. On constate le même phénomène avec la page sur le chiffrement chez Infoseek et Excite, et pour la page d'Eyrolles chez HotBot. En règle générale, cependant, l'usage des fonctions avancées permet de gagner du temps dans la recherche des documents,

• HotBot connaît quelques difficultés avec les fonctions avancées du type *title:*. La page présentant ecash n'apparaît plus dans les résultats,

• les fonctions avancées de Lycos et WebCrawler ne sont pas assez puissantes pour attribuer un meilleur rang de pertinence aux pages attendues,

• la page d'accueil de l'Isoc réapparaît dans les résultats d'Excite en utilisant les fonctions avancées.

Bien entendu, ces quelques tests ne représentent qu'une image instantanée du Web et de ses moteurs de recherche par mots clés. Ils sont proposés à titre illustratif afin de vous encourager à effectuer des tests analogues en fonction de votre activité propre.

Conclusion

Malgré leur caractère subjectif, les tests effectués ci-dessus nous permettent cependant de tirer quelques conclusions :

• au niveau quantitatif, AltaVista et HotBot sont sans conteste les services les plus performants de notre panel de tests, avec un léger avantage au moteur de Digital,

• au niveau qualitatif « simple » (sans fonctions avancées), AltaVista et Infoseek semblent les meilleurs, talonnés de près par HotBot et Excite,

• au niveau qualitatif « avancé » (avec fonctions avancées), AltaVista et Infoseek sont les meilleurs, derrière HotBot, qui est pénalisé par certaines options qui semblent être inopérantes. Infoseek est également pénalisé, notamment pour sa gestion de l'opérateur SAUF qui semble avoir un fonctionnement erratique,

• Lycos et WebCrawler sont largement distancés à tous les niveaux.

S'il fallait absolument désigner un vainqueur, AltaVista sortirait premier, de par son bon classement tant au niveau quantitatif que qualitatif. HotBot et Infosee, seraient classés deuxième *ex aequo*. HotBot, pour le nombre de fonctions avancées disponibles, et Infoseek, pour la pertinence de ses résultats, malgré une certaine pauvreté en fonctionnalités. Excite reste un challenger très proche des trois premiers. Quant à Lycos et WebCrawler, ils semblent aujourd'hui irrémédiablement dépassés.

Enfin, pour clore ce chapitre, il nous a semblé intéressant de fournir un schéma comparant les fonctionnalités simples et avancées des cinq services étudiés. Attention, la vie des moteurs de recherche est mouvante et certaines lacunes en fonctionnalités auront peut-être été comblées d'ici quelques mois.

Info

Pour vous tenir informé des nouvelles fonctionnalités des moteurs et de la création de nouveaux sites permettant de rechercher de l'information, il existe deuxs services qui vous donneront toute l'actualité des moteurs de recherche dans le monde :
http://www.searchinsider.com/ et http://searchenginewatch.com/

Sur le site d'Eyrolles, vous trouverez également des liens vers tous les moteurs cités dans cet ouvrage, ainsi que vers des sites nouvellement créés :
http://www.eyrolles.com/

Comparatif des fonctionnalités des moteurs de recherche par mots clés

		AltaVista	HotBot	Excite	Infoseek	Lycos	WebCrawler
FONCTIONS SIMPLES	OU	●	●	●	●	●	●
	ET	●	●	●	●	●	●
	SAUF	●	●	●	○	●	●
	Phrase	●	●	●	●	●	●
	Joker	●	○	○	○	●	●
FONCTIONS AVANCÉES	Proximité	◐	○	○	○	○	●
	Double tri	●	○	○	●	○	○
	Parenthèses	●	●	●	○	○	●
	Titre	●	●	○	●	○	○
	Texte visible	●	○	○	○	○	○
	Domaine	●	●	○	●	○	○
	Nom serveur	●	●	○	◐	○	○
	URL	●	○	○	●	○	○
	Texte des liens	●	○	○	○	○	○
	URL des liens	●	●	○	●	○	○
	Image	●	●	○	○	○	○
	Son	○	●	○	○	○	○
	Vidéo	○	●	○	○	○	○
	Shockwave	○	●	○	○	○	○
	Acrobat	○	●	○	○	○	○
	VRML	○	●	○	○	○	○
	JavaScript	○	●	○	○	○	○
	VBscript	○	●	○	○	○	○
	Applets Java	●	●	○	○	○	○
	Contrôles ActiveX	○	●	○	○	○	○
	Plug-ins	○	●	○	○	○	○
	Formulaires HTML	○	●	○	○	○	○
	Frames HTML	○	●	○	○	○	○
	Tableaux HTML	○	●	○	○	○	○
	Extensions fichiers	○	●	○	○	○	○
	Date	●	●	○	○	○	○
	Langue	●	○	○	○	○	○
	Page d'accueil	○	●	○	○	○	○
	Profondeur	○	●	○	○	○	○
	Page d'index	○	●	○	○	○	○
	Préférences interface	●	○	○	○	○	○
	Recherche de pages similaires	○	○	●	○	○	○

● Fonctionnalité existante ○ Fonctionnalité non disponible

◐ Fonctionnalité existante, mais d'efficacité relativement restreinte

Introduction
Sources d'information
Moteurs de recherche par thèmes
Moteurs de recherche par mots clés
Autres outils
Métamoteurs et agents intelligents
E-mail
Forums, listes de diffusion
Logiciels
Outils techniques
Méthodologie de recherche
Exemples commentés
Conclusion

AUTRES SERVICES

De nombreux services permettant de rechercher de l'information par mots clés sont disponibles sur le Web. Nous vous en fournissons une liste en annexe 3, sous forme de fiches descriptives simples.

Certains moteurs de recherche en texte intégral sont restreints à des zones géographiques bien déterminées (Europe, France ou francophonie).

Il est à noter que les services spécialisés sur une langue précise (comme Lokace ou Ecila, pour le français) donnent parfois de meilleurs résultats dans leur domaine de recherche que les services du type AltaVista ou HotBot. Si vous avez des recherches en français à effectuer, essayez également outre Lokace et Ecila, Nomade ou Francité, en complément de celles effectuées par le biais des incontournables AltaVista ou HotBot.

Chapitre 4

AUTRES OUTILS DE RECHERCHE

Nous avons déjà passé en revue un certain nombre de possibilités de recherche d'information sur l'Internet. Elles ne sont cependant pas les seules. De nombreux services se sont mis en place depuis peu, et se sont spécialisés dans la mise à disposition d'information. Ces services peuvent faciliter votre démarche de recherche sur le réseau. Nous allons rapidement en examiner quelques-uns.

Les moteurs de recherche géographique

Il est, en effet, possible de chercher de l'information par approche géographique. Ce type de moteur est utile si vous cherchez un service dans un pays qui n'a pas encore connu sur son territoire le foisonnement de serveurs Web enregistré dans certains pays fortement présents sur l'Internet. Imaginez que vous sachiez qu'un document intéressant se trouve sur le site Web de l'hôpital de la ville d'Ostrava, en République Tchèque, et que vous vouliez vous connecter à ce service. Les moteurs de recherche géographique sont là pour vous y aider. L'interface de ce type de moteur affiche une carte ou une liste de pays, et vous demande la zone désirée. La recherche se fait alors, de proche en proche, sur des cartes ou des listes de plus en plus restreintes (pays, régions, villes), jusqu'à parvenir à une compilation des services disponibles.

Prenons pour exemple le site Virtual Tourist, à l'adresse *http://www.vtourist.com/webmap/*. Ce service vous accueille en affichant une carte du monde :

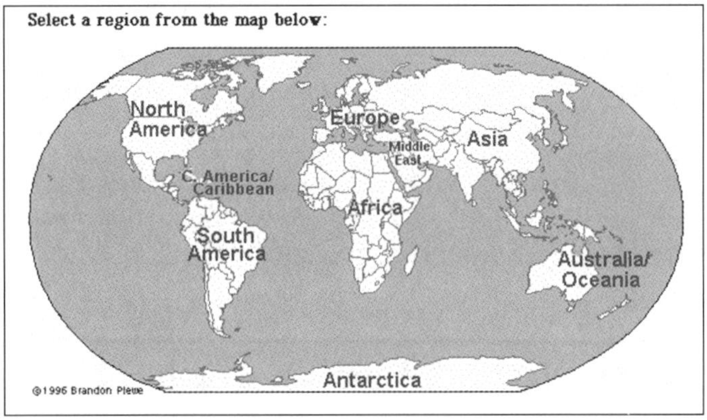

Il suffit alors de décliner sa recherche de plus en plus finement pour obtenir une région précise. Si l'on clique sur le mot *Europe*, une carte de ce continent apparaît :

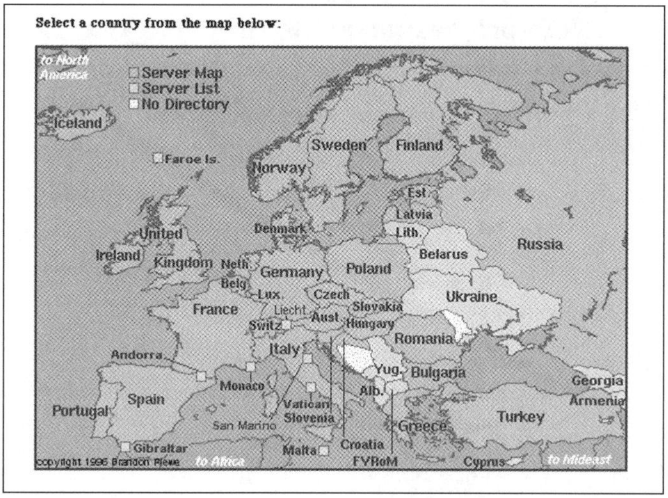

Nous pouvons ensuite circonscrire notre recherche à un pays. Dans notre cas, la République Tchèque. Une carte de ce pays s'affiche, toujours selon le même principe :

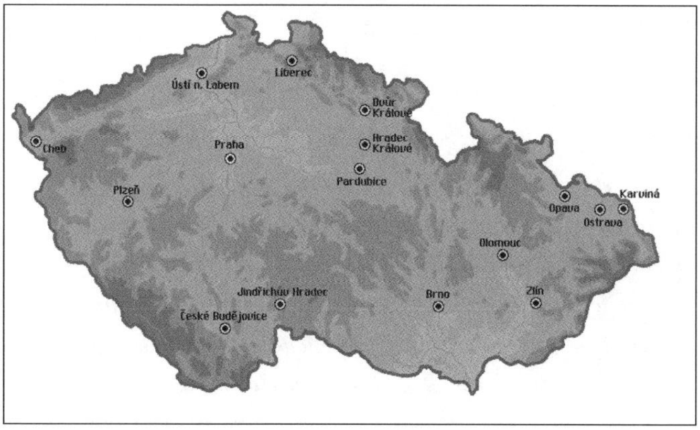

Il suffit alors de choisir la ville qui nous intéresse, par exemple Ostrava, et une page d'information liste finalement les services basés dans cette ville :

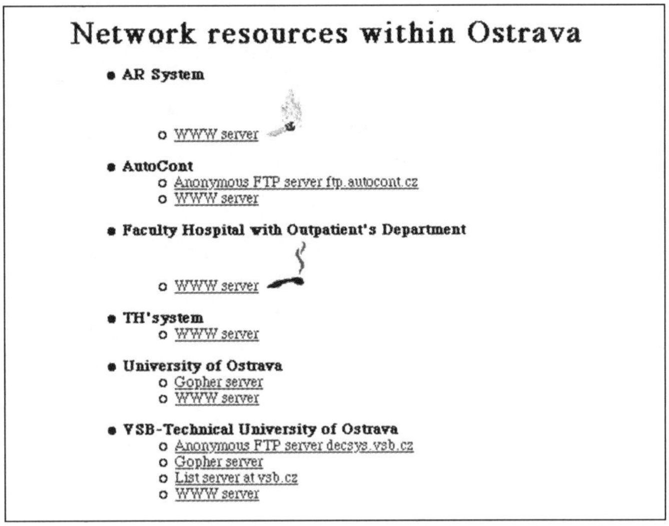

Il existe un grand nombre de ces services répertoriant géographiquement les ressources du Web. Certains sont spécialisés sur un continent (Amérique du Nord, Europe, Asie), d'autres sont plus spécifiquement attachés à un pays.

Info

Les sites les plus connus sont les suivants :

Liste des services W3 mondiaux (Consortium W3C).
http://www.w3.org/hypertext/DataSources/WWW/Servers.html
L'information est quasiment la même que sur le site Virtual Tourist cité précédemment. Il s'agit ici d'une version texte sous forme de listes, alors que Virtual Tourist donne une version graphique des informations (sous forme de cartes).

Carte des serveurs W3 européens.
http://s700.uminho.pt/europa.html

Liste des serveurs W3 européens (par pays).
http://www.tue.nl/europe/

Info

Liste des serveurs W3 français par régions.

http://www.urec.fr/France/Classement/Regions/serveurs_par_regions.html

Carte des serveurs W3 français.

http://www.urec.fr/France

Ces deux sites étaient maintenus par l'Urec (Unité Réseaux du CNRS). Leur mise à jour s'est hélas arrêtée à l'automne 97. On peut cependant penser que cette base d'information sera reprise par un autre organisme dans l'avenir.

Les FAQ

les FAQ (*Frequently Asked Questions*, francisé par nos cousins québécois en Foire Aux Questions ou Forum Aux Questions) sont des documents regroupant les questions les plus fréquemment posées par des utilisateurs, ainsi que les réponses correspondantes. Ces documents vous dispensent souvent de fastidieuses recherches sur un thème. Les FAQ les plus nombreuses concernent les forums de discussion, mais il en existe également dans un nombre incalculable de domaines.

N'oubliez pas de consulter ces documents, notamment avant d'écrire une contribution dans les forums de discussion. Il est en effet souvent mal vu de poser une question dans un forum alors que la réponse se trouve déjà dans une FAQ. Évitez-vous des mails incendiaires (*flames* en anglais) et prenez vos précautions avant toute contribution dans un Newsgroups en lisant les FAQ au préalable...

Info

Il est possible de rechercher ces documents sur plusieurs sites, dont nous vous donnons ici des exemples d'adresses :

http://www.lib.ox.ac.uk/internet/news/

http://www.cis.ohio-state.edu/hypertext/faq/usenet/FAQ-List.html

http://www.pasteur.fr/other/computer/FAQ/

http://ps.superb.net/FAQ/

Les « What's New »

Rechercher de l'information, c'est également chercher ce qui est nouveau sur l'Internet. De nombreux services se sont ainsi mis en place pour décrire les nouveaux sites créés, la plupart du temps dans la semaine précédente. Le nombre de ces nouveaux services devenant pléthorique, il n'est pas rare que ces listes soient présentées par grands thèmes.

Info

Voici une liste de services vous présentant les derniers sites créés sur l'Internet, en France et dans le monde :

What's new in the world ? Service mis en place par Netscape, recensant les derniers sites créés dans le monde sur le Web.

http://home.netscape.com/home/whats-new.html

What's new : Recent Updates. Ce service est semblable à celui de Netscape. Il est maintenu par le NCSA.

http://www.ncsa.uiuc.edu/SDG/Software/Mosaic/Docs/whats-new.html

Yahoo. Liste des nouveaux services rajoutés sur Yahoo! depuis une semaine.
http://www.yahoo.com/new/

Liste des derniers sites créés en France (par l'Urec, voir rubrique Infos sur les moteurs de recherche géographique).
http://web.urec.fr/France/dnf.html

Derniers sites français (NCTech).
http://www.nctech.fr/NCTech/html/Francais/Nouveautes.html

What's new Too. Moteur de recherche sur les nouveaux sites
http://newtoo.manifest.om/

Les sites « Veilleurs »

Les sites appelés veilleurs sont des services qui vous préviennent lorsqu'une modification a été effectuée sur une page Web distante. Ces services sont bien souvent utilisés pour surveiller les sites Web des entreprises concurrentes, notamment leurs pages intitulées *What's New* ou Actualités. En effet, ils vous évitent d'avoir à vérifier vous-même si l'information y a bien été modifiée depuis votre dernier passage. Ils servent également aux responsables de sites Web qui peuvent ainsi mettre à jour les liens externes de leurs pages HTML lorsque les sites distants modifient l'URL de leurs pages.

C'est notamment le cas du service gratuit URL-Minder (*http://www.netmind.com/URL-minder/*) qui vous permet d'enregistrer un certain nombre d'URL que vous désirez surveiller.

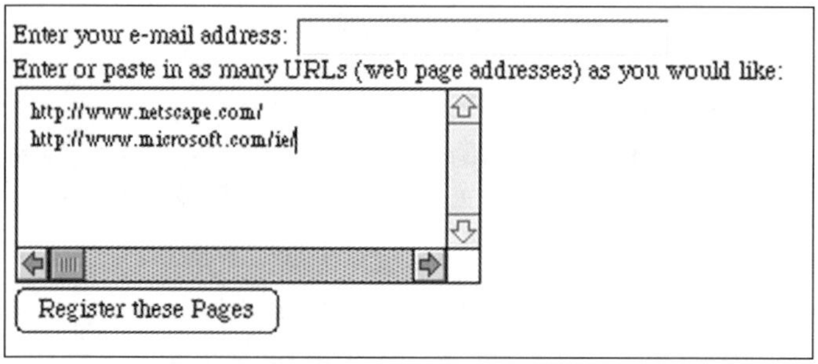

Une fois ces informations données, URL-Minder vous demande :

• si vous désirez uniquement être averti d'une modification, ou si vous désirez recevoir la page Web dans le corps de l'E-mail ou en document attaché,

• si vous désirez être averti lorsque la page subit des modifications, ou lorsque l'URL n'existe plus, ou encore lorsque la page change d'adresse,

• si vous désirez être tenu au courant des changements tout le temps, tous les jours ou dans des délais plus longs (tous les deux mois, par exemple).

Une fois ces informations indiquées, vous recevrez dans les minutes qui suivent, par E-mail, un accusé de réception de votre demande vous indiquant si les pages demandées ont bien été trouvées et référencées par le service URL-Minder. Sont également proposées des procédures de modification de votre liste d'URL ou de l'adresse de messagerie électronique à laquelle vous recevrez les messages notifiant les changements sur les pages distantes.

Par la suite, vous recevrez un message indiquant tout changement de cette page, selon la fréquence et le type de modification spécifiés.

Le service URL-Minder référence seulement une adresse – donc une page – à la fois. Il n'a pas été prévu pour la surveillance d'un site entier. Si plusieurs pages vous intéressent sur un site, vous devrez donner l'URL correspondant à chaque page lors de l'enregistrement.

Bien entendu, certaines pages sont équipées d'un compteur de visiteurs, ou affichent la date ou l'heure. Ces informations posent problème car elles sont modifiées quasiment en permanence. Pour éviter ce genre de désagrément, URL-Minder propose des balises HTML à insérer au début et à la fin des codes affichant ce type d'information :

<URL-MINDER-IGNORE>
Affichage du compteur
</URL-MINDER-IGNORE>

ou

<URL-MINDER-IGNORE>
Affichage de la date
</URL-MINDER-IGNORE>

Lorsque le « robot » d'URL-Minder visitera la page en question, il ignorera les informations contenues entre les balises <URL-MINDER-IGNORE> et </URL-MINDER-IGNORE>. Bien entendu, cela reste une prérogative du Webmaster d'inclure ou non ces balises dans ses pages...

Info

Des logiciels « aspirateurs de sites » comme WebClip (http://www.paperclip.com/products/webclip.htm) et FastFind (http://www.symantec.com/iff/), ou des utilitaires gratuits comme NetBuddy (http://www.cnet.com/Content/Reviews/Compare/Ultbrowser/netbuddy.html) effectuent également ce type d'opérations.

Les Revues et dépêches de Presse

Il est aujourd'hui tout à fait possible d'obtenir de l'actualité « à chaud » par le biais de l'Internet. Nous avons déjà parlé, dans le chapitre 2, du service Yahoo! qui propose les dernières dépêches de l'Agence Reuters, dans un grand nombre de domaines. Yahoo! France propose également ce type de service en collaboration avec l'AFP et Reuters, en langue française. Les rubriques sont les suivantes : Culture, Économie, High-Tech, International, Politique française, Société, Sport.

L'AFP (*www.afp.com*) propose ses propres dépêches, mais avec paiement en ligne grâce au système GlobeOnline.

Mais il est encore plus efficace d'avoir à sa disposition une revue de presse quotidienne dans ses propres domaines d'intérêt. C'est ce que proposent aujourd'hui un certain nombre de services, comme Newspage (*www.newspage.com*), au travers de sa fonction *My newspage*.

Lors de votre première connexion sur le service Newspage, vous pouvez définir 10 thèmes d'intérêt, les classer par ordre de préférence, soumettre ces informations au service, et devez saisir un nom d'utilisateur et un mot de passe.

Muni de ces données, vous pouvez vous connecter tous les jours sur le service Newspage et choisir l'option *My Newspage*. Il vous est demandé votre nom d'utilisateur et votre mot de passe. Vous avez alors sous les yeux votre revue de presse personnelle :

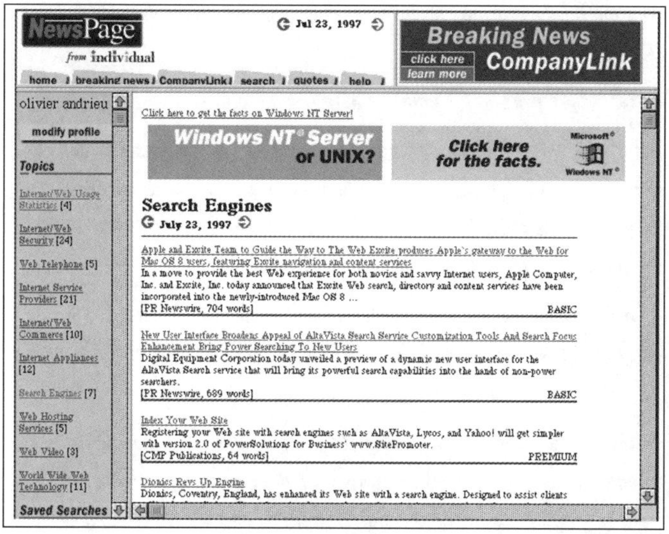

Service My Newspage : la colonne de gauche indique les thèmes de prédilection et la partie droite affiche les articles pour chaque thème choisi.

Ces services sont dans la droite ligne du marketing *one-to-one* vers lequel s'oriente de plus en plus l'Internet. « Vous avez un problème ? Nous avons la solution adaptée », tel pourrait être le credo de ce type de service. Vous pouvez ainsi construire en direct votre propre journal, votre quotidien personnel, et le consulter quand bon vous semble. Autre caractéristique de ces services : ils sont parfois gratuits et souvent payants. Cependant, l'abonnement est minime : autour de 20 FF par mois pour le service Newspage, si l'on veut consulter toutes les dépêches. Et la consultation est gratuite pour avoir accès aux titres, aux résumés et à certaines informations. Le service se finance, dans ce cas, par les bandeaux publicitaires payés par les divers annonceurs.

Info

Voici les adresses d'autres services spécialisés dans la délivrance d'informations générales ou spécifiques d'un domaine :

Presse + (en français)

http://www.presseplus.com/ et http://www.club-internet.fr/

TheAngle vous fournit non seulement des informations sur vos domaines privilégiés, mais également des sites Web intéressants sur ces thèmes.
http://www.theangle.com/

Crayon (CReAte Your Own Newspaper). Service Gratuit. Son slogan est Newspaper - paper = just the News.
http://crayon.net/

Excite Live!, service de revue de presse d'Excite, moteur de recherche très utilisé dans le monde. Il propose également un service appelé Newstracker qui va prendre en compte vos sélections prélalables pour mieux définir vos profils de demande.
http://live.excite.com/

Pathfinder, du groupe Time Warner (service Personal Edition)
http://pathfinder.com/

Data Times (5000 sources d'information différentes)
http://www.dc.enews.com/clusters/datatimes/

Farcast (environ 10$ par mois)
http://www.farcast.com/

Global Internet News Agency
http://www.gina.com/

InfoSage
http://www.infosage.ibm.com/

Info

Le push

Le volume d'information disponible sur l'Internet est colossal. Pourtant, on en demande toujours plus. Il est notamment parfois fastidieux de se connecter, de taper des mots de passe, d'attendre l'affichage des informations sur une page Web, particulièrement l'après-midi sur un site américain encombré. Pourquoi ces informations ne viendraient-elles pas de façon automatique vers l'utilisateur ? On arrive alors à la définition des technologies dites *push*. Lorsque l'utilisateur va vers l'information, qu'il se connecte au travers d'une action volontaire sur un ou plusieurs sites Web pour lire des données, la technique utilisée est de type *pull*. Lorsque c'est l'information qui vient vers l'utilisateur, le terme de *push* est alors employé.

Il existait en 1997 une quarantaine d'entreprises, la plupart américaines, fournissant des solutions de push. Un certain nombre de produits fonctionnent de la même façon : au travers d'un logiciel spécifique (qui peut se substituer à votre économiseur d'écran), un flot de dépêches s'affiche sur l'écran. Textes, images et son sont disponibles pour faire de la machine de l'utilisateur un véritable centre d'information 24 heures sur 24 .

Ainsi, la revue de presse que l'on consultait pour 20 FF sur le site Newspage (pull) pourra être quotidiennement envoyée à l'internaute sur son adresse de messagerie électronique (push) pour un coût d'environ 35 FF par mois. De plus, la différence tarifaire de 15 FF sera largement compensée par une économie de temps passé sur l'Internet, se traduisant par une facture téléphonique moins élevée. En effet, rapatrier un mail prend quelques secondes, soit beaucoup moins que le temps de la navigation passé sur le Web à rechercher et compulser l'information intéressante. Tout ceci a une morale : vaut-il mieux rémunérer Newspage, qui propose l'information, ou France Télécom qui ne fournit que le tuyau ?

Le push est présenté comme une nouveauté révolutionnaire sur l'Internet. Il ne fait pourtant que reproduire un schéma bien connu, celui de la télévision – d'ailleurs, les programmes du push sont baptisés « chaînes », ce qui n'est pas un hasard – qui délivre ses informations au plus grand nombre d'utilisateurs passifs. C'est là un des reproches que certains acteurs du marché font au push, qui ôte à l'Internet sa dimension interactive grâce à laquelle l'utilisateur avait ce pouvoir critique et de décision, cette possibilité de naviguer de site en site pour choisir lui-même l'information qui lui convient. Les technologies push pourraient bien faire des internautes ce que les américains appellent des *couch potatoes* – littéralement des légumineuses de canapé –, leur ôter tout pouvoir de discernement par rapport au média utilisé, les réduire à de simples manipulateurs de télécommande.

Le principe de base du push est cependant pertinent : la multiplication des sites Internet ne permet plus une navigation efficace, et la nécessaire et quotidienne revue des sites importants à laquelle il faut s'astreindre pour rester au fait de l'actualité de son propre domaine, prend beaucoup de temps. Pourquoi ne pas fournir une information « prédigérée » et mise en forme selon les goûts et les besoins de l'utilisateur, au fil de l'actualité ?

C'est ce qu'ont conclu les trois grands pionniers du push que sont PointCast, BackWeb et Marimba. Toutes ces sociétés fournissent des produits permettant de faire du push, mais PointCast a choisi comme stratégie de délivrer lui-même de l'information en provenance de sources diverses et reconnues, tandis que les deux autres se sont plutôt orientés vers une commercialisation de leur technologie destinée à des entreprises désirant diffuser ellesmême de l'information.

Mais, si trois sociétés semblent se détacher, le paysage du push n'est pas encore stabilisé. Outre leur jeunesse (on ne parle de ces technologies que depuis début 96 avec l'arrivée de PointCast), toutes ces solutions sont propriétaires et incompatibles entre elles. De plus, les grands de l'Internet entrent maintenant en lice et vont sensiblement modifier la donne. Netscape a intégré la technologie Castanet dans son navigateur Communicator, et Microsoft n'est pas en reste puisque Explorer 4 intègre un module push. Dans ce domaine, la société de Bill Gates tente également d'imposer un standard, nommé CDF (*Channel Definition Format*), alors que Netscape estime qu'un nouveau format n'est pas nécessaire et qu'avec ce « bon vieil » HTML on peut faire beaucoup de choses. Bref, il y a encore de beaux combats en perspective et il y a fort à parier que seuls quelques acteurs subsisteront sur le marché d'ici quelques années.

Le push souffre cependant d'un handicap certain, notamment en France : pour être utilisés au plus fort de leurs possibilités, les logiciels utilisateurs doivent pouvoir bénéficier d'une connexion 24h/24 sur l'Internet, bien qu'une connexion par modem soit techniquement possible, même si elle relève plutôt du masochisme technologique, au vu de la lenteur des mises à jour et des téléchargements des flashs d'actualité. De plus, le coût du téléphone étant plutôt élevé en France (rappelons que dans un certain nombre de pays, notamment outre-Atlantique, ce coût en local est forfaitaire), l'utilisation d'un système de push toute la journée par réseau téléphonique coûterait très cher. La seule solution viable est donc l'installation d'une liaison dédiée et permanente à l'Internet. Or, ces

« tuyaux » sont encore extrêmement coûteux en France et seules quelques grandes sociétés peuvent se permettre ce type d'installation. Il faudra certainement attendre l'envolée de modes de connexion à tarification forfaitaire et à fort débit, comme le câble ou le satellite, pour qu'un réel marché du push se mette en place en France. D'ailleurs, le peu de « chaînes » disponibles en français, à fin 1997, illustre bien cet état de fait.

D'autre part, la forte consommation en bande passante, manquant pourtant cruellement à l'Internet, n'est pas le dernier des problèmes posés par le push. En revanche, ces technologies sont promises à un grand avenir dans les intranets, et un nombre croissant d'entreprises utilisent ces solutions logicielles pour mieux diffuser leur information en interne. En effet, le push permet de proposer des données selon un profil d'utilisateur. Cela permet donc de communiquer en interne certaines informations à des groupes d'utilisateurs distincts, voire à une seule personne, selon son profil prédéfini.

Comme nous l'avons dit précédemment, trois leaders se détachent aujourd'hui dans les technologies push : Pointcast, Marimba (produit Castanet) et BackWeb. Voici une présentation rapide de ces trois produits.

The Pointcast Network (*www.pointcast.com*)

C'est, en 1997, le leader des logiciels de push. Il revendique 1,5 million d'utilisateurs dans le monde et fut le pionnier de ces technologies. L'interface utilisateur est très simple et efficace :

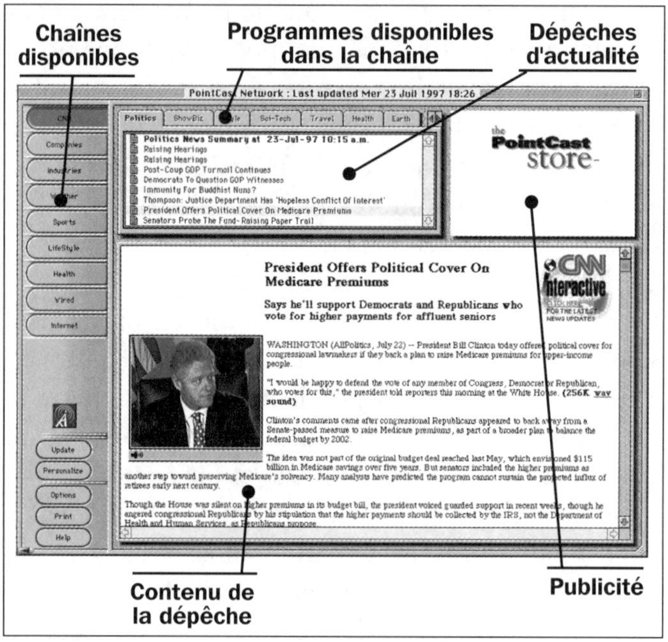

Le service est gratuit et financé par les bandeaux publicitaires. Les chaînes sont nombreuses et les sources diverses : *CNN*, *TimeWarner*, *Reuters* ou le *Wall Street Journal*, entre autres. Ce service est le seul parmi les leaders du push à présenter une offre complète logiciel et contenu. La mise à jour est automatique lorsque l'ordinateur dispose d'une connexion permanente sur l'Internet. Il faut, en revanche, la demander expressément (bouton *Update*) lorsqu'on ne dispose que d'une connexion par le réseau téléphonique *via* un modem.

Castanet Tuner de Marimba (*www.marimba.com*)

Le logiciel Castanet propose l'abonnement à des chaînes développées par des sociétés tierces, clientes de Marimba et traitant d'un sujet spécifique.

Dans un premier temps, l'utilisateur charge un logiciel appelé Tuner, qui lui permet d'afficher les chaînes disponibles et de s'abonner à celles de son choix, puis de télécharger leurs mises à jour :

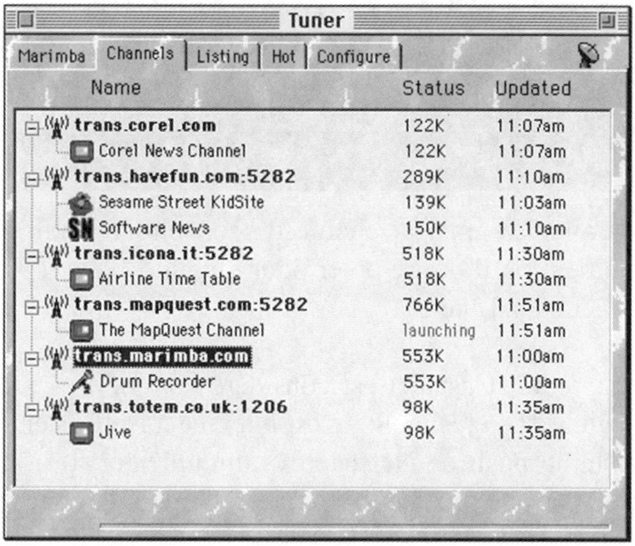

Il lance ensuite le programme choisi qui s'affiche dans une fenêtre personnalisée (ici le programme *The Mapquest Channel* qui permet d'afficher des cartes du monde entier) :

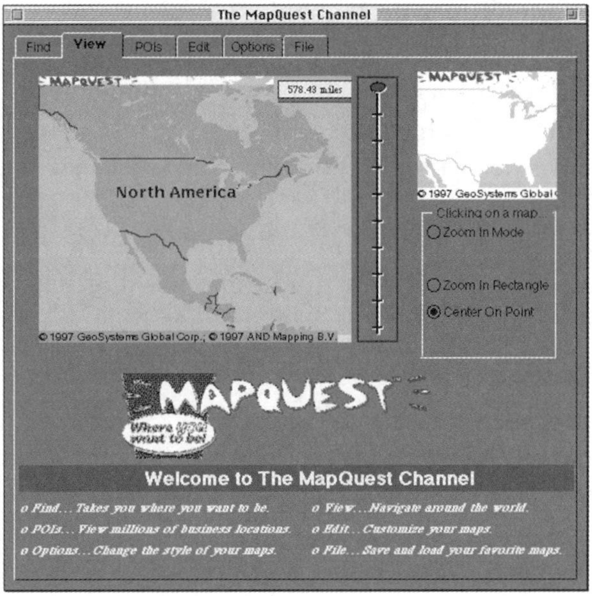

Il consulte ainsi la chaîne de son choix jusqu'au moment où il désire opter pour un autre programme à l'aide du Tuner.

Le produit Castanet est considéré comme très prometteur et sa technologie est intégrée à NetCaster, le système push de Netscape Communicator. Il a été créé par des ingénieurs ayant participé à la conception du langage Java.

BackWeb (*www.backweb.com*)

Backweb permet, à l'instar de ses concurrents, de diffuser de l'information texte, son et image sur le terminal de l'utilisateur. L'offre utilisateur est basée sur un logiciel appelé BackWeb Viewer, qui permet de s'abonner aux chaînes et de scanner l'information en provenance de celles-ci :

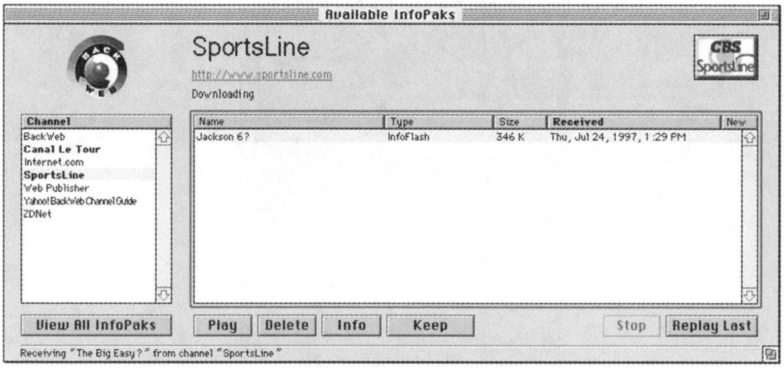

L'information arrive au fur et à mesure. Lorsqu'un flash est totalement téléchargé, une alarme graphique, qui peut être également sonore, se manifeste sur l'écran :

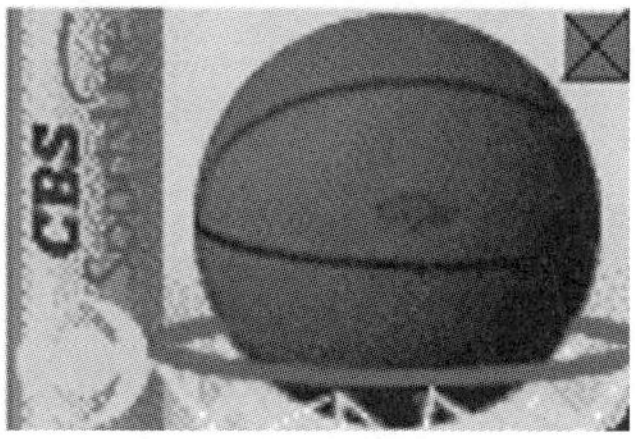

Si l'utilisateur clique dessus, un flash d'actualité est affiché, ouvrant la voie à des liens vers des sites Web d'information dédiés.

Introduction
Sources d'information
Moteurs de recherche par thèmes
Moteurs de recherche par mots clés
Autres outils
Métamoteurs et agents intelligents
E-mail
Forums, listes de diffusion
Logiciels
Outils techniques
Méthodologie de recherche
Exemples commentés
Conclusion

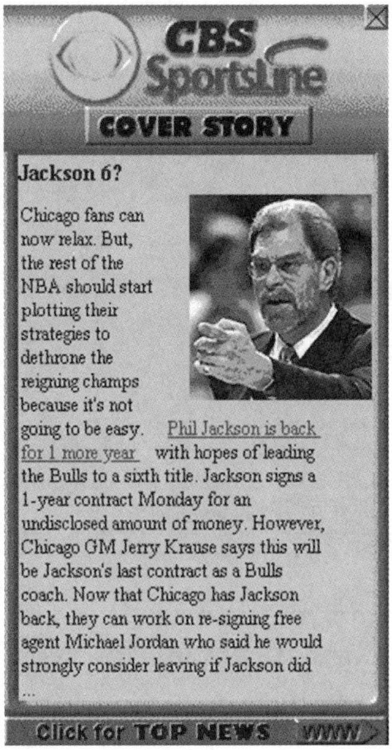

Bien évidemment, il sera recommandé de ne pas s'abonner à trop de programmes d'un seul coup, sans quoi votre écran sera envahi d'alarmes de tous genres, et vous risquerez d'être sans cesse interrompu par des intrusions dérangeantes.

Certains, confrontés au push, crient à l'imposture, arguant que ces systèmes enlèvent à l'Internet son côté interactif et tendent à reproduire sur le réseau tout ce que la télévision a d'aliénant. Il n'en demeure pas moins vrai que ces technologies sont en passe de révolutionner l'Internet et le Web. Les deux méthodes – recherche active et diffusion passive de l'information – resteront cependant complémentaires encore de nombreuses années, jusqu'à ce qu'une prochaine révolution vienne imposer une conception nouvelle dans notre manière d'appréhender l'information. Qui parlait du Web en 1992 ? Qui parlait d'intranet en 1994 ? Qui parlait du push en 1996 ? L'Internet semble nous amener un nouveau concept tous les deux ans. Qu'en sera-t-il d'ici la fin du siècle ?

Info

Voici quelques adresses pour obtenir plus d'informations sur le push :

Informations et listes de pointeurs.
http://pushconcepts.com/
http://webreview.com/push/

Liste de produits Webcast
http://pushconcepts.com/pushchart.htm

Web Broadcasting Mailing List
http://www.thunderlizard.com/wbcovarch.html

IWA (International Webcasting Association)
http://www.webcasters.org

IPMI (IP Multicast Initiative)
http://www.ipmulticast.com

CDF (Channel Definition Format) de Microsoft
http://www.microsoft.com/standards/cdf.htm

Microsoft Internet Explorer 4 Webcasting
http://pushconcepts.com/microsoft.htm

Netcaster de Netscape
http://pushconcepts.com/netscape.htm
http://home.netscape.com/inf/comprod/products/communicator/netcaster_faq.html

Chapitre 5

MÉTAMOTEURS ET AGENTS INTELLIGENTS

La recherche d'information sur l'Internet reste à l'heure actuelle souvent longue et fastidieuse, car il existe une multitude de sources qu'il faut souvent toutes consulter. Un certain nombre de chercheurs et d'entreprises sont alors parvenus à la conclusion suivante : pourquoi ne pas confier la réalisation de ces tâches à un logiciel qui les accomplirait plus efficacement que l'utilisateur, qui pourrait alors se consacrer à des travaux plus gratifiants ?

Ainsi est né le concept d'agent intelligent, bout de logiciel permettant d'effectuer des tâches répétitives en lieu et place de l'usager d'un réseau. Depuis quelques années, cette idée a fait son chemin, et les projets à base d'agents (également appelés *robots*, *spiders*, *wanderers* ou *Web Worms*, bien que ces termes ne désignent pas toujours les mêmes outils) se sont multipliés.

Il existe en fait une grande variété d'agents, différents dans leurs missions, leurs ambitions et leurs fonctionnements. Nous allons, dans les pages suivantes, essayer d'en définir une typologie.

Les « métachercheurs » ou « métamoteurs »

Le principe des services dits « métachercheurs » ou « métamoteurs » est simple : il existe dans le monde une multitude de moteurs de recherche, par mots clés ou par thèmes. L'idée est de créer un intermédiaire qui prendrait en compte vos requêtes, puis irait les diffuser simultanément auprès de ces moteurs à votre place, puis récupérerait les réponses, les analyserait, trierait les pages-résultats et vous fournirait la synthèse de l'information récupérée, qui serait forcément le *must* de la recherche sur le réseau. Un clic de souris suffit à effectuer une recherche simultanée sur plusieurs moteurs, de façon transparente.

Ainsi sont nés un grand nombre de métamoteurs comme Savvy Search ou MetaSearch, rejoints chaque mois par un nouveau lot de services de ce type.

Il existe, en fait, plusieurs types de métachercheurs, chacun avec ses fonctionnalités et ses ambitions propres.

Les aides à la saisie.

Ce type de moteur est le plus simple. Le service MetaSearch (*metasearch.com*) en est le meilleur exemple. Sur la page d'accueil, MetaSearch vous propose une interface de saisie unique pour vos mots clés :

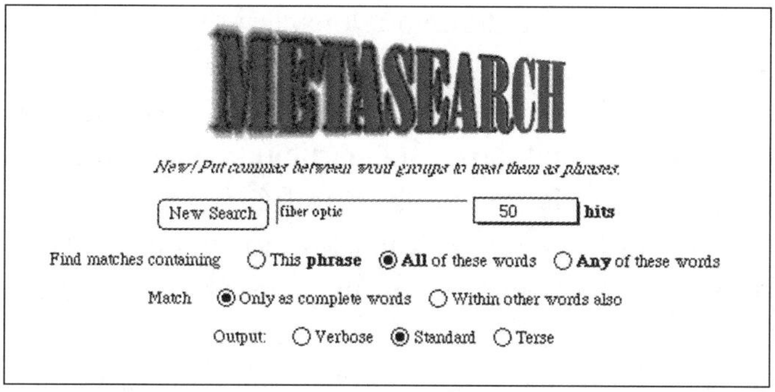

Une fois ces informations saisies (ici les mots *fiber optic*), MetaSearch affiche une nouvelle page permettant d'effectuer des interrogations sur des services aussi divers que AltaVista, Yahoo!, Infoseek, Lycos, WebCrawler, OpenText et Galaxy :

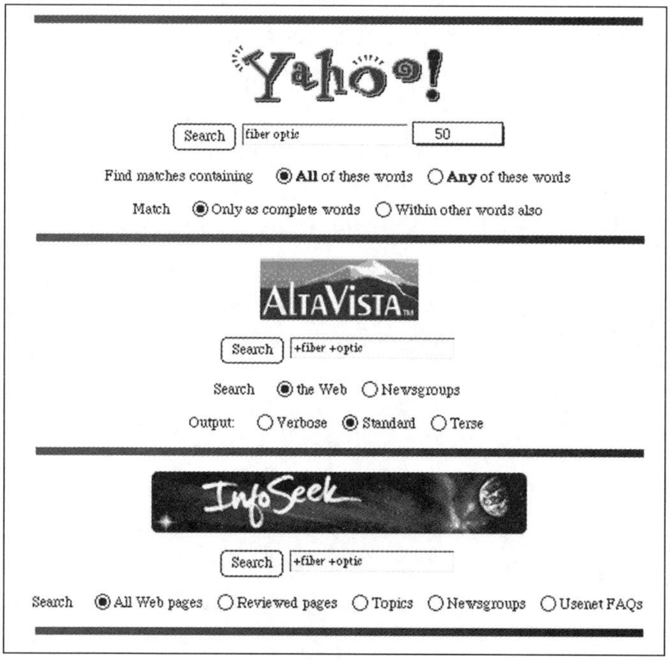

MetaSearch se contente de vous assister dans la saisie des mots clés et vous évite d'avoir à vous connecter à un grand nombre de moteurs de recherche, chacun avec ses particularités, en présentant un formulaire de saisie unifié. En revanche, il vous faudra ensuite exploiter les moteurs individuellement et les résultats seront proposés séparément par ceux-ci. Le rôle de MetaSearch se limite donc à la création d'une page unique contenant différents formulaires.

Les Listes de résultats.

D'autres services, plus sophistiqués, effectuent réellement la requête simultanément sur plusieurs moteurs de recherche et vous fournissent les résultats en une opération. Par exemple, seront affichés dans un premier temps les résultats donnés par AltaVista, puis ceux de Lycos, puis ceux d'Infoseek, et ainsi de suite... Internet Sleuth (*www.isleuth.com*) ou Dogpile (*www.dogpile.com*) fonctionnent ainsi. Un temps maximum de recherche est souvent configurable pour éviter qu'un moteur tardant à répondre ne détériore l'efficacité de l'ensemble.

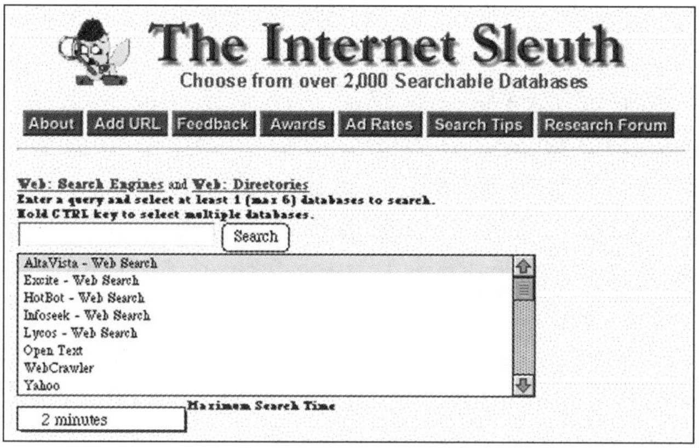

Service I-Sleuth : la requête s'effectue sur les moteurs choisis dans la liste fournie.

Des services comme All4one (*all4one.com*) proposent l'utilisation des *frames* HTML (possibilité de découper l'écran du navigateur en plusieurs fenêtres distinctes) pour afficher simultanément le résultat des recherches sur plusieurs moteurs de recherche :

L'idée est intéressante, mais nécessite un écran énorme pour pouvoir avoir une vue d'ensemble sur tous les résultats.

Introduction
Sources d'information
Moteurs de recherche par thèmes
Moteurs de recherche par mots clés
Autres outils
Métamoteurs et agents intelligents
E-mail
Forums, listes de diffusion
Logiciels
Outils techniques
Méthodologie de recherche
Exemples commentés
Conclusion

Un autre type d'interface, qui semble plus simple à utiliser, toujours basé sur les frames, est proposé par le moteur EasySearch (*http://www.aist.go.jp/NIBH/~honda/EasySEARCH/index.cgi*). Un formulaire est fourni en haut de page, la liste des moteurs disponibles est affichée à gauche de l'écran. L'utilisateur saisit ses critères dans la zone formulaire, clique sur le logo du moteur désiré, et le résultat s'affiche dans la fenêtre principale, à droite de l'écran. S'il désire utiliser un autre moteur, il clique sur un autre pictogramme et ainsi de suite...

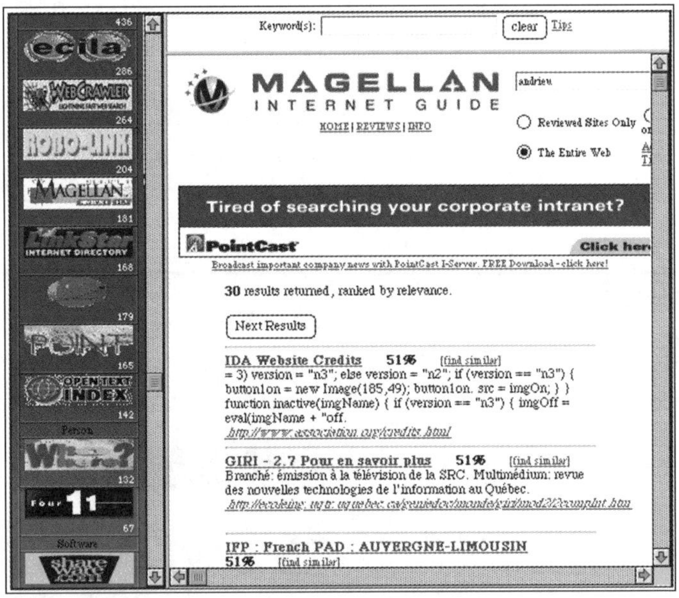

Service EasySearch : en haut à droite se trouve la zone de saisie des critères. La partie de gauche recense les moteurs disponibles. La zone de droite affiche les résultats pour chacun des moteurs.

Ce type de service fait gagner pas mal de temps à l'internaute qui désire interroger plusieurs moteurs, pour comparer leurs réponses et vérifier la qualité et l'exhaustivité des résultats. Les connexions sont cependant souvent laborieuses et lentes, et la lecture des résultats, fastidieuse. Si l'on n'utilise pas les fonctions avancées des moteurs de recherche, plusieurs milliers de réponses à une requête envahissent votre écran. Le fait d'interroger plusieurs moteurs simultanément multiplie d'autant les résultats.

Or, la plupart des métamoteurs de ce type ne recourent qu'à trois types d'interrogation : ET, OU et la saisie d'expression (par l'utilisation de guillemets), car il s'agit de trouver un dénominateur commun à tous les moteurs. Pas question d'utiliser des fonctions comme *host:, domain:, link:* (AltaVista) ou *title:, feature:* (Hotbot). Pourtant, ce sont ces fonctions qui permettent d'affiner une recherche pour n'obtenir que quelques dizaines de documents pertinents.

L'utilisation de ces listes de résultats ne sera donc pertinente que si l'on est intéressé par l'exhaustivité, l'on souhaite établir un panorama général sur une requête simple et, surtout, si on a le temps de lire tous les résultats...

Les listes synthétisées

Comme nous venons de le voir, l'affichage des résultats de différents moteurs est long et fastidieux. D'autre part, un certain nombre de liens sont indiqués dans toutes les interrogations. Il paraît donc essentiel de synthétiser l'information reçue et de supprimer toutes les données redondantes.

Seuls quelques moteurs de recherche ont atteint un tel degré de sophistication. Citons SavvySearch (*http://guaraldi.cs.colostate.edu:2000/form*), un des plus connus, MetaFind (*www.metafind.com*) ou Profusion (*http://www.designlab.ukans.edu/profusion*). On arrive ici à des fonctionnalités intéressantes, car il y a une ambition d'analyse, de traitement réel de l'information, bref une efficacité qui permet de justifier le nom d'agent intelligent de première génération donné à ces outils.

L'exemple du service Profusion est caractéristique : sur la page d'accueil, vous choisissez les services que vous désirez interroger et tapez vos mots clés :

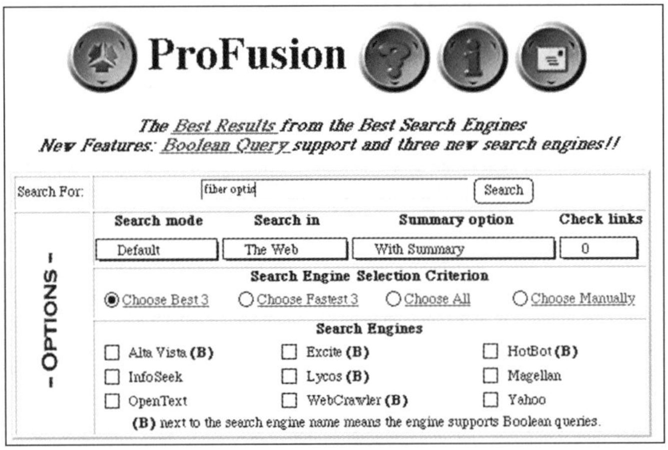

Le service vous fournit alors une seule liste, fruit de la synthèse de toutes les réponses obtenues auprès des moteurs de recherche choisis :

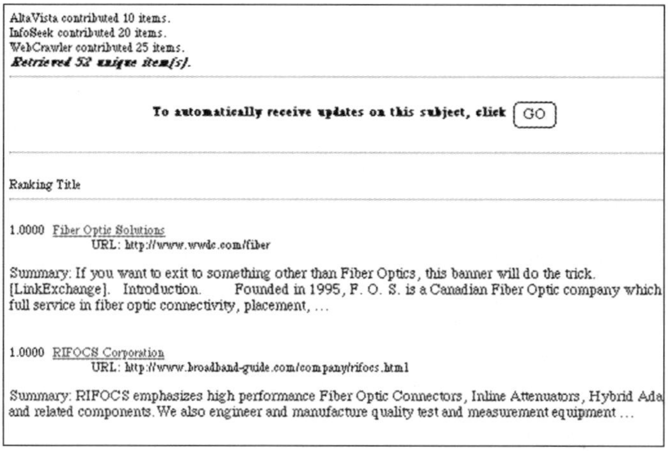

AltaVista contributed 10 items.
InfoSeek contributed 20 items.
WebCrawler contributed 25 items.
Retrieved 52 unique item(s).

To automatically receive updates on this subject, click GO

Ranking Title

1.0000 Fiber Optic Solutions
URL: http://www.wwdc.com/fiber

Summary: If you want to exit to something other than Fiber Optics, this banner will do the trick. [LinkExchange]. Introduction. Founded in 1995, F. O. S. is a Canadian Fiber Optic company which full service in fiber optic connectivity, placement, ...

1.0000 RIFOCS Corporation
URL: http://www.broadband-guide.com/company/rifocs.html

Summary: RIFOCS emphasizes high performance Fiber Optic Connectors, Inline Attenuators, Hybrid Ada and related components. We also engineer and manufacture quality test and measurement equipment ...

La « palme » semble cependant devoir aller à des services comme Inference Find (*http://m5.inference.com/infind*) qui, non seulement interrogent en simultané plusieurs moteurs (WebCrawler, Yahoo, Lycos, Alta Vista, InfoSeek et Excite), mais classent également les résultats en catégories : soit les pages regroupées d'un site, soit les pages françaises ou européennes, celles faisant partie de sites commerciaux, gouvernementaux, du domaine de l'éducation, ou traitant d'un thème particulier, etc.

On arrive alors réellement à la notion d'agent intelligent : le service est allé chercher l'information à votre place sur le Web, a récupéré les réponses, les a synthétisées, en supprimant les adresses redondantes, puis les a classées par grands domaines. C'est certainement dans cette voie que s'orienteront les grands « métamoteurs » du futur.

Introduction
Sources d'information
Moteurs de recherche par thèmes
Moteurs de recherche par mots clés
Autres outils
Métamoteurs et agents intelligents
E-mail
Forums, listes de diffusion
Logiciels
Outils techniques
Méthodologie de recherche
Exemples commentés
Conclusion

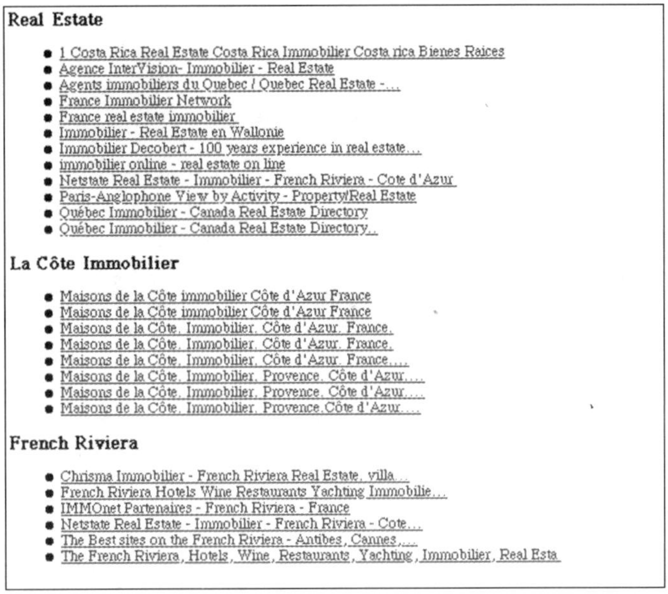
Real Estate

- 1 Costa Rica Real Estate Costa Rica Immobilier Costa rica Bienes Raices
- Agence InterVision- Immobilier - Real Estate
- Agents immobiliers du Quebec / Quebec Real Estate -...
- France Immobilier Network
- France real estate immobilier
- Immobilier - Real Estate en Wallonie
- Immobilier Decobert - 100 years experience in real estate...
- immobilier online - real estate on line
- Netstate Real Estate - Immobilier - French Riviera - Cote d'Azur
- Paris-Anglophone View by Activity - Property/Real Estate
- Québec Immobilier - Canada Real Estate Directory
- Québec Immobilier - Canada Real Estate Directory...

La Côte Immobilier

- Maisons de la Côte immobilier Côte d'Azur France
- Maisons de la Côte immobilier Côte d'Azur France
- Maisons de la Côte. Immobilier. Côte d'Azur. France.
- Maisons de la Côte. Immobilier. Côte d'Azur. France.
- Maisons de la Côte. Immobilier. Côte d'Azur. France....
- Maisons de la Côte. Immobilier. Provence. Côte d'Azur....
- Maisons de la Côte. Immobilier. Provence. Côte d'Azur....
- Maisons de la Côte. Immobilier. Provence.Côte d'Azur....

French Riviera

- Chrisma Immobilier - French Riviera Real Estate. villa...
- French Riviera Hotels Wine Restaurants Yachting Immobilie...
- IMMOnet Partenaires - French Riviera - France
- Netstate Real Estate - Immobilier - French Riviera - Cote...
- The Best sites on the French Riviera - Antibes, Cannes,...
- The French Riviera, Hotels, Wine, Restaurants, Yachting, Immobilier, Real Esta

Service Inference Find : une recherche sur le mot immobilier *a donné des résultats classés en plusieurs catégories, selon le type de pages trouvées.*

Cependant, il n'est toujours pas permis, sur ces services, d'utiliser les fonctionnalités avancées des moteurs de recherche, tout simplement parce qu'elles varient selon les moteurs interrogés. Il est évident que la mise en place de ces fonctionnalités dans le cadre d'une recherche d'ensemble sur plusieurs moteurs est loin d'être aisée.

L'utilisation de ce type de métamoteurs engendre un autre problème de fond : quasiment tous les moteurs de recherche sur lesquels ils s'appuient se financent grâce aux bandeaux publicitaires qu'ils affichent. Or, les promoteurs de cette couche logicielle supplémentaire que sont les métamoteurs ne répercutent pas systématiquement (ou pas du tout) ces bandeaux, préférant même parfois proposer leurs propres annonces. Le recours à ces métamoteurs réduit donc de façon substantielle le nombre d'accès au moteur de recherche traditionnel, ce qui compromet ses recettes publicitaires et risque, à terme, de signer son arrêt de mort.

D'autre part, se pose un problème d'éthique : est-il juste d'utiliser pour son propre compte les technologies et investissements mis en œuvre par d'autres sociétés, sans contrepartie financière ? Nous laisserons à chacun le loisir de méditer sur ce point...

Une liste de métamoteurs est donnée en annexe 4 du présent ouvrage.

Info

Les métamoteurs sont disponibles sur le Web, mais également sous la forme de logiciels commercialisés, installables sur le disque dur d'un ordinateur et réalisant le même type de fonctions : la requête est saisie « off-line », puis le logiciel se connecte sur l'Internet, effectue ses requêtes et affiche les résultats. Voici les principaux produits disponibles actuellement :

Quaterdeck WebCompass
http://arachnid.qdeck.com/qdeck/demosoft/webcompass_lite/

EcoSearch
http://www.iconovex.com/

ForeFront WebSeeker
http://www.ffg.com/seeker/

WebFerret
http://www.vironix.com/netferret/webferret.htm

Symantec FastFind
http://www.symantec.com/iff/

Info

Autres logiciels commercialisés :

More Like This

http://www.morelikethis.com/

Retrieve It ! (pour Macintosh)

http://www.mvpsolutions.com/

Les « aides à la consommation et à la décision »

Dans le chapitre précédent, nous avons eu un aperçu de ce qu'un robot peut faire avec les logiciels permettant de récupérer les pages HTML dans le monde entier, afin de les indexer dans le cadre d'une recherche par mots clés. Mais il ne s'agissait là que d'une forme fruste de robot, dont le rôle n'est que de collecter de l'information sans réel traitement de valeur ou de pertinence. Le concept d'agent intelligent est plus ambitieux. Imaginez que vous puissiez demander à votre logiciel agent de trouver, sur le réseau, la meilleure option de voyage (train ou avion) Paris-Montréal, le 28 août, en classe économique de préférence. Vous lancez l'agent sur le réseau et vous vaquez à vos occupations ou vous vous déconnectez. Pendant ce temps, le logiciel va faire le tour des services des agences de voyages, des compagnies aériennes et ferroviaires, récupère les données, les compare et les liste. Une demi-heure plus tard, vous vous reconnectez et l'agent vous fait son rapport : « Le meilleur choix est un vol de la compagnie X au prix de Y francs. Voici cependant d'autres solutions possibles... »

Le concept pourrait être le même pour mettre en place une réunion interne dans une entreprise. Sachant que messieurs Durand, Dupont et Martin doivent être présents chacun dans des congrès différents la troisième semaine du mois de mai, l'agent intelligent va parcourir leurs agendas respectifs et proposer une date et une heure qui convienne à tous cette semaine-là. Tout cela devra s'effectuer automatiquement, bien entendu.

On pourrait croire que ce type de scénario relève de la science-fiction et que ces outils ne seront pas disponibles avant des lustres. Pourtant, des expérimentations sont déjà en cours.

Ainsi le service Bargain Finder (*http://bf.cstar.ac.com/bf/*) vous propose d'acheter des CD au meilleur prix. Vous choisissez le nom de l'artiste ou du groupe, et le titre de l'album désiré (ici, notre choix s'est porté sur Communique du groupe Dire Straits) :

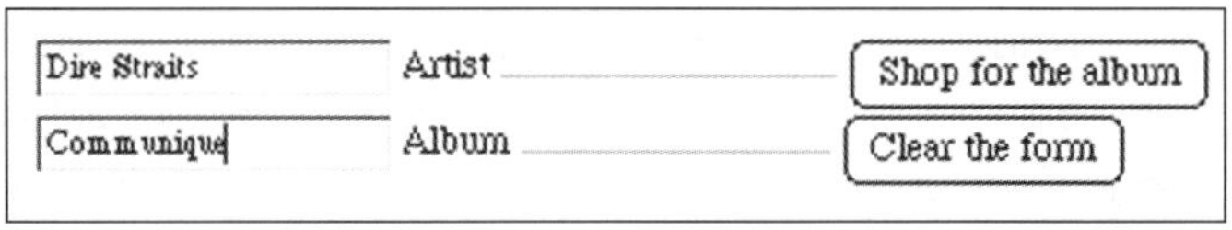

Une fois ces données saisies, un agent (dont vous voyez la représentation ci-contre) se met en route et tente de se connecter sur huit services de vente de CD en ligne pour obtenir une réponse et effectuer une comparaison.

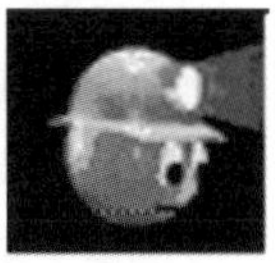

Une fois les réponses obtenues, un récapitulatif du traitement effectué vous est donné :

Communique **by Dire Straits :**

$11.66 Emusic (Shipping starts at $1.99 first item, $0.49 each additional item.)
I had trouble shopping at GEMM. You may want to try browsing there yourself.
I had trouble shopping at IMM. You may want to try browsing there yourself.
$ 10.47 CDworld (Variety of shipping options, starting at $2.74 for first item.)
$ 11.05 Music Connection (Shipping from $3.25, free for 9 or more. 20 day returns.
CDnow is blocking out our agents. You may want to try browsing there yourself.
NetMarket is blocking out our agents. You may want to try browsing there yourself.
CDLand is blocking out our agents. You may want to try browsing there yourself.

Dans le cas présent, trois magasins (Emusic, CDWorld et Music Connection) ont donné leurs prix, deux services (Gemm et IMM) semblaient empêcher l'agent d'effectuer sa prospection, suggérant à l'utilisateur de se connecter personnellement sur le site, et trois autres (CDnow, NetMarket et CDLand) n'ont pas accepté l'intervention d'agents, certainement pour éviter que leurs prix ne soient comparés à ceux de leurs concurrents. On trouve une différence de 1,19 $ entre les prix annoncés par les trois officines qui ont pu être jointes. Si l'utilisateur décide de commander le disque chez CDworld, il lui suffit de cliquer sur le lien correspondant affiché à l'écran, qui l'amènera directement à la page de commande du produit désiré.

Ce cas illustre bien l'utilisation des agents intelligents, notamment dans le domaine du commerce électronique, même si le service Bargain Finder nécessite que vous restiez connecté en attendant les résultats de la recherche.

Ce processus pourrait être le même dans le cadre d'une recherche d'information sur l'Internet, et notamment sur le Web : vous saisissez les mots clés définissant votre souhait, et l'agent va chercher les différentes sources, gratuites ou payantes (il vous indique alors leur coût). C'est l'utilisateur qui choisit *in fine* les documents qui lui semblent les plus pertinents. Mais l'agent pourra également prendre en charge cette notion de tri et de pertinence, au moins au premier niveau d'intervention.

Info

Le site BargainBot permet d'effectuer ce type de comparaisons dans le domaine des livres.
http://www.ece.curtin.edu.au/~saounb/bargainbot/

Les « espions conviviaux »

La comparaison d'informations n'est pas la seule utilisation possible des agents. En effet, ils peuvent également être exploités dans un cadre de conseil et de veille. Pour illustrer notre propos, examinons le service FireFly (*www.firefly.com*), site expérimental développé au MIT (Boston), qui permet à un logiciel de conseiller un utilisateur sur de nouveaux musiciens ou sur des films, en fonction de ses goûts déjà référencés.

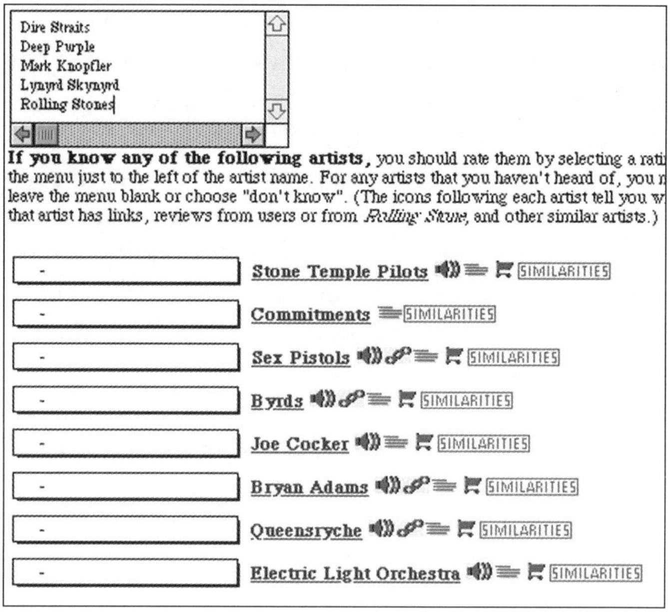

Après vous avoir demandé de vous identifier, le service FireFly vous questionne sur vos goûts en matière de musique. Une saisie libre est possible (en haut de l'écran), mais vous pouvez également donner une échelle de valeurs à l'aide d'une liste préétablie de musiciens (en bas).

Une fois ces informations acquises, le service établit un profil de vos goûts et vous recommande de nouveaux musiciens ou groupes que vous ne connaissez peut-être pas :

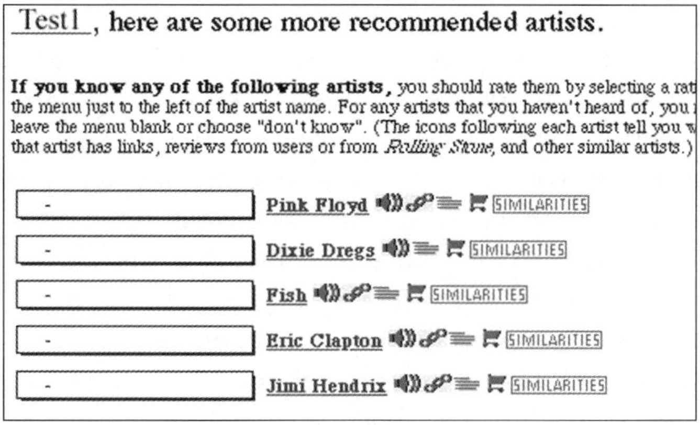

Il est tout à fait possible d'imaginer que le service, une fois vos goûts définis et identifiés, vous avertisse par E-mail à chaque sortie de film, de livre ou de création de site Web dans ces domaines d'intérêts. On se rapproche alors de la définition du push, évoqué dans le chapitre précédent.

Il est bien évident que cette capacité d'analyser le comportement et les préférences d'un utilisateur intéresse au plus haut point les professionnels du marketing. Il est tout à fait concevable de « suivre » un utilisateur au travers de ses connexions aux pages d'un serveur, et de déterminer très précisément ses besoins, ses attentes, ses goûts, ainsi que les jours et heures où il effectue ses recherches.

On peut ainsi établir un véritable profil de consommation, qui pourra être utilisé ultérieurement pour des actions de marketing direct. Imaginons que cet utilisateur se reconnecte la semaine suivante sur le même serveur, il serait souhaitable de ne lui afficher que les bandeaux publicitaires qui seront susceptibles de l'intéresser. Le système FireFly est censé fonctionner selon ce principe. Des sociétés comme Broadvision (*www.broadvision.com*) se sont également créées dans ce but, avec un objectif clair de faire du marketing « one-to-one » : une solution adaptée à chaque problème de chaque utilisateur. Imaginez l'usage qu'une société de marketing pourrait faire d'un fichier comportant vos préférences cinématographiques, musicales ou littéraires... Vous pourriez recevoir – comme par enchantement – des mails vous présentant la dernière vidéo, le dernier CD ou le livre que vient de sortir votre auteur favori...

Info

Voici d'autres services vous permettant d'effectuer des recherches grâce à des agents essayant d'en apprendre plus sur vos goûts, au fur et à mesure de vos requêtes :

Movie Critic, sélection de films
http://www.moviecritic.com/

Autonomy, logiciel spécifique permettant d'effectuer des recherches générales sur le Web, sur les articles de presse ou sur les images. Il est capable d'effectuer des recherches même si vous n'êtes pas connecté à l'Internet.
http://www.agentware.com/

Newstracker, service qui va prendre en compte vos sélections prélalables de dépêches d'actualité pour mieux définir vos profils de demande.
http://nt.excite.com/

Jango, technologie utilisée pour le commerce électronique.
http://www.jango.com

Dans ce cas également, il est possible de faire une extrapolation sur la recherche d'information plus « classique ». Par exemple, l'agent, actif dès que votre ordinateur est allumé, s'aperçoit que votre premier geste est de rechercher sur le Web des informations sur votre concurrent « Martin SA ». Il prendra alors, de son propre chef, la décision d'effectuer cette tâche pour votre compte, pendant que vous êtes occupé à d'autres travaux sur l'Internet, et vous délivrera un compte rendu précis, une fois ses recherches effectuées.

Dans ce cas précis, l'agent intelligent a simplement décelé une tâche qui semblait répétitive dans votre travail et a pris l'initiative de la remplir (ou tout du moins d'essayer de la remplir) à votre place, avec votre accord préalable. Certains projets, comme le service Letizia (*http://lcs.www.media.mit.edu/people/lieber/Lieberary/Letizia/Letizia.html*), sont en train de se mettre en place dans ce but. Bien entendu, une longue période d'adaptation est nécessaire pour qu'utilisateur et agent « apprennent à se connaître ». Il est vrai que les applications sont innombrables dans quantité de domaines, même si certaines d'entre elles ont de quoi faire frissonner plus d'un. Le Big Brother de George Orwell serait-il derrière tout cela ?

Il ne s'agit cependant pas de rêver (ou de cauchemarder) trop tôt. De nombreux problèmes se posent encore pour la mise en place de ces agents intelligents à grande échelle : les technologies ne sont pas encore parfaitement au point, il n'existe ni standard ni norme en la matière, tous les services du Web n'obéissent pas aux mêmes processus d'interrogation (ce qui impose que les agents « apprennent » à interroger chaque service individuellement), l'exhaustivité des recherches est loin d'être garantie. En effet, reprenons l'exemple du commerce électronique et de la commande de disque. Pour être réellement exhaustif, l'agent devra interroger non seulement les vendeurs de CD américains, mais également les services du même type en France, au Canada, au Japon, etc. De plus, le prix n'est pas toujours une donnée déterminante pour un achat. Le service, les frais de port, le délai de livraison sont des indications importantes que les agents devront prendre en compte. Et nous ne parlons pas du sourire de la vendeuse qui, même virtuel, risque de manquer au consommateur... Pour atténuer l'impact froid et impersonnel de ce « conseil électronique », il est prévu dans l'avenir de créer soi-même l'apparence de son agent intelligent, à l'instar des « avatars » que l'on trouve dans les jeux en réseau. Vous pourrez ainsi créer un agent féminin, blonde aux yeux bleus ou masculin, brun et bronzé. Ce sera toujours plus agréable, même s'il ne s'agit là que de « cyber-créatures » !

Beaucoup de projets sont mis en place, dans des directions technologiques différentes (Telescript de General Magic – *www.genmagic.com* –, Java), sans réelle concertation et sans que l'on puisse savoir vraiment si des standards vont émerger rapidement. La notion de tri et de pertinence de l'information devra également être traitée par les agents. L'idéal ne sera pas de proposer 3 000 documents divers et variés sur un thème, mais une dizaine correspondant exactement à la question posée. Il faudra enfin, et ce n'est pas la moindre des contraintes, que les fournisseurs d'information acceptent de souffrir la comparaison de leurs offres avec celles de la concurrence. Nous avons vu, dans les pages précédentes, que certains « magasins virtuels » refusaient l'entrée aux agents pourtant seulement en phase de prototypage. Qu'en sera-t-il dans quelques années, quand ceux-ci seront devenus réellement performants ?

On peut porter aux nues ou déplorer l'existence des agents, il semble pourtant certain qu'ils joueront un rôle prépondérant dans les années qui viennent dans la recherche d'information sur l'Internet. En effet, la masse de données présente sur les réseaux est tellement colossale et sa croissance est si importante que l'action individuelle ne suffira bientôt plus pour une exploitation rationnelle, exhaustive et précise de toutes ces informations. Ces logiciels seront alors bienvenus pour tous.

Info

Pour obtenir des informations complémentaires sur les agents intelligents, voici quelques adresses pour vous aider à en savoir plus :

Le site de la société Cybion effectue un excellent recensement des produits disponibles
http://www.cybion.fr/agents/agents.htm

le service du MIT (MIT Media Lab, Autonomous Agents Group)
http://agents.www.media.mit.edu/groups/agents/

Les pages Intelligent Software Agents
http://www.sics.se/ps/abc/survey.html

Un site sur le rôle des agents intelligents dans le commerce électronique
http://www.yourcommand.com:80/

BotSpot, mine de renseignements sur les agents :
http://botspot.com/

UMBC Agent Web, autre source d'information :
http://www.cs.umbc.edu/agents

Chapitre 6

RECHERCHE D'ADRESSES E-MAIL

On a longtemps cru que la recherche en ligne de l'adresse E-mail d'un utilisateur de l'Internet était une tâche difficile, voire impossible. Les raisons en sont nombreuses :

• l'Internet en est encore au stade du marché émergent, notamment en France, et les fournisseurs de connexion se multiplient, avec des offres très diverses en coût comme en qualité de service. Il est très fréquent qu'un utilisateur (personne privée ou morale) en phase de test change de fournisseur d'accès (*provider*), et donc d'adresse de messagerie électronique. Ces changements peuvent survenir de façon aléatoire, avant que l'utilisateur ne parvienne à disposer d'un E-mail « provisoirement » définitif,

• il n'existe pas d'annuaire mondial unique des utilisateurs de l'Internet, ni de norme spécifique du domaine. Si un organisme désire mettre en œuvre un service de recherche d'adresses, son champ d'exploration va porter sur un nombre considérable de fichiers différents dans près de 200 pays, difficiles à identifier et surtout à mettre à jour,

• l'Internet étant devenu un marché très concurrentiel, les fournisseurs de connexion sont souvent réticents à livrer leurs annuaires d'utilisateurs, puisque cela revient à fournir leur fichier client,

• certains pays, comme la France avec la CNIL, ont créé des organismes régissant la diffusion de fichiers de personnes ou d'entreprises. Mettre en œuvre un répertoire mondial d'adresses impose d'être en règle avec ces différents organismes, ce qui implique la gestion de lourds dossiers administratifs de déclarations de fichiers électroniques et l'éventualité de se voir opposer un refus,

• certaines personnes ne désirent pas figurer sur des annuaires, pour diverses raisons personnelles, et notamment par crainte de devenir ainsi la cible de publipostages « sauvages » (appelés *spam* sur l'Internet). Elles préfèrent un anonymat de type « liste rouge », réservant leur adresse de messagerie électronique aux personnes de leur choix.

Comme on le voit, la situation ne semble pas évidente pour les services ayant décidé de mettre en ligne des possibilités de recherche d'utilisateurs connectés à l'Internet. Pourtant, on peut être assez surpris par les réponses apportées par les services existants, les recherches s'avérant parfois assez fructueuses. Elles n'ont pas pour objectif d'être exhaustives mais valent la peine d'être utilisées, à l'occasion. Leurs sources sont diverses : annuaires présents sur le réseau, forums de discussion (*Newsgroups*), formulaires de déclaration volontaire des utilisateurs sur le Web, fournisseurs de connexion déclarant leurs abonnés, pages du Web, etc.

La plupart de ces services ont, d'autre part, été conçus (du moins selon les dires de leurs créateurs) avec des fonctionnalités qui préviennent le pillage des adresses E-mail par des sociétés tierces désirant récupérer le plus grand nombre possible d'adresses, pour effectuer des mailings publicitaires en masse qui, rappelons-le, sont interdits sur l'Internet sans l'accord préalable des intéressés !

N'oublions pas, également, que la netiquette (éthique du réseau) considère comme excessivement malséant – hormis quelques cas très précis – de publier, par exemple dans les forums de discussion, l'adresse de messagerie électronique d'un autre usager de l'Internet sans sa permission, et ce même si cette adresse peut être trouvée au travers des services de recherche adéquats.

Les trois principaux services de recherche d'adresses E-mail, présentés ci-après, donnent de bons résultats, que ce soit aux États-Unis ou en Europe. Ils recenseraient chacun environ 10 à 20 % des adresses E-mail dans le monde, ce qui est peu et beaucoup à la fois. Ils affirment tous, sur leurs pages, qu'ils sont les meilleurs et les plus complets. Ils fournissent également tous une version française de leur site, plus ou moins bien réalisée et traduite. Four11 semblait, en 1997, être le plus efficace. À vous d'effectuer vos tests personnels !

La plupart de ces services (WhoWhere, Four11) fournissent aussi des systèmes de veille, qui vous avertissent automatiquement par mail lorsqu'une personne, dont vous souhaitez obtenir l'adresse, s'inscrit dans l'annuaire.

Il existe d'autres annuaires E-mails, certains s'étant spécialisés, par exemple, sur la francophonie ou sur un pays particulier. Vous en trouverez une liste en annexe 6 du présent ouvrage.

WHOWHERE ?

http://www.whowhere.com/

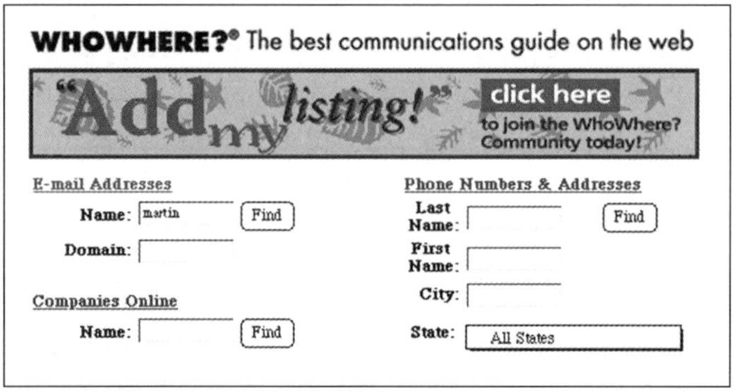

Le service WhoWhere contenait, à l'été 97, environ 11 millions d'adresses E-mail. Sur la page d'accueil, le formulaire est très simple :

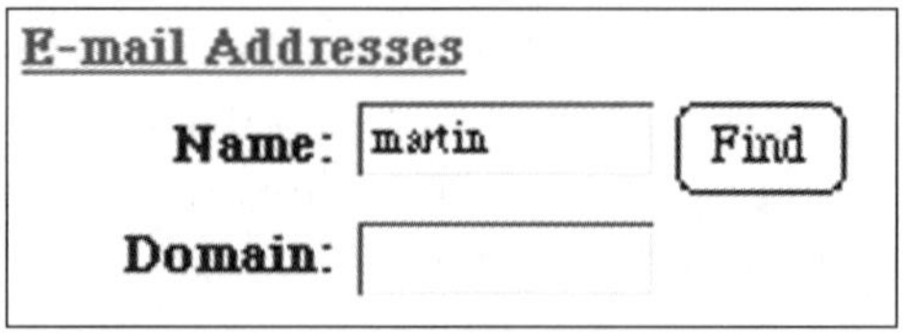

Il suffit de saisir le nom de famille de la personne recherchée (nous prendrons comme exemple le nom *martin*). Il n'y a pas de syntaxe spécifique, plusieurs mots peuvent être saisis dans n'importe quel ordre (*jacques martin* donnera le même résultat que *martin jacques*), en minuscules ou en majuscules, WhoWhere n'y accorde pas d'importance.

Si vous connaissez le nom de l'entreprise de l'usager ou celui de son fournisseur de connexion, vous pouvez le saisir dans la zone *Domain*, sous la forme *aol.com, francenet.fr, inria.fr* ou *netscape.com.* Dans les deux premiers cas, vous savez qu'il est abonné auprès des *providers* AOL ou Francenet, dans les deux cas suivants, vous savez qu'il travaille à l'Inria ou chez Netscape.

Il est également possible de saisir, dans la zone *Domain,* une terminologie de domaine comme *com, edu, gov, es, de* ou *fr*. La recherche sera alors limitée aux adresses de messagerie électronique se terminant par ce suffixe.

La requête, si elle est saisie dans le formulaire de la page d'accueil, sera faite sur les mots tels qu'ils sont saisis. Si vous avez demandé une recherche sur *Ben Brown*, WhoWhere recherchera ce nom et pas *Benedicte Brown* ou *Ben Brownie.* Pour ainsi élargir la recherche, il faudra choisir l'option *All matches* du deuxième formulaire (voir plus loin).

La requête est ainsi lancée et le résultat est indiqué sous la forme suivante :

martin
martin@teletel.com.ar (click to send e-mail)
Buenos Aires, Cap.Fed. Bs. As. ARGENTINA
More Details About martin?(Last Updated: April '96)

martin
martinc@inter.net.il (click to send e-mail)
nazaret elit, Israel
More Details About martin?(Last Updated: April '96)

Sont alors fournis le nom, l'adresse de messagerie électronique, la date de dernière mise à jour, et quelques informations sur la ville ou le pays de l'internaute. Si le message *More Details About X ?* apparaît, vous avez la possibilité d'obtenir des informations complémentaires, comme l'adresse postale et le numéro de téléphone de la personne :

martin martin@teletel.com.ar
Terrada 4057
Buenos Aires, Cap.Fed. Bs. As. 1419
ARGENTINA
0541-571-8653

Additional Contact Information

Home Phone Numbers
Home Phone: 0541-571-8653

This Listing was Last Customized in April '96

Ces informations ont tout simplement été introduites dans la base de WhoWhere par l'utilisateur lui-même (voir plus loin).

Si vous n'êtes pas sûr de l'orthographe du nom ou du prénom de la personne recherchée, vous pouvez cliquer sur le lien *E-mail Addresses*, au-dessus des formulaires de saisie sur la page d'accueil. WhoWhere affiche alors un formulaire identique, avec un choix supplémentaire : *All matches* ou *Only exact matches*.

La fonction *Only exact matches* est retenue par défaut, comme nous l'avons vu précédemment. Elle effectue une recherche mot pour mot, lettre pour lettre. La fonction *All matches* fournit, en plus, des résultats portant sur des mots à l'orthographe approchante : *Tom* donnera comme résultat *Tom*, *Thomas*, *Tommy*, *Dupond* donnera *Dupond*, *Dupont*, *Dupondt*, etc.

Il est à noter que la pertinence de la réponse est indiquée à l'aide de plusieurs boules de couleurs : *Highly Relevant Matches* pour les noms correspondant exactement et *Possible Matches* pour les réponses approximatives.

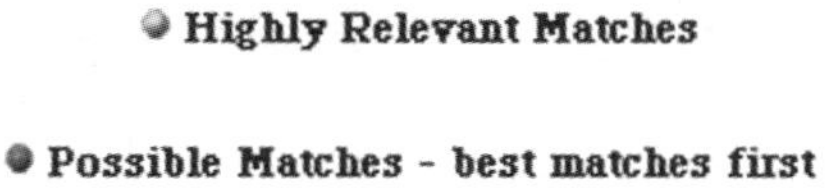

La fonction *All matches* doit, par exemple, être utilisée si le nom ou le prénom recherché contient des lettres accentuées. WhoWhere recherchera toutes les occurrences du nom, avec ou sans accent. La fonction *Only exact matches* risque fort d'être inopérante dans ce cas.

Tout internaute a la possibilité de s'inscrire auprès de WhoWhere (option *Add/Update E-mail* sur la page d'accueil). Il suffit alors de remplir un formulaire complet : nom, prénom, E-mail, ville, pays, description des goûts personnels, écoles fréquentées, informations complémentaires, etc. Bref, un véritable curriculum vitae, une fiche d'identité de la personne. Un nom d'utilisateur et un mot de passe sont également choisis pour mettre à jour périodiquement ces informations. Cette base d'utilisateurs comprenait, à l'été 97, près de 2 millions d'internautes.

La possibilité de recherche avancée de WhoWhere donne accès à cette base d'« abonnés » au service. Elle est accessible grâce au lien *Advanced Search,* sur la page spécifique du formulaire E-mail (*http://www.whowhere.com/Email*).

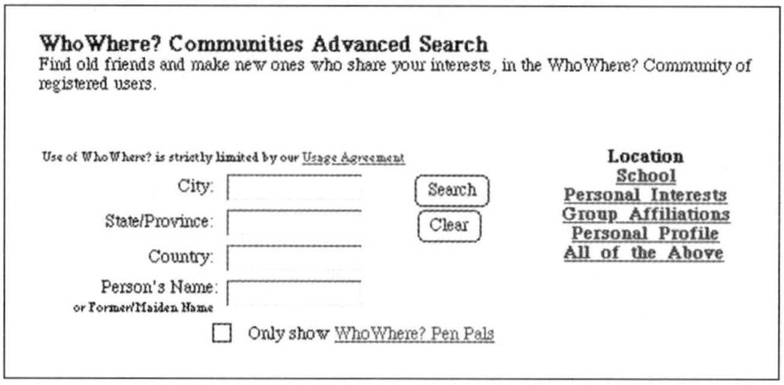

Cette recherche (appelée *Communities Advanced Search,* car elle propose des investigations dans la base privée de WhoWhere) permet, dans un premier temps, de taper des critères géographiques :

• *City* : nom de la ville,

• *State/Province* : État ou province (États-Unis, Canada),

• *Country* : pays,

• *Person's Name* : nom de la personne (ou nom de jeune fille).

Malheureusement, lors de la saisie initiale du formulaire d'identité de l'internaute, la plupart des zones sont libres et leur renseignement n'est nullement contrôlé. Ainsi, pour le nom du pays, on peut donner indifféremment *Espagne*, *Spain* ou *ES,* par exemple. Manque de chance, la recherche avancée s'effectue sur les correspondances exactes des mots saisis. Si, dans la rubrique *Country*, vous saisissez *Espagne*, vous obtiendrez un certain nombre de réponses, si vous tapez *ES*, vous en aurez d'autres, etc. Tout dépendra de ce qu'a indiqué l'internaute dans sa fiche de description. Cela limite donc fortement la recherche.

La fonction *Only show WhoWhere? Pen Pals* indique qu'il vous est possible de restreindre la recherche aux « Pen Pals » (correspondants) de Who Where, c'est-à-dire aux personnes qui ont expressément accepté de recevoir des E-mails d'autres usagers du réseau partageant les mêmes centres d'intérêt (netiquette oblige).

D'autres fonctionnalités sont également disponibles :

• *School* : école élémentaire, collège, *High School*, etc.

• *Personal Interests* : musique, voyage, voiture, sport, gastronomie, etc.

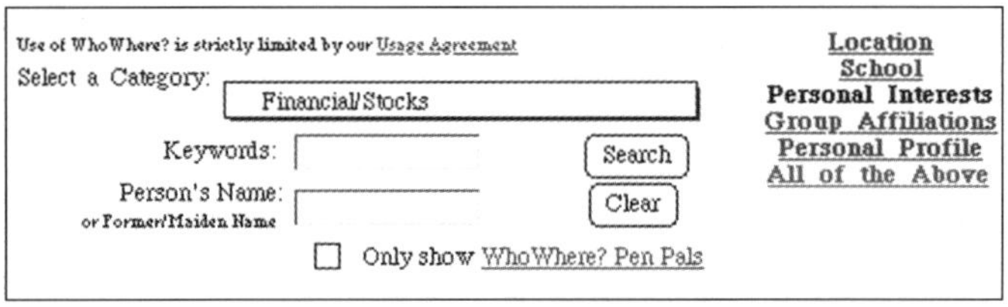

• *Group Affiliations* : caractéristiques communes des internautes : religion langage, employeur, association professionnelle, etc.

• *Personal Profile* : données personnelles.

• *All of the Above* : requête sur tous les choix ci-dessus.

Il est alors possible de saisir des mots clés qui seront recherchés dans la base des renseignements introduits par les usagers de WhoWhere, et de trouver d'autres personnes ayant les mêmes goûts que vous-même dans ces « communautés ».

Lors de nos essais, les coordonnées de nombreuses personnes françaises inscrites chez des fournisseurs de connexion de l'Hexagone ont également pu être retrouvées. WhoWhere n'est donc pas uniquement un moteur de recherche sur les États-Unis.

D'autres fonctionnalités de WhoWhere vous permettent d'effectuer des recherches sur le numéro de téléphone et l'adresse de personnes physiques ou morales aux États-Unis, sur les pages jaunes américaines, sur les sites gouvernementaux américains, sur les pages personnelles du Web, sur les utilisateurs des systèmes de téléphonie de l'Internet, etc. Enfin, une recherche sur les entreprises présentes sur l'Internet est également possible.

FOUR11 DIRECTORY SERVICES

http://www.four11.com/

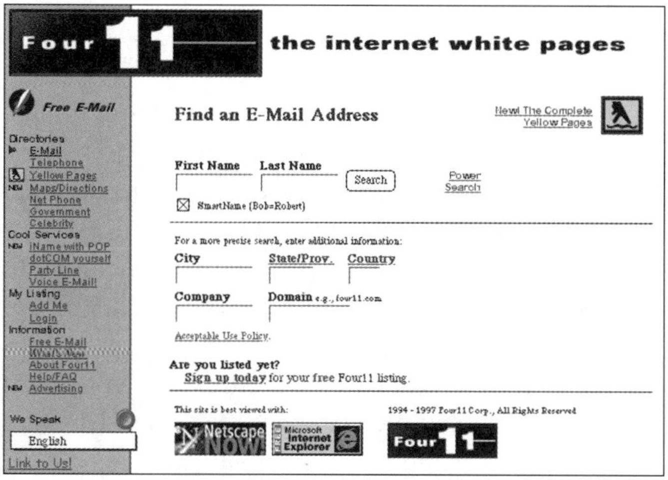

Ce service, disponible également en plusieurs langues dont le français, vous donne la possibilité, comme WhoWhere, de trouver l'adresse électronique d'une personne connectée sur l'Internet. Il a été créé en 1994 et revendiquait, en 1997, 12,5 millions de personnes recensées. Il a été racheté en 1997 par le service Yahoo!.

L'interface est on ne peut plus simple. Il suffit de saisir un ou plusieurs des critères proposés :

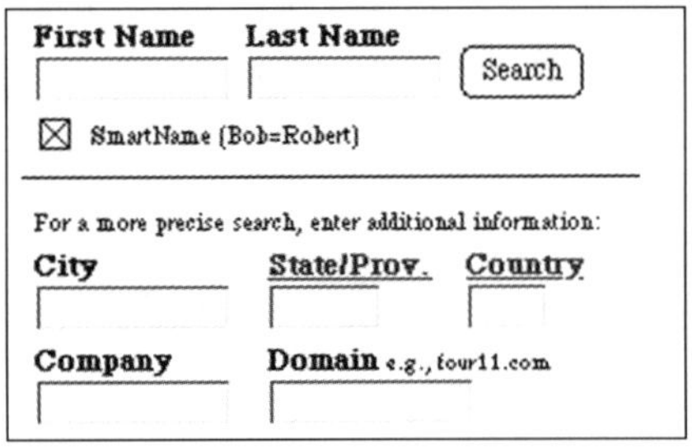

First Name : prénom.

Last Name : nom de famille.

Il n'y a pas de distinction entre majuscules et minuscules. Toutes les zones de saisie sont optionnelles. Chaque critère saisi sera lié aux autres par un opérateur booléen ET (voir annexe 1). Enfin, il est possible de saisir des astérisques, également appelés jokers ou *wildcards* (*), uniquement à la fin des mots saisis. Les recherches porteront ainsi sur tous les noms commençant par les lettres que vous avez données. Par exemple, la saisie de *mart** trouvera les noms *martin*, *martinez*, *martinet*, etc.

Si la case *SmartName* est cochée, une recherche sera également faite sur les abréviations ou synonymes communs des noms (*Bob* pour *Robert*, *Bill* pour *William,* par exemple).

Il est également possible d'affiner sa recherche en donnant des renseignements complémentaires :

City : nom de la ville.

State/province (État/province pour les États-Unis et le Canada). Un clic sur ce thème vous donne accès à une page listant les saisies possibles. Si vous désirez utiliser cette option, il est obligatoire de remplir également le champ *Country* (ci-dessous).

Country : pays. Ici également, vous avez accès aux codes des pays en cliquant sur le thème.

Company : nom de l'entreprise. Cette zone n'est prise en compte que si l'internaute s'est référencé préalablement auprès de Four11, et a rempli la case « current organization » de sa fiche d'identité.

Domain : il est possible de saisir un nom de domaine (*mit.edu*, *prodigy.com*) ou un domaine (*gov*, *com*, *fr*, *de*, *dk*...). La recherche sera restreinte au nom de l'entreprise ou au domaine. Ce champ ne peut être utilisé seul, il doit être renseigné avec, en complément, au moins un autre champ.

Le résultat est ensuite présenté sous la forme d'une liste de noms :

Successful Search, Found 78 Matches

Name	E-Mail Location
Alain Martinet	@Compuserve.Com
Anne martinet	@unforgettable.com
Bruno Martinet	@Compuserve.Com
Bruno Martinet	@Compuserve.Com
Catherine Martinet	@asvz.ethz.ch
Charles A Martinet	@Compuserve.Com
Charles E Martinet	@Compuserve.Com
Diane Martinet	@PHP.COM
Ed Martinet	@Compuserve.Com
F Martinet	@gulliver.fr

Le choix d'un de ces noms donne un court résumé des coordonnées de la personne :

Marx Martin
Dallas, Texas,
United States Of America

E-Mail Address:
MarxMartin@msn.com

Old E-Mail Addresses:
71024.261@compuserve.com

Group Connections:

Past High School	**W.T. White (Dallas USA)**
Past College/University	**Southern Methodist University**
Past Military Service	**U.S. Navy**
Services: Technical	**Systems Engineer**
Services: Technical	**Consulting**
Services: Technical	**NT Network Engineering**

Seront ainsi indiqués l'adresse de messagerie électronique (la nouvelle et l'ancienne si elle existe) et un certain nombre d'informations si l'internaute les a saisies à l'aide d'un formulaire particulier proposé par Four 11 (option *Add Me* sur la page d'accueil) : écoles fréquentées, lieu du service militaire, entreprise et fonction actuelles, goûts personnels etc., comme sur le service WhoWhere.

Comme WhoWhere, Four11 vous donne la possibilité d'effectuer une recherche avancée pour retrouver des personnes perdues de vue (anciens étudiants de la même école, anciens camarades du service militaire, etc.) ou ayant les mêmes centres d'intérêt que vous-même. Encore une fois, ces recherches seront faites uniquement sur la base privée de Four11, et concerneront seulement les personnes ayant rempli une fiche de description sur les pages de Four11.

Les options de saisie *First Name*, *Last Name*, *Organization* (identique au champ *Company* de la recherche simple), *Domain*, *City*, *State/Prov.* et *Country* sont identiques à celles vues précédemment.

Une recherche sur l'ancien E-mail de l'internaute est également possible (choix *Search by Old E-mail*). Vous saisissez l'ancienne adresse de messagerie électronique de l'usager recherché et Four11 va essayer de le retrouver. Cette fonctionnalité n'est cependant pas possible avec l'adresse actuelle de l'internaute.

Deux zones de choix sont ensuite proposées :

- *Find Old Friends* vous donne accès à des critères de recherche sur le passé de l'internaute : école ou collège fréquenté, lieu du service militaire, ancienne entreprise ou ville dans laquelle il habitait. Vous pouvez ainsi retrouver des anciennes connaissances que vous auriez perdues de vue.
- *Connections* vous donne la possibilité d'effectuer des recherches sur les thèmes d'intérêt, le poste professionnel occupé, ou un domaine de recherche (*Research Topics*).

Les mots clés saisis dans la zone *Keyword(s) for Search* serviront à rechercher l'information voulue, selon les données que vous aurez indiquées dans les zones *Find Old Friends* ou *Connections*.

Enfin, quatre options sont disponibles pour la recherche :

• *Use SmartName*, comme nous l'avons vu, permet de rechercher les surnoms courants d'un prénom (*Bob*, *Bill*, etc.).

• *Flexible Search*, option cochée par défaut, rajoute automatiquement des jokers à tous les champs saisis. Si vous tapez *martin*, Four11 trouvera les *Martin*, *Martinez*, *Martinet*, etc. Il aura interprété votre requête comme *martin**.

• *Find Web pages* : cette option trouvera, dans les fiches descriptives des internautes, les adresses Web indiquées par ceux-ci : liens vers une *homepage*, liste de sites favoris, ou autres...

• *Sleeper Search* : Chaque requête, si cette option est cochée, sera interprétée comme une demande à long terme. Chaque nuit, les nouveaux internautes qui se sont inscrits sont « scannés » par la fonction *Sleeper Search*. Si, parmi ces nouveaux inscrits, se trouve une personne correspondant à vos critères de recherche saisis plusieurs jours auparavant, Four11 vous en préviendra par un mail. Vous pouvez ainsi demander à être informé dès qu'un nouvel utilisateur, affirmant qu'il aime le golf, le tennis ou la musique techno, s'inscrit...

Le service Four11 donne également, comme WhoWhere, la possibilité de chercher des adresses et des numéros de téléphone (aux États-Unis seulement), des cartes géographiques, des coordonées de célébrités, ainsi que des listes de personnes utilisant les services de téléphonie sur l'Internet.

INTERNET ADDRESS FINDER

http://www.iaf.net/

Le service IAF (*Internet Address Finder*) fonctionne selon le même principe que les deux précédents. Il recensait, à la mi-97, près de 6 millions d'internautes.

Il vous donne la possibilité d'effectuer des recherches sur plusieurs champs :

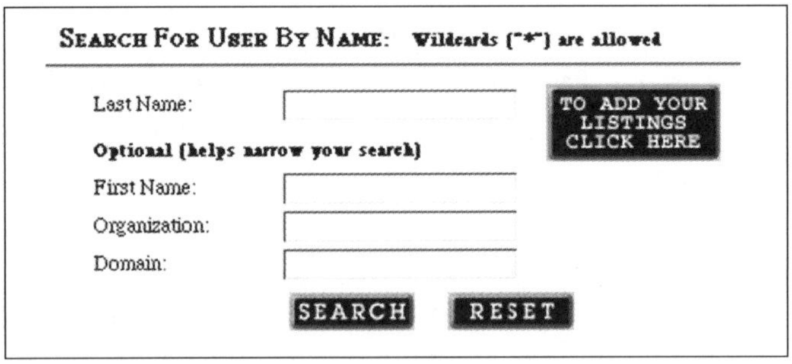

Last Name : nom de famille. Champ obligatoire.

First Name : prénom.

Organization : nom de l'entreprise ou du fournisseur de connexion. Cette zone, au départ, est renseignée par défaut par IAF, certainement en effectuant des interrogations *Whois* (voir chapitre 9). Si l'internaute se référence auprès de IAF, il peut bien entendu modifier la zone *Organization* de sa fiche d'identité.

Domain : il n'est pas possible de saisir plus d'un nom de domaine (*mit.edu*, *prodigy.com*). La recherche sera restreinte au nom de l'entreprise. Il n'est pas possible de taper un domaine comme *com*, *gov*, *fr* ou *uk*.

Attention : si vous saisissez un critère dans les champs *Organization* ou *Domain*, le champ Prénom (*First Name*) doit contenir au moins une lettre. C'est plus que bizarre, mais IAF ne fonctionne pas dans le cas où le champ *First Name* est vide...

Il est possible d'utiliser des jokers « * » à la fin des mots, ceux-ci devant cependant comporter au moins trois caractères. Il n'y a pas de distinction entre majuscules et minuscules. Le résultat est directement donné sur l'écran suivant :

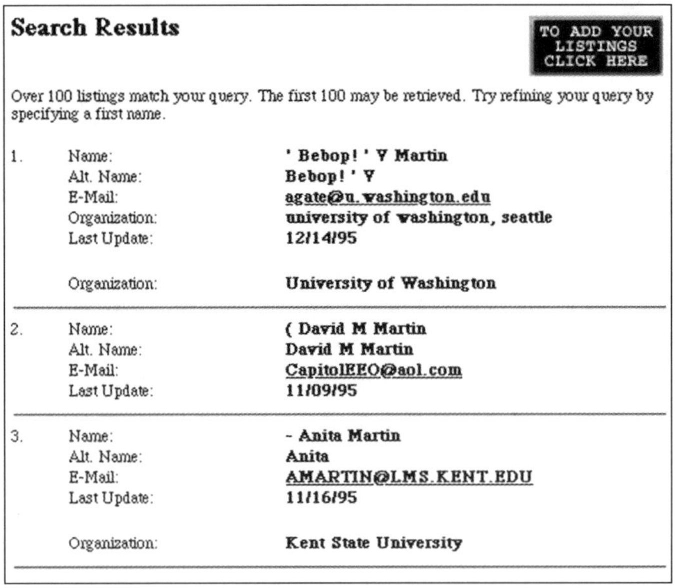

Il est également possible d'obtenir des informations sur une personne en saisissant son adresse E-mail. L'interrogation est alors inversée. Des trois services leaders que nous venons de voir, IAF est le seul à proposer cette fonctionnalité.

En revanche, il n'existe pas ici de fonctions de recherche avancée permettant d'effectuer des investigations sur le passé ou les goûts des internautes inscrits. D'un autre côté, ce service est plus simple et plus immédiat dans son approche et son interface.

Comme sur les autres services, il est possible de compléter une fiche existante ou d'en créer une nouvelle.

Info

Voici quelques adresses pour vous aider dans vos recherches d'E-mail :

Une FAQ sur les meilleures façons de trouver l'adresse E-mail d'une personne.
http://www.cis.ohio-state.edu/hypertext/faq/usenet/finding-addresses/faq.html (version anglaise).
http://web.fdn.fr/fdn/doc-misc/find-e-mail-add/ (version française, traduction qui semble moins bien mise à jour que l'original).

Service Email Checking, vous permettant de vérifier si une adresse électronique existe.
http://www.ciril.fr/Services/vrfy.html

Forum soc.net-people
Il existe un forum de discussion spécifique à la recherche d'informations sur une personne. Il est cependant soumis à certaines restrictions. Nous en reparlerons au cours du chapitre 10, dédié à la méthodologie de recherche sur l'Internet.

Chapitre 7

LISTES DE DIFFUSION, FORUMS DE DISCUSSION

On a souvent tendance à croire que l'Internet met à la disposition de ses usagers un seul outil, le Web. L'omniprésence médiatique de la « toile » fait souvent de l'ombre à de nombreux autres outils, très utiles et complémentaires.

L'E-mail a fait l'objet du chapitre précédent. Les listes de diffusion, les forums de discussion, les serveurs FTP, etc. sont autant d'outils très souvent indispensables lorsque l'on se connecte sur le réseau. D'autre part, nous verrons, dans le chapitre 10, qu'ils sont également très utiles lors de projets de veille technologique ou concurrentielle. Le présent chapitre traitera de deux outils essentiels pour bénéficier de l'information « officieuse » circulant sur le réseau : les listes de diffusion (*mailing-lists*) et les forums de discussion (*Newsgroups*).

Ces deux outils de communication reposent sur le même concept : le fait de discuter, au sein d'une communauté d'intérêts, avec d'autres personnes partageant les mêmes préoccupations et désirant dialoguer sur un sujet bien défini. Seule la forme de l'outil change entre listes et forums. Si vous désirez connaître les caractéristiques techniques du dernier modèle de votre constructeur automobile favori, pas de problème! Vous trouverez cette information sur le site Web officiel de la marque. Mais si vous désirez savoir ce que pensent les gens de cette voiture, ce n'est certainement pas sur le site du constructeur que vous trouverez leur avis. En revanche, en consultant les listes de diffusion ou les forums de discussion adéquats, vous aurez à votre disposition un grand nombre d'informations sur le sujet.

Listes de diffusion

Le principe des listes de diffusion (ou *mailing-lists*, qui sont également appelées groupes ou listes de messagerie, dans certains cas) est fondé sur la messagerie E-mail. La principale différence est que vous n'envoyez plus un message à une personne, mais à une adresse représentant un groupe d'utilisateurs qui s'y sont préalablement abonnés.

Lorsque quelqu'un expédie un message à une liste, l'information est diffusée à tous ses abonnés (au nombre de quelques personnes à plusieurs milliers). Vous-même recevrez dans votre boîte aux lettres tous les messages envoyés à une liste à laquelle vous vous êtes abonné.

Ces listes de messagerie sont affectées à un sujet précis : un système d'exploitation, un problème de société, une technologie, etc. Tout domaine de réflexion est susceptible de faire l'objet d'une liste de diffusion qui lui est propre. Toute personne peut mettre en place une telle liste, sans aucune restriction, contrairement aux forums de discussion, que nous verrons par la suite.

Une liste de diffusion possède deux adresses E-mail : une adresse « administrative » (servant aux abonnements, aux désabonnements, à la demande d'aide, etc.) et une adresse pour les discussions elles-mêmes.

Vous pouvez vous abonner (ou résilier votre abonnement) à une liste de deux manières :

• manuelle : vous envoyez un E-mail à l'administrateur de la liste qui vous indiquera, en retour, la validation de votre inscription. Évitez d'envoyer un message de demande d'inscription à l'adresse de la liste, car celui-ci serait diffusé autant de fois qu'il y a d'abonnés. Ceux-ci n'ont pas à connaître les demandes de ce type.

• automatique : à travers le logiciel Listserv (ou Mailserv, ou Majordomo, autres logiciels également disponibles), installé sur le serveur de liste, qui va prendre en compte automatiquement les abonnements et désabonnements.

Le logiciel Listserv, issu du monde des grands systèmes IBM, permet l'inscription automatique à une liste par l'intermédiaire d'un message expédié à l'adresse *listserv@machine.domaine*, où *machine.domaine* est le nom de l'ordinateur sur lequel se trouve la liste en question. Le message contenant la demande d'inscription ou de résiliation ne sera pas tapé en texte libre mais devra, au contraire, suivre certaines règles de syntaxe très précises.

Prenons l'exemple d'une liste qui se nomme *liste* et à laquelle on peut envoyer des messages *via* l'adresse *liste@maclis.fr* (la liste est donc gérée par un ordinateur qui se nomme *maclis.fr*).

Une demande d'inscription s'écrira par exemple :

subscribe liste Martin

(si vous vous appelez Martin). *subscribe* peut également s'écrire *sub*.

Ce message est envoyé à l'adresse *listserv@maclis.fr.*

Après avoir effectué cette opération, vous recevrez un message de bienvenue de la part du système qui vous indiquera que votre accès a été accepté. A partir de ce moment-là, si une personne envoie un message à la liste *liste@maclis.fr*, vous en serez automatiquement destinataire. Et si vous envoyez un message à cette adresse, il sera diffusé à tous les membres de cette liste. L'abonnement à l'immense majorité des listes de diffusion est gratuit.

La résiliation d'un abonnement à une liste s'effectuera en envoyant toujours à la même adresse (dans notre exemple *listserv@maclis.fr*), un message de type :

unsubscribe liste

(*unsubscribe* peut également s'écrire *signoff*).

La procédure d'inscription peut parfois être légèrement différente, selon le logiciel utilisé. En règle générale, le gestionnaire de la liste indique comment s'y abonner, au moyen d'un petit texte explicatif disponible sur les sites que nous allons examiner dans les pages suivantes. Mais, en principe, si rien n'est indiqué, on repère l'adresse administrative de la liste et on y envoie un message du type *subscribe liste nom*. Si la syntaxe est bonne, pas de problème, vous recevrez un mail vous indiquant que vous êtes inscrit. Si la syntaxe n'est pas bonne, vous devriez également recevoir un mail vous précisant la bonne manière d'effectuer votre abonnement.

Chaque liste a un propriétaire qui en est le « garant moral et technique », ainsi que l'animateur. Le rôle de gestionnaire (ajout, suppression de noms) lui échoit de droit. Il peut souvent être joint à l'adresse de la liste précédée de *owner-* (toujours dans notre exemple, cela donnerait *owner-liste@maclis.fr*).

Chaque personne disposant à la fois d'une machine connectée 24h/24 à l'Internet et du logiciel adéquat (la plupart du temps Majordomo ou ListServ) peut créer une liste sans que soit requise la moindre autorisation.

Vous saurez tout sur la façon de gérer une liste de diffusion à l'adresse : http://lawlib.slu.edu/training/mailser.htm

Il existe plusieurs catalogues de listes de diffusion disponibles sur le Web. L'un des plus efficaces et des plus complets est certainement le service Liszt (*www.liszt.com*) qui recense près de 72 000 listes.

Il vous donne accès, sur sa page d'accueil, à deux types de recherche : par mots clés ou par thèmes (*Liszt Select*).

La recherche par mots clés s'effectue au travers d'un formulaire très classique :

La saisie d'un mot comme *ball* va amener une recherche sur toutes les occurrences de ce mot. Ainsi seront trouvées les expressions *baseball*, *ballistic* ou *ball*. Si vous désirez chercher un mot isolé, et non pas une partie de mot, les guillemets seront nécessaires : *"ball"* trouvera les occurrences de *ball*, mais pas *ballistic* ou *baseball*.

Si vous tapez plusieurs mots séparés par des espaces, Liszt les relie par défaut par un ET :

basket jordan recherchera les listes dont la description comprend les mots *basket* ET *jordan*.

Comme sur les moteurs de recherche par mots clés du Web (voir chapitre 3), vous pouvez utiliser les guillemets et les opérateurs booléens OR, AND et NOT, en majuscules ou en minuscules, ainsi que les parenthèses :

(basket and jordan) or (basket and "michael jordan") not ("larry bird")

La fonction *Junk Filtering* permet de restreindre le nombre de résultats. Si elle est fixée à *none*, tous les résultats seront donnés, sans discrimination. Si le choix *some* (option par défaut) est indiqué, Liszt va enlever de ses résultats généraux les listes contenant, dans le nom ou le descriptif, des mots trop généraux comme *association* ou *members*. Enfin, l'option *lots* ne donnera comme résultat que les listes pour lesquelles Liszt détient une information sous la forme d'un fichier descriptif. Nous vous conseillons de ne pas recourir aux options *none* ou *some* (si le premier choix donne trop de résultats), les tests que nous avons effectués sur cette fonctionnalité n'étant pas vraiment concluants. D'autre part, les critères de sélection donnés par Liszt ne semblent pas très clairs...

Imaginons que nous cherchions une liste traitant du marketing. Ce mot clé est saisi dans le formulaire. Liszt nous donne une première page de résultats :

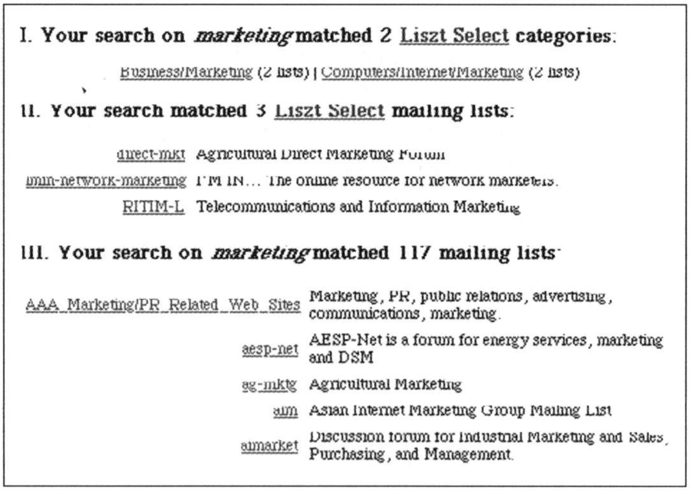

Le mot clé *Marketing* a été trouvé dans deux catégories du service *Liszt Select* (l'annuaire par thèmes de Liszt) et dans trois listes référencées dans cet annuaire.

En effet, comme nous le verrons par la suite, l'annuaire ne recense qu'une partie des listes de la base de Liszt.

Enfin, 117 listes de diffusion ont été trouvées dans la base de références du service.

Si l'on choisit une de ces listes, Liszt affiche l'écran suivant :

1. Read the group's "info file".

Not all mailing lists are open to the public! Most groups send out an "info file" that explains the basics about the group, including whether they're public. However, the last time we requested one, there wasn't one available for this group. Keep reading to find out how to try to get one yourself.

2. Get more information yourself.

You can mail a request for an "info" file to the server address, listproc@listserv.acns.nwu.edu. Put this single line in the mail message:

```
info direct-l
```

You can get a general "help" file from that server by mailing this single line

```
help
```

to the same server address, listproc@listserv.acns.nwu.edu. This should also give you instructions on how to join (or leave) the group. See also:

[Subscribe instructions for newcomers]

Il vous conseille d'envoyer, dans un premier temps, un message demandant de l'information sur la liste. Dans le deuxième paragraphe, l'adresse de messagerie électronique « administrative » où demander cette information est donnée.

Le bouton *Subscribe instructions for newcomers* vous donne accès à la procédure d'abonnement à la liste :

List Name: direct-l
List Address: direct-l
Administrative Address: listproc@listserv.acns.nwu.edu
List Type: listproc

You can send subscribe, unsubscribe, help and info requests to the administrative address (listproc@listserv.acns.nwu.edu -- we'll describe how the mail should be formatted below.) But NEVER, EVER send mail like that to the list address! The list address is for actual discussion; any mail you send to direct-l will go to everybody who's subscribed to direct-l. They DON'T want to hear about your attempts to subscribe and unsubscribe!

How to Subscribe

If you've researched direct-l and are sure it's a) public and b) for you (or if your research didn't turn up anything and you still want to try), then you can subscribe by sending mail to listproc@listserv.acns.nwu.edu containing the line

```
subscribe direct-l YOUR FULL NAME
```

Vous n'avez plus qu'à effectuer votre inscription selon les indications fournies.

Le service Liszt vous donne accès à un maximum de 150 résultats, afin d'éviter que certains utilisateurs (appelés *spammers*) profitent de ce service pour effectuer des actions commerciales sur toutes les listes traitant d'un domaine.

> **Info**
>
> ***La netiquette des listes de diffusion est disponible à l'adresse :***
> ***http://www.cybernothing.org/faqs/net-abuse-faq.html***
> ***Nous vous encourageons fortement à y jeter un coup d'oeil avant d'utiliser les listes de diffusion. Cela devrait vous éviter bien des désagréments.***

Le service Liszt fournit également sur sa page d'accueil une partie annuaire par thèmes, très proche du service Yahoo! (pour les sites Web, voir chapitre 2) :

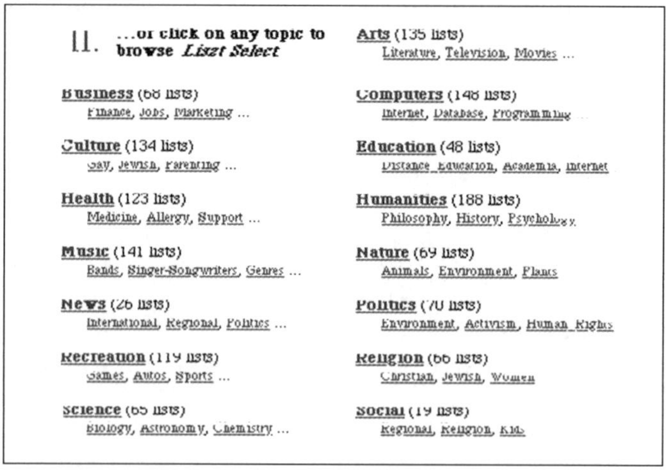

Attention, toutes les listes de la base de Liszt ne sont pas référencées dans cet annuaire (seules 2 % y sont inscrites).

La navigation se fait ensuite sur des sous-domaines, exactement comme sur Yahoo!, jusqu'à atteindre la (ou les) liste(s) qui vous intéresse(nt).

Si vous désirez obtenir un résultat le plus large possible, utilisez la recherche par mots clés, qui indexe près de 72 000 listes. Si vous pouvez vous contenter d'une ou deux listes de diffusion sur un thème généraliste, choisissez la recherche par thèmes.

Enfin, Liszt vous donne accès à une recherche avancée par le lien *Advanced Search Options,* sur la page d'accueil :

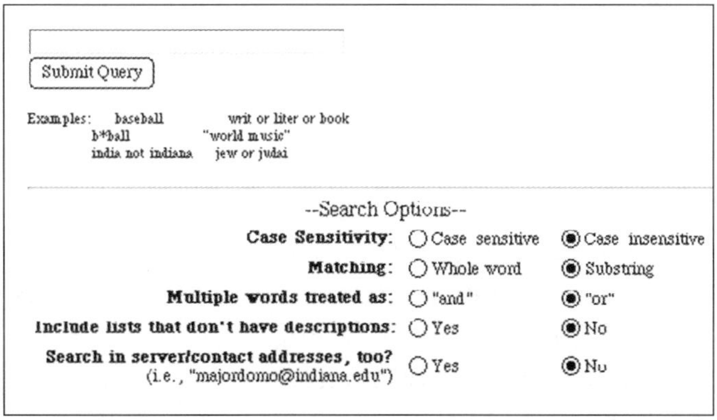

La requête peut être saisie avec les options décrites précédemment (opérateurs booléens, parenthèses, guillemets).

Un certain nombre d'autres possibilités sont offertes :

• *Case sensitivity* : *Case sensitive* (recherche différente selon que des majuscules ou des minuscules ont été saisies) ou, inversement, *case insensitive*.

• *Matching* : *Whole word* (recherche d'un mot isolé, et non pas d'une partie d'un mot) ou *Substring* (mot complet ou partie de mot).

• *Multiple words treated as* : *"and"* (tous les mots saisis sont reliés par un ET) ou *"or"* (respectivement OU).

• *Include lists that don't have descriptions* : possibilité d'inclure ou non dans la recherche les listes de diffusion qui ont un fichier de description (toutes n'en ont pas).

• *Search in server/contact address, too ?* : recherche également de l'occurrence des mots clés dans l'adresse E-mail de la liste.

Vous trouverez, en annexe 8, un certain nombre de services Web vous permettant de choisir les listes de diffusion propres à votre activité. Attention : certaines listes génèrent un trafic faible (un à deux messages par semaine), d'autres, portant sur des sujets d'actualité, peuvent engendrer plusieurs messages par jour. Si vous vous inscrivez à plusieurs listes, vous risquez d'être submergé de messages que vous ne pourrez alors plus lire (et il vous sera plus difficile encore d'y répondre).

En règle générale, vous pouvez suivre la procédure suivante :

• choisissez une liste traitant de votre domaine d'intérêt,

• envoyez à la liste un message demandant de l'aide,

• lisez le message qui vous est renvoyé en réponse. Le gestionnaire vous y explique le fonctionnement de la liste, son contenu, ce qu'il s'y dit éventuellement et la netiquette de la liste (ce dont il ne faut pas parler dans la discussion, ce qui y est considéré comme « hors sujet », etc.),

• inscrivez-vous,

• attendez deux ou trois semaines avant d'intervenir dans la discussion. Lisez les messages reçus de la part des autres abonnés, imprégnez-vous de « l'ambiance » de la liste. Ne partez pas bille en tête dès le premier jour en posant des questions à tout va sur des sujets divers et variés. Attendez d'avoir bien cerné le profil des autres abonnés et compris le type de débats proposés avant d'envoyer des mails,

• si une personne pose une question dont vous avez la réponse, donnez-la. Le jour où vous poserez une question, on vous répondra d'autant plus facilement...

• lorsque vous avez une idée du nombre de messages générés chaque jour par la liste, inscrivez-vous à une autre liste si vous en ressentez le besoin. Sinon, désabonnez-vous de la liste si elle ne vous apporte rien.

Nous vous donnons, en annexe 8, un certain nombre d'adresses qui vous permettront de trouver facilement la liste qui vous convient. Rares, cependant, sont les sites qui permettent d'effectuer des recherches par mots clés sur les archives de ces listes, sur le contenu des messages envoyés par les abonnés dans les mois précédents. Notons quand même le service nommé Reference.com (*www.reference.com*) qui est l'un des seuls à fournir cette fonctionnalité à l'heure actuelle. Malheureusement, la recherche sur les archives des listes de diffusion est intégrée dans celle sur les forums de discusion (choix *Usenet & Mailing List Archive* sur la page d'accueil) et donne bien peu de résultats probants.

Forums de discussion

Parmi les outils de recherche d'information, les forums de discussion (ou *News*, ou *Newsgroups*) sont souvent appréhendés sur le même plan que les listes de diffusion évoquées précédemment. Les deux procédés relèvent, effectivement, de la même philosophie : l'échange d'information de personnes à personnes, à l'intérieur de « communautés » intéressées par un même sujet de réflexion plus ou moins vaste.

Les deux systèmes comportent cependant plusieurs différences : la liste de diffusion est fondée sur l'E-mail, alors que le forum l'est sur un réseau spécifique de serveurs, baptisé *Usenet*. Dans un forum, les messages sont archivés sur ces serveurs et sont consultables depuis ceux-ci, alors qu'ils sont stockés sur les machines des utilisateurs abonnés dans le cas des listes de diffusion. Enfin, les forums sont libres, disponibles immédiatement à tous et ne nécessitent pas de phase d'abonnement, contrairement aux listes de diffusion.

Le contenu de l'information en transit, d'un émetteur vers plusieurs destinataires, peut être tout à fait similaire. C'est seulement le mode de diffusion qui change. Le message est envoyé dans un ensemble de boîtes aux lettres personnelles, pour la liste de diffusion, et il est stocké dans un « Grand Livre » consultable par tous, dans le cas des News.

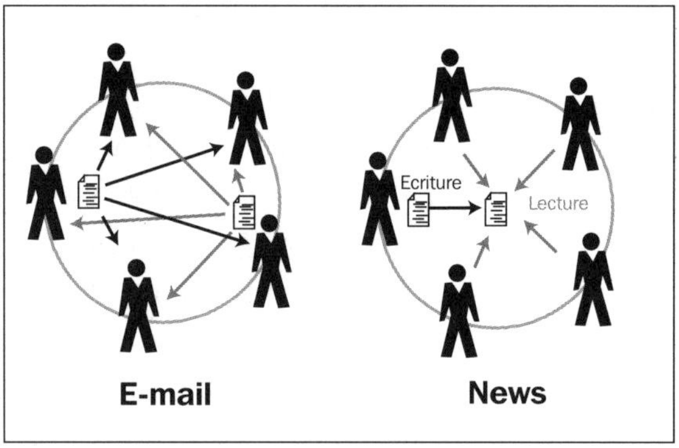

La liste de diffusion et les forums de discussion sont fondamentalement différents en ce qui concerne la diffusion des informations. On passe d'un système d'envoi de messages à des personnes à un système de lecture de contributions à la disposition de chacun.

Ces forums sont gérés par des sites informatiques (appelés serveurs de News) qui s'échangent, plusieurs fois par jour, les masses d'informations (également appelées contributions ou articles) saisies par les utilisateurs, afin que tous les sites soient à jour quasiment en même temps. Ces contributions sont stockées pendant une durée prédéfinie. Ce délai de stockage est différent selon les capacités des serveurs et le volume d'information en ligne. Il varie généralement entre une semaine et quinze jours. Le système est donc différent de la messagerie où, une fois l'information parvenue sur votre machine, c'est vous qui décidez combien de temps vous désirez la garder.

Certains groupes sont dits « modérés ». Les messages postés sont alors préalablement lus par l'animateur du groupe (appelé « modérateur ») qui décidera alors si cette contribution est compatible ou non avec l'éthique du groupe, avant de la valider et de la diffuser.

Chaque propriétaire de serveurs de News (la plupart du temps des universités ou des fournisseurs de connexion à l'Internet) décide quels sont les thèmes (donc les forums) qu'il va diffuser. Il y en a près de 20 000 dans le monde, mais on en recense généralement entre 6 000 et 8 000 en France.

> *Vous trouverez un texte explicitant le processus de création d'un forum de discussion à l'adresse:*
> *http://www.artemis.jussieu.fr/dess/dossie94/groupe1/news/new_grp.htm*
>
> *Très intéressants également, quelques conseils pour une meilleure utilisation de ces forums :*
> *http://www.alphanet.eu.org/~schaefer/some_files/faqs/utiliser-les-news*

Vu leur nombre, les forums de discussion ne peuvent, bien évidemment, pas être présentés en un seul « lot » visualisable par tous les utilisateurs. Ils sont fragmentés en thèmes d'intérêt, chacun traitant d'un sujet précis, allant de l'intelligence artificielle aux offres d'emploi, en passant par l'ésotérisme et les opportunités commerciales en Asie. Quels que soient vos centres d'intérêt, vous y trouverez forcément votre bonheur.

Comme souvent sur l'Internet, les forums ont tous un nom spécifique constitué de plusieurs mots séparés par des points.

Un nom de forum est généralement de type *cat.dom.thème* :

• *cat* désigne la catégorie générale du forum : informatique (*comp*), sciences (*sci*), loisirs (*rec*), société (*soc*), Usenet (*news*), débats publics (*talk*), sujets « alternatifs » (*alt*, difficile à décrire, connectez-vous et vous comprendrez mieux...), business (*biz*) ou autres (*misc*)... Les forums dans lesquels les discussions sont en langue française commencent par *fr*,

• *dom* désigne plus finement le domaine à l'intérieur du forum défini par *cat*. Exemple : *comp.ai* concerne l'intelligence artificielle (*ai*) au sein de la catégorie informatique (*comp*), *rec.nude* le naturisme, ou *fr.network* les réseaux, les discussions se faisant en langue française,

• *thème,* enfin, définit encore plus finement, s'il en est besoin, un thème d'intérêt plus pointu, comme *comp.unix.questions* (pour poser des questions sur le système d'exploitation Unix), ou *misc.jobs.offered* (offres d'emploi).

Si les noms de forums comprennent, la plupart du temps, deux ou trois parties, certains en comptent quatre ou plus. En fait, plus un forum grossit, plus il se subdivise en domaines plus fins, afin de ne pas noyer les lecteurs sous une masse d'informations trop importante.

Certains Newsgroups sont à usage local (comme celui mis en place pour les utilisateurs du centre informatique d'une université). Ils ne sont pas transférés sur les autres machines de l'Internet, car ils n'intéressent personne d'autre que le groupe de personnes concernées.

Le site de référence sur le Web, en ce qui concerne la recherche d'information sur les forums de discussion, s'appelle DejaNews (*www.dejanews.com*).

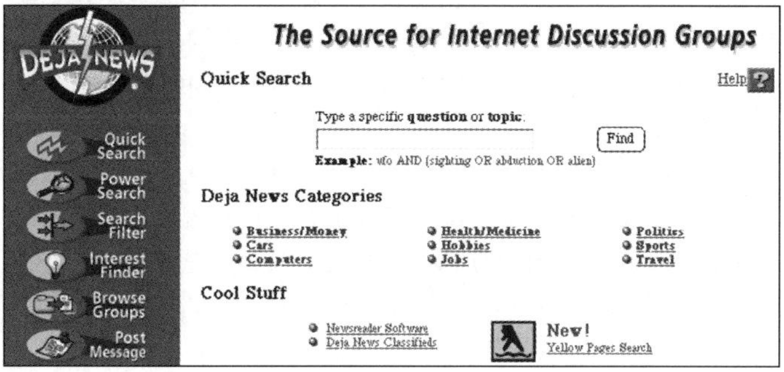

Créé en mai 1995 par Steve Madere, DejaNews permet de rechercher le forum répondant à vos attentes, et d'effectuer des recherches sur les archives de ces forums, sur plusieurs années antérieures.

La base de données de DejaNews comprend 15 000 forums. Le contenu est actualisé plusieurs fois par jour. Les archives sont stockées depuis le mois de mars 1995, et il est prévu d'étendre cette base jusqu'en 1979. DejaNews indexait 100 millions d'articles en 1997, représentant 175 giga-octets d'information. Cela peut être comparé à 120 000 livres de 400 pages chacun! Bien entendu, ces chiffres augmentent chaque jour (environ 500 Mo de données supplémentaires quotidiennement).

Le service DejaNews est entièrement gratuit, mais certaines fonctions avancées pourraient devenir payantes dans l'avenir.

De nombreuses entreprises commencent à utiliser ce type de service pour savoir ce que les internautes ont dit sur tel ou tel sujet dans les années qui précèdent. Quelques entreprises l'utilisent également au niveau de l'embauche pour connaître le type d'activité qu'avait un candidat sur l'Internet. Posait-il souvent des questions ? Donnait-il souvent des réponses ? Ses interventions étaient-elles pertinentes ? Etc. On a ainsi quelques indications sur l'état d'esprit général de la personne. Il ne s'agit pas ici de juger ce type d'utilisation des archives des forums, mais bien de faire toucher du doigt le fait que beaucoup de choses ne sont pas éphémères sur l'Internet, et surtout pas dans les Newsgroups. Si Bill Gates était intervenu dans ces forums, il serait tellement intéressant de relire sa prose sur l'avenir de l'Internet en 1995...

Certains messages postés dans les forums (notamment *alt.binaries.picture.**) contiennent des images. Celles-ci ne sont pas stockées par DejaNews. Il est donc inutile d'utiliser ce service pour tenter de retrouver des illustrations ou photos, elles ne s'y trouveront pas.

Sur sa page d'accueil, DejaNews propose plusieurs choix :

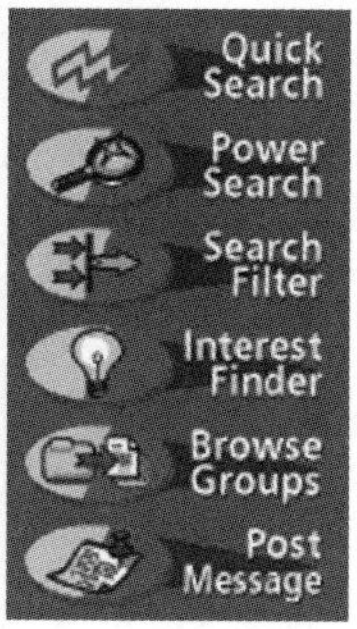

• *Quick search* : recherche rapide sur les archives des forums,

• *Power Search* : recherche avancée sur les mêmes archives,

• *Search Filter* : recherche par filtre. Création d'une base de documents et recherche par mots clés sur celle-ci,

• *Interest Finder* : recherche d'un forum par mots clés,

• *Browse groups* : recherche et exploration d'un forum par hiérarchie.

Quick Search

La recherche rapide s'effectue sur les archives des dernières semaines, la plupart du temps des deux derniers mois. Pour effectuer une recherche sur une période antérieure à cette date, il vous faudra utiliser la recherche avancée.

Si vous saisissez plusieurs mots clés séparés par des espaces, ils seront reliés entre eux par défaut au moyen d'un opérateur ET. Le résultat donné par DejaNews, dans ce cas-là, concerne donc les contributions des forums contenant tous les mots saisis. La recherche ne tient pas compte des minuscules ou majuscules.

Sur la recherche rapide (ainsi que sur la recherche avancée et par filtre), vous pouvez utiliser les opérateurs booléens suivants :

- AND ou & : ET
- OR ou | : OU
- NOT ou &! : SAUF

• jokers * ou ? : le joker * remplacera une ou plusieurs lettres à la suite du mot clé. *compan** trouvera les occurrences de *company*, *companies*, etc. Le joker ? remplacera une seule lettre. *compan?* trouvera *company* mais pas *companies*, *ball?* trouvera *balle* mais pas *ballon*.

• parenthèses : elles peuvent être utilisées pour saisir plusieurs opérateurs dans une même requête : *(internet and netscape) or (internet and microsoft)*

• guillemets : recherche de phrase. *"Carrer opportunities"* recherchera ces deux mots, l'un après l'autre et dans cet ordre.

• proximité : l'opérateur NEAR peut être utilisé. Il est symbolisé par le « chapeau » représenté par le caractère ^. Un chiffre donne le nombre maximum de mots entre les deux critères indiqués. Les mots recherchés peuvent être positionnés dans n'importe quel ordre dans la phrase. Si aucun chiffre n'est indiqué, le nombre de mots par défaut est de 5.

Exemple

computer ^10 compaq recherchera les occurrences des mots *computer* et *compaq* uniquement s'ils sont séparés d'au plus 10 mots. *computer* peut être situé avant ou après *compaq* dans la phrase.

agriculture ^ blé recherchera les occurrences des mots *agriculture* et *blé* uniquement s'ils sont séparés d'au plus 5 mots. *agriculture* peut être situé avant ou après *blé* dans la phrase.

En sus des opérateurs booléens, DejaNews donne la possibilité d'utiliser des opérateurs de contexte, pour effectuer des recherches sur l'auteur d'une contribution, une date, ou sur d'autres paramètres spécifiques. Nous verrons que ces possibilités sont également données de façon plus conviviale dans la fonction *Search Filter*. Avec ces opérateurs de contexte, il est tout à fait possible d'utiliser les opérateurs booléens, les parenthèses, jokers, guillemets, etc.

• *Recherche sur l'auteur (~a)*
Cette fonctionnalité va effectuer des recherches sur le nom ou l'adresse de messagerie électronique de l'auteur de la contibution.

Exemple

~a martin recherchera les contributions émises par les utilisateurs dont le nom ou l'adresse E-mail contient le mot *Martin*.

~a (dupont & dupond) effectuera la même recherche sur les noms *Dupont* ET *Dupond*.

*~a smith@** effectuera les recherches uniquement sur l'adresse de messagerie électronique. Il trouvera donc les articles signés *smith@aol.com*, *smith@mci.com*, *smith@wanadoo.fr*, etc.

Si vous trouvez des articles très pertinents postés par une même personne, vous pouvez ainsi rechercher le contenu complet de ses interventions sur les forums, effectuées dans les semaines précédentes (ou les années en utilisant la recherche avancée).

• *Recherche sur le titre de la contribution (~s)*
Il est possible d'effectuer une recherche sur le titre, le sujet des contributions.

Exemple *~s marketing* recherchera les contributions contenant le mot *marketing* dans leur titre.

~s (emploi or poste) effectuera des recherches sur les contributions contenant le mot *emploi* OU le mot *poste* dans leur titre.

• *Recherche sur le nom du forum (~g)*
Il est également possible de restreindre la recherche à un ou plusieurs forum(s), par la fonction ~g.

Exemple *~g fr.petites-annonces** effectuera une recherche sur les forums commençant par *fr.petites-annonces*, soit *fr.petites-annonces.divers*, *fr.petites-annonces.immobilier* ou *fr.petites-annonces.informatique*, etc.

Il devient alors possible de restreindre la recherche à un type de forum (*soc**, *comp**, *sci**...) ou à des forums spécifiques de certains pays (*de**, *fr**, *ch**...).

• *Recherche sur la date de création du message (~dc)*
Il est donné la possibilité d'indiquer une date, pour trouver les contributions d'un jour particulier.

Exemple *~dc 1995/12/30* trouvera les contributions postées le 30 décembre 1995.

La date doit être saisie sous la forme *aaaa/mm/jj*, où *aaaa* indique l'année, *mm* le mois et *jj* le jour.

Vous pouvez saisir une fourchette de dates entre crochets, pour restreindre la recherche à une durée précise :

marketing and ~dc {1997/08/01 1997/08/08} cherchera les articles contenant le mot *marketing*, postés entre le 1er et le 8 juillet 1997.

Attention : bien que l'aide en ligne de DejaNews semble dire le contraire, les opérateurs de contexte *~a, ~s, ~g* et *~dc* doivent être utilisés avec des opérateurs booléens comme AND :

marketing ~dc 1997/04/01 donnera une erreur de syntaxe.

marketing and ~dc 1997/04/01 indiquera les messages contenant le mot *marketing* et ayant été postés le 1er avril 1997.

Cependant, si vous désirez soumettre des requêtes avec ce type d'opérateur, nous vous conseillons plutôt de vous servir de la fonction *Search Filter*, bien plus simple à utiliser et qui semble en outre plus fiable.

Une fois la requête effectuée (nous avons saisi le mot *peugeot* pour cet exemple), DejaNews indique le résultat de sa recherche sous la forme de l'écran suivant :

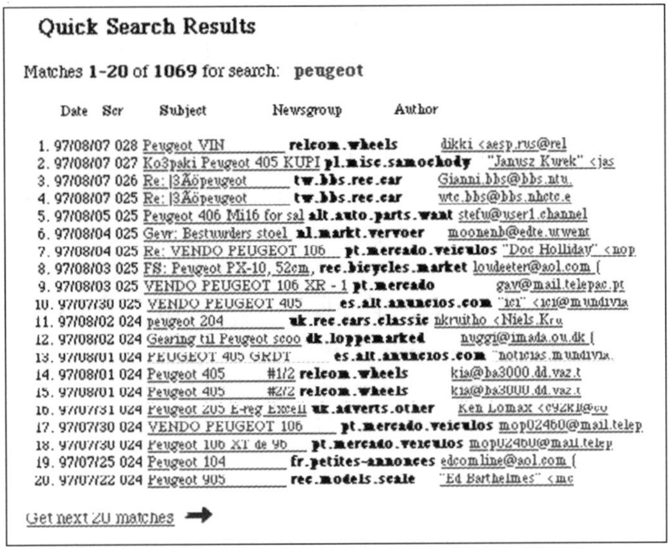

Quick Search Results

Matches **1-20** of **1069** for search: **peugeot**

	Date	Scr	Subject	Newsgroup	Author
1.	97/08/07	028	Peugeot VIN	**relcom.wheels**	dikki <aesp.rus@rel
2.	97/08/07	027	Ko3paki Peugeot 405 KUPI	**pl.misc.samochody**	"Janusz Kurek" <jas
3.	97/08/07	026	Re: |3Äöpeugeot	**tw.bbs.rec.car**	Gianni.bbs@bbs.ntu.
4.	97/08/07	025	Re: |3Äöpeugeot	**tw.bbs.rec.car**	wtc.bbs@bbs.nhctc.e
5.	97/08/05	025	Peugeot 406 Mi16 for sal	**alt.auto.parts.want**	stefu@user1.channel
6.	97/08/04	025	Gevr: Bestuurders stoel	**nl.markt.vervoer**	moonenb@edte.utwent
7.	97/08/04	025	Re: VENDO PEUGEOT 106	**pt.mercado.veiculos**	"Doc Holliday" <nop
8.	97/08/03	025	FS: Peugeot PX-10, 52cm,	**rec.bicycles.market**	loudeeter@aol.com (
9.	97/08/03	025	VENDO PEUGEOT 106 XR - 1	**pt.mercado**	gav@mail.telepac.pt
10.	97/07/30	025	VENDO PEUGEOT 405	**es.alt.anuncios.com**	"ici" <ici@mundivia
11.	97/08/02	024	peugeot 204	**uk.rec.cars.classic**	nkruitho <Niels.Kru
12.	97/08/02	024	Gearing til Peugeot scoo	**dk.loppemarked**	nuggi@imada.ou.dk (
13.	97/08/01	024	PEUGEOT 405 GRDT	**es.alt.anuncios.com**	"noticias.mundivia.
14.	97/08/01	024	Peugeot 405 #1/2	**relcom.wheels**	kia@ba3000.dd.vaz.t
15.	97/08/01	024	Peugeot 405 #2/2	**relcom.wheels**	kia@ba3000.dd.vaz.t
16.	97/07/31	024	Peugeot 205 E-reg Excell	**uk.adverts.other**	Ken Lomax <c92kll@co
17.	97/07/30	024	VENDO PEUGEOT 106	**pt.mercado.veiculos**	mop02460@mail.telep
18.	97/07/30	024	Peugeot 106 XT de 96	**pt.mercado.veiculos**	mop02460@mail.telep
19.	97/07/25	024	Peugeot 104	**fr.petites-annonces**	edcomline@aol.com (
20.	97/07/22	024	Peugeot 905	**rec.models.scale**	"Ed Barthelmes" <mc

Get next 20 matches

Une liste des contributions trouvées, contenant le mot *peugeot,* est donnée. De gauche à droite, les indications fournies sont : la date de la contribution, le score obtenu, le titre de la contribution, le nom du forum où elle a été postée et le nom et/ou l'adresse E-mail de l'auteur. DejaNews affiche 20 résultats par page.

Le score est calculé par DejaNews à partir des critères suivants :

- nombre d'occurrences des mots clés demandés,
- nombre de mots clés trouvés par rapport au nombre total de mots du texte de la contribution,
- date de la contribution (les plus récentes augmentent le score).

Attention : il arrive que certains auteurs « crosspostent » leur article. Cela veut dire que la contribution sera envoyée dans plusieurs forums différents à la fois. L'auteur indique, lors de la création de la contribution, une liste de forums dans lesquels l'article devra être posté. DejaNews affiche dans sa liste de résultats le premier forum donné dans cette liste.

Si vous cliquez sur le titre d'une contribution qui vous intéresse, DejaNews affiche son contenu :

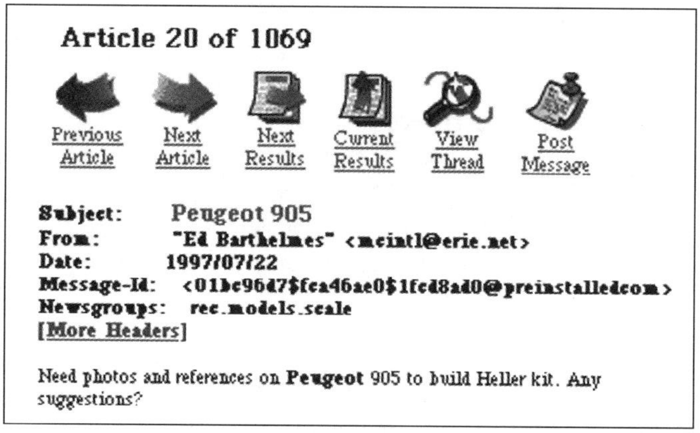

Les mêmes indications que ci-dessus sont fournies (date, auteur, sujet, etc.), ainsi que le texte de l'article.

En haut de page se trouvent plusieurs logos :

- *Previous article* permet de visualiser l'article précédent dans la liste des résultats de votre requête,

- *Next article* permet de visualiser l'article suivant,

Introduction
Sources d'information
Moteurs de recherche par thèmes
Moteurs de recherche par mots clés
Autres outils
Métamoteurs et agents intelligents
E-mail
Forums, listes de diffusion
Logiciels
Outils techniques
Méthodologie de recherche
Exemples commentés
Conclusion

• *Next Results* vous permet de passer à la page suivante de la liste des résultats (les 20 contributions suivantes),

• *Current Results* vous fait revenir à la page de résultats en cours,

• *View thread* est une fonction essentielle : elle vous permet de visualiser les autres contributions à la discussion dont vous êtes en train de visualiser une partie. Vous avez ainsi accès à toute la discussion telle qu'elle s'est tenue chronologiquement, ici sur la Peugeot 905 :

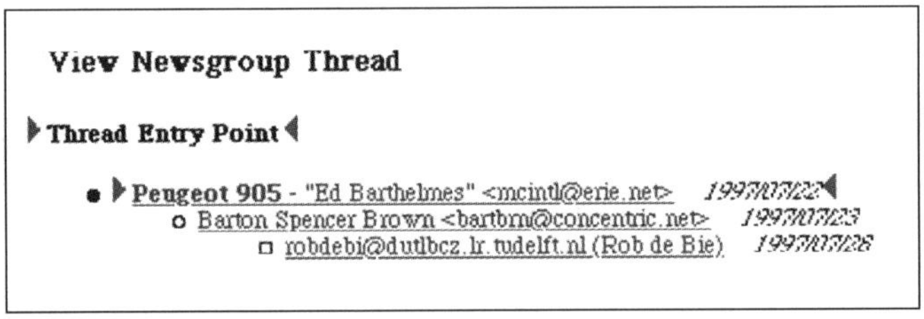

Vous pouvez ainsi non seulement lire la question d'un internaute sur un sujet mais également les réponses des autres usagers du réseau. Cette fonction est primordiale, car un message isolé ne sert à rien si vous ne pouvez le replacer dans son contexte, c'est-à-dire dans le cadre de la discussion complète entre les internautes.

Enfin, la fonction *Post message* permet d'envoyer une contribution sur le forum en question pour commencer une nouvelle discussion :

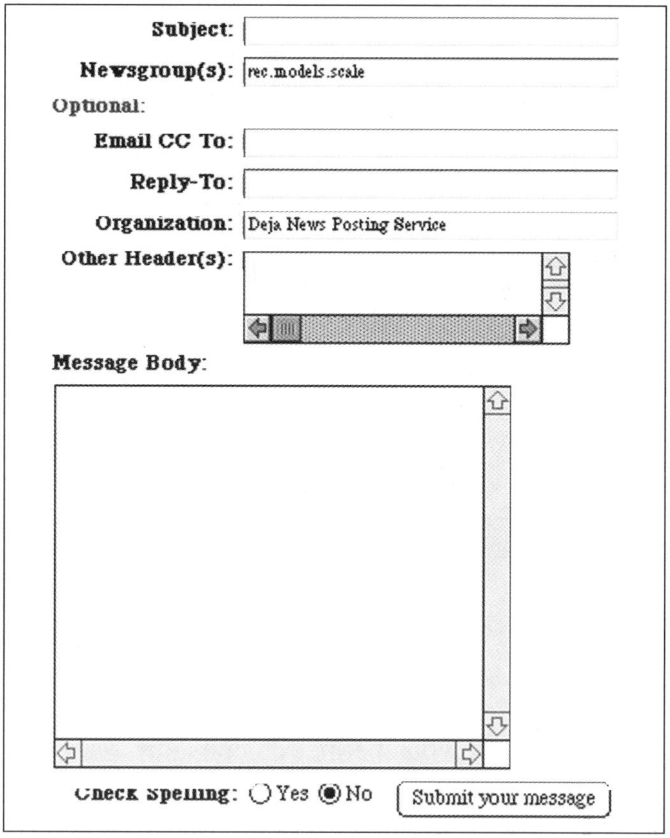

Vous pouvez ainsi saisir le sujet de votre contribution et le texte de celle-ci.

Dans le champ *Reply-to:*, vous devez indiquer l'adresse E-mail que les internautes devront utiliser pour vous répondre directement par messagerie électronique.

Le champ *Email CC To:* vous permet d'envoyer une copie de votre contribution à une adresse E-mail que vous aurez saisi et CC signifie *Courtesy Copy.*

Enfin, le choix *Check Spelling* va vérifier l'orthographe de votre texte. Il s'agit en fait de l'utilisation de la fonction Unix *Spell.* Il ne s'agit en rien d'un correcteur orthographique puissant. Les résultats seront donc plus ou moins bons.

Enfin, en bas de l'écran d'intitulé de la contribution, que DejaNews affiche, certaines options sont indiquées :

Previous | Next | Results | View Thread | Author Profile | Post Message | Post Reply | Send Email

Les options *Previous*, *Next*, *Results* et *View thread* ont déjà été évoquées.

• *Author profile* vous permet de connaître l'activité de l'auteur de la contribution affichée sur les forums dans la base courante de DejaNews (c'est-à-dire dans les semaines précédentes) :

Author Profile Results

Author: eric@jobsite.co.uk (Jobsite UK (Worldwide) Ltd.)

- 579 unique articles posted.
- Number of articles posted to individual newsgroups (slightly skewed by cross-postings).
  - 563 uk.jobs.offered
  - 6 uk.jobs.contract
  - 1 pl.listserv.sf-f

• *Post Message*, comme nous l'avons déjà vu, permet d'envoyer une nouvelle contribution dans le forum dont il est question sur la page affichée.

• *Post Reply* permet d'envoyer une réponse à la contribution affichée, dans le forum approprié.

• *Send E-mail* permet d'envoyer un message électronique à l'auteur de la contribution.

Comme on le voit, DejaNews est un service très complet. Mais il ne s'arrête pas là. Il propose également d'autres solutions pour rechercher de l'information.

Recherche Avancée

L'interface de recherche avancée donne accès à un certain nombre d'options permettant de paramétrer la recherche :

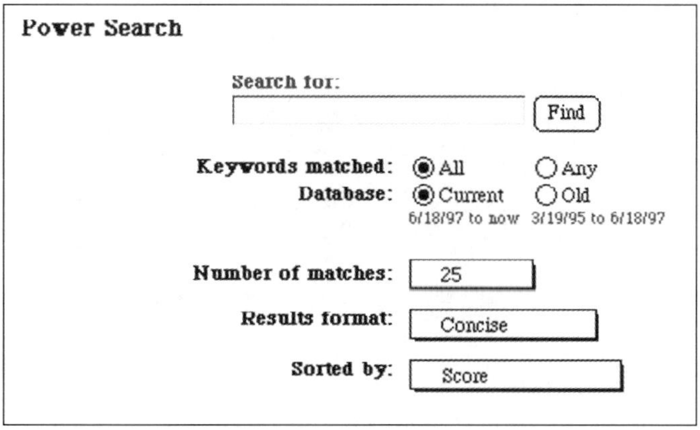

• Choix d'un opérateur ET (*All*) ou OU (*Any*) pour lier les mots clés saisis séparés par des espaces.

• Choix de la base de recherche : courante (environ les deux derniers mois) ou ancienne (depuis le mois de mars 95 jusqu'à la date butoir de la base courante).

✓ 25
50
100

• Nombre de résultats affichés par page de résultats : 25, 50 ou 100.

✓ Concise
Detailed
Threaded

• Format des réponses : *Concise*, *Detailed* ou *Threaded.*

Concise donnera les résultats sous la forme de tableaux que nous avons déjà présentés dans les pages précédentes (ici une recherche sur le mot *marketing*) :

	Date	Scr	Subject	Newsgroup	Author
1.	97/08/07	027	Part-Time Vacancy - Mark	**hk.comp.os.unix**	Adrian Cheng <plche
2.	97/08/07	027	Sales & Marketing Opport	**uk.jobs.offered**	eric@jobsite.co.uk
3.	97/08/07	027	Sales & Marketing Opport	**uk.jobs.offered**	eric@jobsite.co.uk
4.	97/08/07	027	Sales & Marketing Opport	**uk.jobs.offered**	eric@jobsite.co.uk
5.	97/08/05	026	INSIDER INTERNET MARKETI	**alt.business.multi-**	jfelts4572@aol.com
6.	97/08/05	026	Re: Legal Internet Marke	**soc.culture.singapo**	chcheng@remove.paci
7.	97/08/05	026	INTERNET MARKETING BOOK	**alt.business.misc**	jfelts4572@aol.com
8.	97/08/05	026	Re: Legal Internet Marke	**soc.culture.singapo**	Bitcher <alexis@pac
9.	97/08/05	026	"Insider Internet Market	**alt.business.misc**	"Ken Alston" <kalst
10.	97/08/05	026	"Internet Insider Market	**alt.business.home.p**	"Ken Alston" <kalst
11.	97/08/05	026	Re: MARKETING ASSISTANT	**hk.jobs.recruit**	"Kinlap" <kinlap@hk
12.	97/08/05	026	CA-Product Marketing Eng	**misc.jobs.offered**	news@espan3.espan.c
13.	97/08/05	026	InterNet Marketing Secre	**asu.forsale.misc**	zerobia144@aol.com
14.	97/08/05	026	Sales & Marketing Opport	**uk.jobs.offered**	eric@jobsite.co.uk
15.	97/08/05	026	InterNet Marketing Secre	**alt.business.misc**	zerobia144@aol.com
16.	97/08/05	026	InterNet Marketing Secre	**alt.consumers.free-**	zerobia144@aol.com
17.	97/08/05	026	InterNet Marketing Secre	**misc.entrepreneurs**	zerobia144@aol.com
18.	97/08/05	026	Network Marketing Inform	**alt.business**	sunbeams@dhc.net (S
19.	97/08/03	026	worldwide marketing busi	**biz.marketplace.int**	scm692@aol.com (SCM
20.	97/08/03	026	Worldwide Marketing Busi	**biz.marketplace.int**	scm692@aol.com (SCM
21.	97/08/03	026	** FREE ** SUPER-STEALTH	**alt.business.consul**	bks@infoback.net (S
22.	97/08/03	026	** FREE ** SUPER-STEALTH	**alt.business**	bks@infoback.net (S
23.	97/08/03	026	FREE ONLINE MARKETING CO	**csn.ads**	bks@infoback.net (S
24.	97/08/03	026	FREE ONLINE MARKETING CO	**cu.business.general**	bks@infoback.net (S
25.	97/08/03	026	FREE ONLINE MARKETING CO	**ni.business.chat**	bks@infoback.net (S

Detailed indiquera les contributions trouvées les unes en dessous des autres, de façon beaucoup plus lisible :

Part-Time Vacancy - Marketing
Newsgroup: **hk.comp.os.unix**
Posted on 1997/08/07 by Adrian Cheng <plcheng@netvigator.com>

Sales & Marketing Opportunities - All disciplines - 100's of new jobs
Newsgroup: **uk.jobs.offered**
Posted on 1997/08/07 by eric@jobsite.co.uk (Jobsite UK (Worldwide) Ltd.)

Sales & Marketing Opportunities - All disciplines - 100's of new jobs
Newsgroup: **uk.jobs.offered**
Posted on 1997/08/07 by eric@jobsite.co.uk (Jobsite UK (Worldwide) Ltd.)

Sales & Marketing Opportunities - All disciplines - 100's of new jobs
Newsgroup: **uk.jobs.offered**
Posted on 1997/08/07 by eric@jobsite.co.uk (Jobsite UK (Worldwide) Ltd.)

Threaded donnera, enfin, les contributions trouvées, sous forme de listes, avec les autres contributions faisant partie de la discussion d'où l'article a été extrait :

- **Worldwide Marketing Business** - scm692@aol.com (SCM692) *1997/08/03*
- **FREE ONLINE MARKETING COURSE LESSON!** - bks@infoback.net (Super-Stealth Marketing) *1997/08/03*
- **worldwide marketing business!!!** - scm692@aol.com (SCM692) *1997/08/03*
- **** FREE ** SUPER-STEALTH ONLINE MARKETING COURSE LESSON!** - bks@infoback.net (Super-Stealth Marketing) *1997/08/03*
- **FREE ONLINE MARKETING COURSE LESSON!** - bks@infoback.net (Super-Stealth Marketing) *1997/08/03*
- **FREE ONLINE MARKETING COURSE LESSON!** - bks@infoback.net (Super-Stealth Marketing) *1997/08/03*
- **** FREE ** SUPER-STEALTH ONLINE MARKETING COURSE LESSON!** - bks@infoback.net (Super-Stealth Marketing) *1997/08/03*
- **Re: MARKETING ASSISTANT**
  - "Kinlap" <kinlap@hkstar.com> *1997/08/05*
- **INTERNET MARKETING BOOK** - jfelts4572@aol.com (JFelts4572) *1997/08/05*
- **INSIDER INTERNET MARKETING BOOK** - jfelts4572@aol.com (JFelts4572) *1997/08/05*

Cette forme fait un peu « fouillis » et il est souvent difficile de s'y retrouver. Nous vous conseillons fortement l'option *Detailed*, de loin la plus lisible.

✓ Score
Date
Author
Newsgroup
Subject

• Enfin, il est possible de classer les résultats obtenus selon différents critères : le score (option par défaut), la date, le nom de l'auteur, le nom du forum ou le titre. Nous vous conseillons de garder l'option *Score*, qui donne en général les meilleurs résultats.

Le reste de la procédure est identique à la recherche simple. La recherche avancée vous permet seulement de donner des critères de recherche ou d'affichage supplémentaires.

Option Search Filter

Le choix *Search Filter* sur la page d'accueil vous propose de créer des filtres de recherche sur un certain nombre de champs des contributions. Dans un premier temps, vous définissez une base d'articles, puis vous effectuez une recherche par mots clés sur cette base.

• *nom du forum* : vous pouvez saisir le nom d'un groupe en utilisant le joker * pour avoir accès à toute la hiérarchie (ici *fr.network** prendra en compte les forums *fr.network.divers*, *fr.network.internet*, etc.),

• le nom de l'auteur,

• le champ Sujet (titre de la contribution),

• une fourchette de dates sous la forme *aaaa/mm/jj*, où *aaaa* indique l'année, *mm* le mois et *jj* le jour.

Une fois ce filtre créé, cliquez sur *Create Filter*. La page suivante s'affiche :

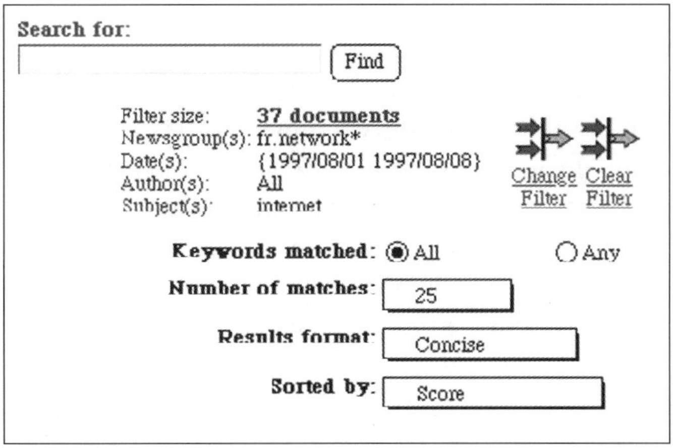

DejaNews a trouvé 37 documents répondant à vos critères. Si vous cliquez sur le lien *37 documents*, vous visualiserez la base que vous avez créée.

Vous pouvez également, sur l'étendue de cette base, taper vos mots clés dans la zone *Search For:*. la recherche sera alors effectuée sur les articles trouvés par le filtre (ici 37 documents) :

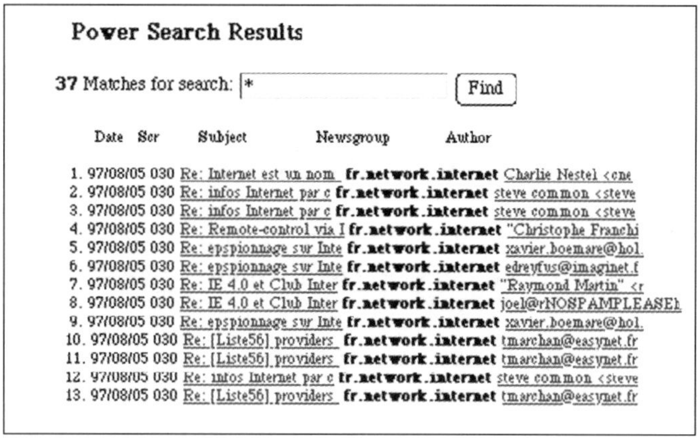

Power Search Results

37 Matches for search: * Find

	Date	Scr	Subject	Newsgroup	Author
1.	97/08/05	030	Re: Internet est un nom	**fr.network.internet**	Charlie Nestel <cne
2.	97/08/05	030	Re: infos Internet par c	**fr.network.internet**	steve common <steve
3.	97/08/05	030	Re: infos Internet par c	**fr.network.internet**	steve common <steve
4.	97/08/05	030	Re: Remote-control via I	**fr.network.internet**	"Christophe Franchi
5.	97/08/05	030	Re: epspionnage sur Inte	**fr.network.internet**	xavier.boemare@hol.
6.	97/08/05	030	Re: epspionnage sur Inte	**fr.network.internet**	edreyfus@imaginet.f
7.	97/08/05	030	Re: IE 4.0 et Club Inter	**fr.network.internet**	"Raymond Martin" <r
8.	97/08/05	030	Re: IE 4.0 et Club Inter	**fr.network.internet**	joel@rNOSPAMPLEASEh
9.	97/08/05	030	Re: epspionnage sur Inte	**fr.network.internet**	xavier.boemare@hol.
10.	97/08/05	030	Re: [Liste56] providers	**fr.network.internet**	tmarchan@easynet.fr
11.	97/08/05	030	Re: [Liste56] providers	**fr.network.internet**	tmarchan@easynet.fr
12.	97/08/05	030	Re: infos Internet par c	**fr.network.internet**	steve common <steve
13.	97/08/05	030	Re: [Liste56] providers	**fr.network.internet**	tmarchan@easynet.fr

Cette fonction est également très intéressante. Elle vous permet d'effectuer des recherches sur un certain nombre de forums uniquement (par exemple uniquement la hiérarchie *fr*), sur les contributions d'un auteur unique, ou sur les articles compris dans une fourchette de dates (par exemple la semaine précédente). Elle donne ainsi des résultats beaucoup plus pertinents qu'une recherche générale par les fonctions *Quick Search* ou *Power Search*.

Choix Interest Finder

La fonction *Interest Finder* vous permet de trouver un forum de discussion intéressant, selon des critères prédéfinis :

Interest Finder

Use the **Interest Finder** to find the groups where people are talking about your favorite topics!

Find groups with the **topic**:

[ ] (Find)

Tapez vos mots clés dans la zone de formulaire et DejaNews va inspecter les forums de discussion où ces mots sont le plus souvent présents dans les contributions. À chaque forum trouvé est alloué un score de pertinence (ici une recherche sur les mots *Wall Street*) :

Interest Finder Results

All the newsgroups in the following list contain **wall street** in some article. The confidence rating indicates how sure we are that people talk about your query in the newsgroup. Clicking on the newsgroup name will show you all of the articles within the group which match your query.

Confidence	Newsgroup
99%	misc.invest.stocks
91%	biz.jobs.offered
57%	alt.current-events.clinton.whitewater
52%	misc.jobs.offered
51%	alt.jobs
39%	nj.jobs
37%	misc.jobs.contract
35%	nyc.jobs.offered
33%	biz.jobs
26%	misc.invest.technical
26%	misc.invest.misc

En cliquant sur le nom du forum, vous accédez à un écran vous indiquant, dans le forum choisi, quelles sont les contributions contenant les mots clés :

Power Search Results

Matches **1-25** of **1425** for search: wall street & ~g (misc.invest.: [Find]

	Date	Scr	Subject	Newsgroup	Author
1.	97/08/05	051	Re: Datek, E*Trade or Ce	**misc.invest.stocks**	"Harry J. Kobetis
2.	97/08/02	051	Free Trial - Wall Street	**misc.invest.stocks**	"Wall Street Observ
3.	97/08/07	050	Re: DELL: Did UPS Make	**misc.invest.stocks**	jandras@gte.net (Jo
4.	97/07/27	050	What are "Wall Street Ex	**misc.invest.stocks**	"David Lawlor" <dav
5.	97/07/27	050	Re: What are "Wall Stree	**misc.invest.stocks**	"B.J. Lee" <ByungJo
6.	97/07/27	050	Re: What are "Wall Stree	**misc.invest.stocks**	stanaka@wavenet.com
7.	97/08/05	049	Re: Datek, E*Trade or Ce	**misc.invest.stocks**	"Titan of Wall Str
8.	97/07/31	049	the book" wall street mo	**misc.invest.stocks**	smoss47296@aol.com
9.	97/07/08	049	FS: Wall Street Analyst	**misc.invest.technic**	JT Roberts <tuzzon
10.	97/08/04	048	HELP! Know anything abou	**misc.invest.stocks**	tam c ngo <tamngo@
11.	97/08/04	048	JMAR - Upside Breakout?	**misc.invest.stocks**	lcristia <lcristia@
12.	97/08/03	048	Try Free Sports Stock Ma	**misc.invest.stocks**	"Lawrence Cotter" <

L'option Interest Finder est donc un excellent moyen pour trouver le forum adéquat répondant à vos attentes. Selon les mots clés saisis, vous aurez ainsi les forums répondant le mieux à vos besoins.

Browse groups

L'option *Browse Groups* vous permet de retrouver un forum par son nom :

Browse Groups

Browse Groups is a simple way to browse newsgroups by hierarchy and see what's out there.

Group: [ ] [Browse]

Popular Top Level Groups:

• newusers	• soc	• misc
• comp	• talk	• bionet
• rec	• biz	• bit
• sci	• news	• k12

For countries and US states, check the **Regional** groups.

Vous avez le choix entre descendre la hiérarchie des forums commençant par *newusers*, *comp*, *rec*, etc. (en tout 12 racines très utilisées) ou saisir dans la zone formulaire un nom de forum, en utilisant le joker * si nécessaire. Nous avons demandé ici les forums français commençant par *fr*, avec la requête *fr**.

L'écran suivant nous indique donc tous les forums de la hiérarchie fr :

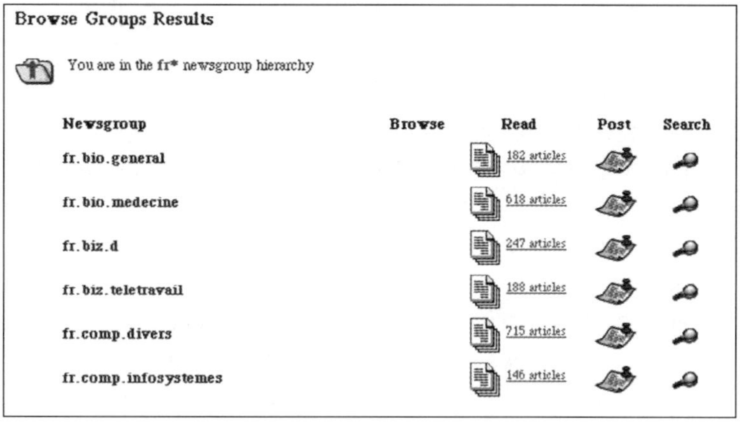

Browse Groups Results

You are in the fr* newsgroup hierarchy

Newsgroup	Browse	Read	Post	Search
fr.bio.general		182 articles		
fr.bio.medecine		618 articles		
fr.biz.d		247 articles		
fr.biz.teletravail		188 articles		
fr.comp.divers		715 articles		
fr.comp.infosystemes		146 articles		

• L'option *Read* permet de lire tous les articles de la base courante de DejaNews dans ce forum.

Post

• L'option *Post* permet d'envoyer une nouvelle contribution dans ce forum.

Search

• L'option *Search* permet d'effectuer une recherche par mots clés, spécifiquement dans le forum indiqué (en fait, c'est la fonction *Search Filter* qui sera lancée avec un filtre créé sur le nom du forum).

Introduction
Sources d'information
Moteurs de recherche par thèmes
Moteurs de recherche par mots clés
Autres outils
Métamoteurs et agents intelligents
E-mail
Forums, listes de diffusion
Logiciels
Outils techniques
Méthodologie de recherche
Exemples commentés
Conclusion

Enfin, DejaNews vous permet de rechercher un forum par grandes catégories, au travers de l'option *DejaNews Categories* sur la page d'acccueil. Il s'agit ici d'une recherche très proche de celle de Yahoo! pour les sites Web (voir chapitre 2). Vous naviguez de catégories en sous-catégories pour trouver une liste de forums identique à celles proposées dans le choix *Browse Groups*.

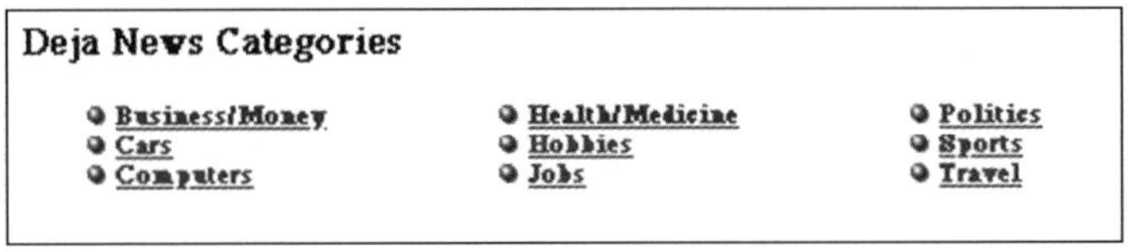

On le voit, le site DejaNews est la « caverne d'Ali Baba » des forums de discusion. Il permet tout : rechercher le forum adéquat, trouver des interlocuteurs au travers de leurs contributions apportées dans les années écoulées, etc. À notre connaissance, aucun autre service ne va aussi loin dans ce type de recherche. Vous trouverez, cependant, en annexe 9 une liste d'autres sites vous permettant d'effectuer des recherches sur les forums de discussion. En règle générale, DejaNews devrait néanmoins répondre à toutes vos attentes.

D'ailleurs, des services comme Yahoo!, Infoseek, WebCrawler ou OpenText, qui proposent également sur leur site Web une recherche sur les archives des forums, utilisent, en fait, la base de connaissances de DejaNews.

Chapitre 8

Serveurs FTP, logiciels

Il existe sur l'Internet des milliers de logiciels gratuits ou quasi gratuits. De nombreux développeurs indépendants ont écrit de petits programmes qu'ils n'ont pas choisi de commercialiser, ne disposant pas de la logistique adéquate. Des chercheurs, des utilisateurs de l'Internet ont également créé des logiciels pour leurs besoins propres et les mettent, tout simplement, à la disposition de l'internaute. Quel que soit votre besoin, dites-vous bien que vous trouverez sur l'Internet un programme qui y répondra. Bien entendu, ils ne sont pas toujours parfaits, souffrent parfois de quelques bugs, ne disposent d'aucun suivi commercial, ne connaissent pas de mises à jour régulières, mais ils ont l'immense avantage d'être souvent très puissants et surtout d'être gratuits ou peu onéreux. Réfléchissez bien avant d'investir dans un logiciel de type « usine à gaz », vous trouverez peut-être sur l'Internet un programme gratuit et répondant de façon plus pointue à vos attentes.

Ces logiciels, nous l'avons dit, sont légion. Il existe des *freeware* (graticiels) qui sont gratuits et utilisables par tout un chacun, sans aucune contrepartie financière. On peut également trouver des *shareware* (partagiciels) que vous pouvez utiliser comme bon vous semble, mais l'auteur vous demande une contribution financière après une période de test. Cette contribution peut également vous donner droit à une clé d'activation, qui vous permet d'avoir accès à des fonctions supplémentaires. Enfin, pour la petite histoire, nous avons également trouvé sur le réseau des *beerware* (envoi d'une caisse de bières à l'auteur) et des *cardpostalware* (envoi d'une carte postale)...

Ces logiciels se trouvent la plupart du temps sur des serveurs FTP (pour *File Transfer Protocol*). Le protocole FTP permet d'accéder à distance à des ordinateurs (appelés serveurs FTP) qui mettent à la disposition de la communauté des documents ou des logiciels à télécharger. FTP vous permet de vous connecter sur ces serveurs par l'intermédiaire d'un *login* anonyme. Ce protocole permet généralement de faire du transfert de fichiers depuis le serveur distant sur votre disque local. Des transferts dans l'autre sens (depuis votre disque sur le serveur) sont parfois également possibles, mais ce n'est pas la règle générale, notamment pour des raisons de sécurité. Sur les services que nous allons examiner dans ce chapitre, toute la procédure de connexion, de délivrance d'un nom d'utilisateur et d'un mot de passe est, la plupart du temps, totalement transparente à l'internaute. C'est le navigateur qui se charge de tout cet aspect « administratif ».

Lorsque vous téléchargez un logiciel, il est la plupart du temps compressé (ou compacté). Cela veut dire qu'avant d'être placé sur un serveur FTP, il a été passé dans une « moulinette » permettant de réduire assez considérablement sa taille en kilooctets (Ko), pour vous permettre de le télécharger plus rapidement sur votre ordinateur. Les fichiers compressés se terminent le plus souvent par les suffixes *.zip*, *.gz*, *.hqx*, *.sea* ou *.tar*.

Il vous faudra donc avoir à votre disposition une « trousse à outils » contenant les logiciels adéquats vous permettant de décompacter les fichiers ainsi récupérés. Pas de panique, tous ces logiciels sont gratuits et disponibles sur le Web, sur les moteurs de recherche que nous allons étudier dans les pages qui viennent.

À titre indicatif, vous trouverez ci-après un tableau regroupant les principales terminaisons de fichiers compactés trouvés, ainsi que les logiciels nécessaires pour les décompacter.

Info

Pour vous tenir informé des dernières versions des logiciels de décompression, voici deux adresses qui devraient vous aider dans vos recherches :

Pour les PC :

http://www.download.com/PC/Result/TitleList/0,2,0-d-78-104,00.html

Pour les Macintosh :

http://info.london.on.ca/Services/PDA/Mac_dirs.html

Logiciels de décompression nécessaires sur PC et Mac

Terminaison des fichiers	Type de fichier	Logiciel de décompression PC	Logiciel de décompression Mac
.arc	ARChive	WinZip ou ARC	Stuffit Expander/DEE
.bin	MacBinary		Stuffit Expander
.cpt	CompactPro	Extract	Stuffit Expander
.gz	GNU Zip (Unix)	WinZip	Stuffit Expander/DEE
.gzip	GNU Zip (Unix)	WinZip	Stuffit Expander/DEE
.hqx	BinHex	WinZip	Stuffit Expander
.sea	Auto-extractible		-
.sit	Stuffit	UnStuff	Stuffit Expander
.tar	Compression Unix	WinZip	Tar
.uu	UUencode	WinZip	Stuffit Expander/DEE
.Z	GNU Zip (Unix)	WinZip	Stuffit Expander/DEE
.zip	PKZip	PKUnzip ou WinZip	Stuffit Expander/DEE

• Stuffit Expander/DEE signifie qu'il faut adjoindre à Stuffit Expander un module appelé *Drop Stuff Expander Enhancer*, qui rajoute des fonctionnalités à ce logiciel.

• Les fichiers en **.sea** sont auto-extractibles. Il n' y a donc pas besoin de logiciels pour les ouvrir.

Deux logiciels sont incontournables : WinZip pour les PC et Stuffit Expander pour Macintosh. Il en existe d'autres (ZipMagic, Drag and Zip pour PC, Compact Pro, BinHex pour Macintosh). Mais WinZip et Stuffit Expander savent gérer la majeure partie des fichiers compressés que l'on trouve à l'heure actuelle sur l'Internet. Sur plate-forme PC, certains logiciels fonctionnent sous DOS, d'autres sous Windows 3.11 ou Windows 95. Rappelons que tous ces logiciels sont disponibles sur le service Shareware.com (entre autres), que nous allons étudier dans les pages suivantes.

Nous l'avons vu, il existe des milliers de logiciels quasiment gratuits sur l'Internet. Pour les retrouver facilement, l'apparition de moteurs de recherche performants était nécessaire. L'ancêtre de ces systèmes s'appelle Archie. Il permet de rechercher un fichier par mots clés, la requête s'effectuant sur le nom du fichier. Mais cette recherche est assez vague. Elle ne s'effectuera que sur le nom du document, et non pas sur un texte descriptif de celui-ci. Pour effectuer une recherche avec Archie sur une documentation ou un logiciel disponibles sur un serveur FTP, il faut donc connaître au préalable le nom du fichier, car ses fonctionnalités propres sont rarement indiquées en clair dans ce nom. Vous trouverez, en annexe 10, un certain nombre de sites Web sur lesquels il est possible d'effectuer des requêtes Archie.

D'autres services sont apparus, notamment sur le Web, ces derniers mois. L'un d'entre eux, très puissant, intitulé Shareware.com (*www.shareware.com*), est certainement l'un des meilleurs disponibles aujourd'hui.

Ce service (basé sur une technologie nommée VSL - *Virtual Software Library*) vous permet de chercher des logiciels selon un grand nombre de critères (plate-forme, système d'exploitation, mots clés, etc.). Il recense près de 200 000 programmes pour quasiment toutes les plates-formes informatiques du marché. Il indexe des *freewares*, des *sharewares*, des logiciels en version de démonstration, des *drivers* (fichiers de configuration), ou des mises à jour de logiciels système.

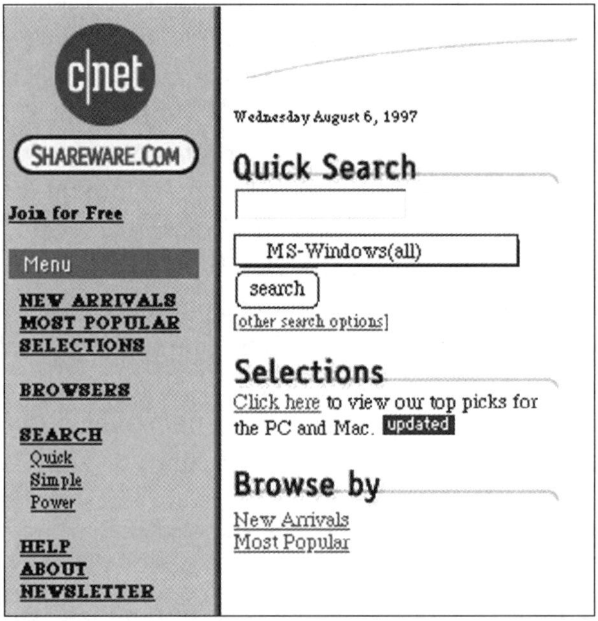

Il a été conçu et développé par le docteur Ziga Turk, professeur à l'université de Ljubljana en Slovénie. En juin 1995, le service VSL fut installé sur le site de la société américaine CNET et remporta immédiatement un vif succès. En novembre 1995, un site Web particulier lui fut consacré. Des sites miroirs sont aujourd'hui installés un peu partout dans le monde : Australie, Asie, Europe, Amérique du Nord.

Le service Shareware.com prend en compte votre requête puis effectue des recherches sur un grand nombre de sites FTP, dont les index sont stockés sur les disques du système VSL, et vous indique ensuite les disponibilités sur la planète des logiciels recherchés. Le contenu de la base de connaissances de

Shareware.com est mis à jour quotidiennement. Le fonctionnement est assez identique à celui des moteurs de recherche par mots clés : la base d'informations sur laquelle s'effectue la recherche est alimentée automatiquement sur les disques durs de CNET. Une fois le logiciel choisi, une connexion vers le site FTP est établie pour télécharger le programme désiré.

Dans cette base, chaque logiciel pris en compte par le service Shareware.com est accompagné d'un descriptif du type :

> **mega-change-11.hqx/May 30,1997/96 K**
> MEGA CHANGE 1.1 Mega Change is a simple utility that changes files to open up in the picture viewing program of your choice. For example one can change Photoshop JPEG files to open up in GraphicConverter instead of Photoshop when the file is clicked on. This application is great for newsgroup use because it also recognizes .zip and .hqx files and changes them to open in StuffIt Expander™...

Parfois, le commentaire accompagnant le nom du fichier est beaucoup plus sibyllin (mais souvent suffisant) :

> **jerrys-cursors-ii.hqx/May 15,1997/59 K**
> Hi, Folks, this is a collection of Animated cursors I've done over the past few years.

Le service ShareWare.com recherchera donc les occurrences des mots clés saisis dans le nom du fichier et dans ce descriptif qui lui est joint. Comme à chaque logiciel est également associée l'adresse d'un serveur FTP sur lequel on peut le trouver, il sera facile de télécharger le fichier, comme nous allons le voir dans les pages qui viennent.

Le premier formulaire de recherche, le plus simple, est intitulé *Quick Search.* Il est disponible sur la page d'accueil du service Shareware.com, ou en cliquant sur le lien *Quick* de cette page :

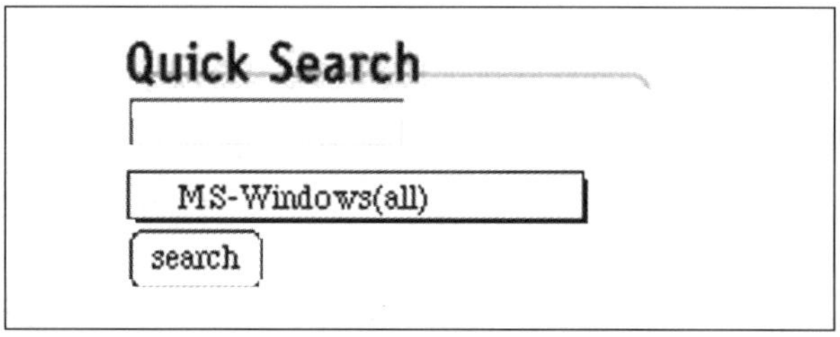

Il suffit de saisir un mot clé et de choisir la plateforme désirée pour le logiciel recherché, parmi la liste ci-contre.

Le mot clé peut être saisi en minuscules ou en majuscules (le service ne fait aucune différence entre les deux) et des « jokers » peuvent être saisis sous la forme d'astérisques, n'importe où dans le mot. Par exemple, la saisie de *Super*GA* trouvera les documents contenant *SuperVGA* et *super cool game*.

Attention, l'utilisation de la fonction joker ne se limite pas au contenu d'un seul mot. Si votre requête est *zip*t*, Shareware.com trouvera l'occurrence

ZipIt, mais également l'expression *Disk Charmer lets you create larger disks: you gain 9K on 800K disks, 19K on HD disks,1.5MB on Zips. At least System 7 is required*. La suite de mots « *Zips. At* » commence bien par *zip* et se termine par la lettre *t*.

Imaginons que nous désirions rechercher un logiciel permettant d'envoyer et de recevoir des fax sous Windows. Le mot clé saisi est *fax* et la plate-forme *Windows (all)*.

Une fois le bouton *Start Search* activé, le service Shareware.com va nous donner le résultat de sa recherche sous la forme d'une liste.

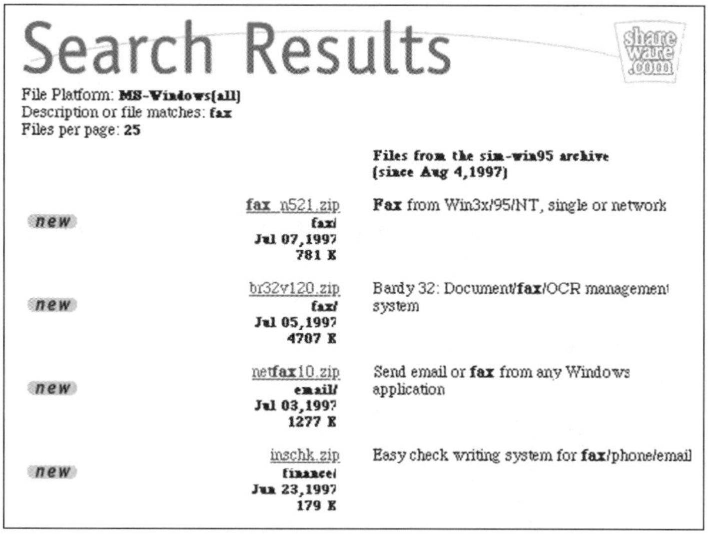

Sur la gauche se trouvent les données techniques sur les fichiers (nom du fichier, nom du répertoire, date de création, taille en Ko) et, à droite, le texte explicatif.

Les mots clés faisant l'objet de la recherche sont indiqués en gras (ici le mot *fax*).

Pour télécharger un fichier sur votre ordinateur, il suffit de cliquer sur son nom. Shareware.com vous donne accès à une liste de sites sur lesquels vous pouvez récupérer le fichier en question. Choisissez le site FTP géographiquement le plus proche de chez vous. Le service essaie de le faire pour vous. Si l'interrogation se fait à partir d'une machine « immatriculée » en France, il vous proposera en premier des sites FTP de l'Hexagone.

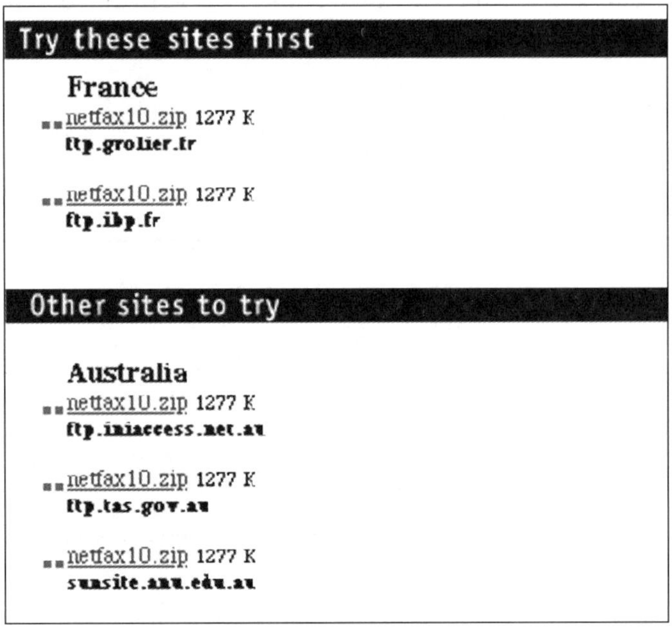

Une liste d'autres sites disponibles est ensuite fournie.

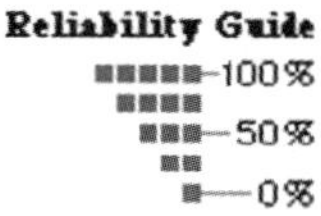

Devant chaque fichier est indiqué le taux de disponibilité du serveur FTP, par l'affichage de petits carrés verts. Plus il y a de carrés, plus le débit est important, et donc plus le transfert sera rapide.

Une fois ce site choisi, le transfert démarre et vous récupérez le fichier sur votre disque dur.

La procédure de transfert de fichiers est, dans ce cas, très simple. Shareware.com met également à votre disposition deux autres types de recherche. Si vous cliquez sur le lien hypertexte *Simple Search*, vous obtenez un formulaire légèrement plus détaillé pour la recherche de fichiers.

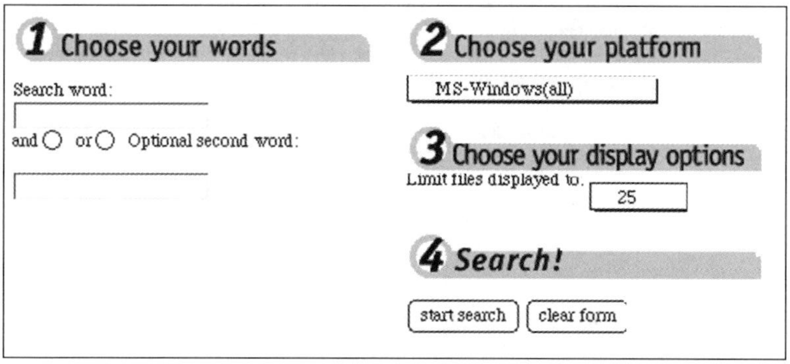

Outre la sélection du système d'exploitation et du mot clé à saisir, ce formulaire permet de limiter le nombre de fichiers à afficher lors du résultat de la recherche (10, 25, 35 ou 50 résultats par page) et propose, en option, la saisie d'un deuxième mot clé, relié au premier par un opérateur booléen ET (*and*) ou OU (*or*).

Une fois saisies les informations requises, un clic sur le bouton *start search* engagera la même procédure de choix de site FTP et de téléchargement que pour la recherche rapide.

Un troisième type de recherche (*Power Search*) est proposé. Il permet de saisir les informations suivantes :

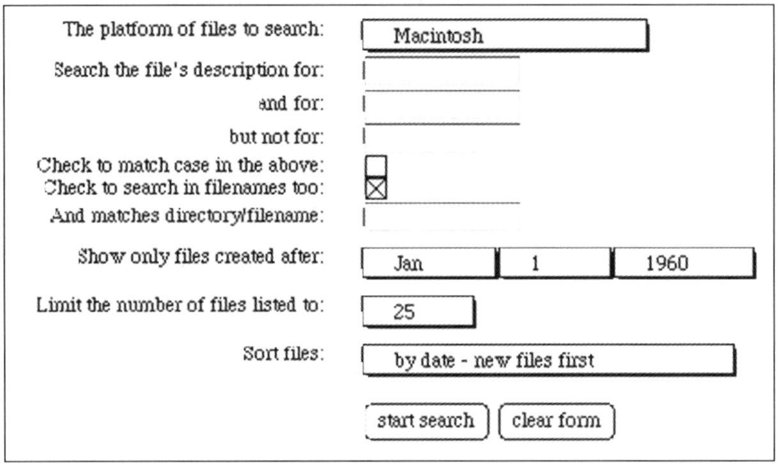

• deux mots clés reliés par un opérateur ET (*and for*). Le deuxième est optionnel,

• un troisième mot clé relié aux deux autres par un opérateur SAUF (*but not for*),

• prise en compte des lettres en minuscules et majuscules en cochant *Check to match case in the above*. Après quoi, les mots clés *Viewer* et *viewer* ne donneront pas les mêmes résultats,

• si l'option *Check to search in Filename too* (cochée par défaut) reste cochée, la recherche portera sur les noms de fichiers ainsi que sur les descriptifs. Si cette option est décochée, la recherche sera faite sur le descriptif uniquement,

• la fonction *And matches directory/filename* permet d'effectuer une recherche sur le nom du répertoire dans lequel se trouve le fichier, ou sur le nom du fichier lui-même,

• recherche sur la date (le fichier a été créé avant la date choisie),

10
✓ 25
35
50

• possibilité d'afficher un certain nombre de résultats par page, fonction identique à celle de la recherche simple,

• tri des fichiers : le choix *by date - new files first* affichera les nouveaux fichiers en premier. Le choix *by directory/path* effectuera un classement alphabétique des logiciels obtenus. Le tri sera fait, dans un premier temps, sur le nom du répertoire contenant le fichier, puis sur le nom du fichier. Cette fonctionnalité semble peu utile, le choix *by date* donnant des résultats plus probants.

✓ by date - new files first
by directory/path

La suite de la procédure est identique à celle de la recherche rapide.

Introduction
Sources d'information
Moteurs de recherche par thèmes
Moteurs de recherche par mots clés
Autres outils
Métamoteurs et agents intelligents
E-mail
Forums, listes de diffusion
Logiciels
Outils techniques
Méthodologie de recherche
Exemples commentés
Conclusion

Enfin, une recherche par serveur FTP est possible, si vous connaissez le nom du serveur sur lequel se trouve le fichier recherché.

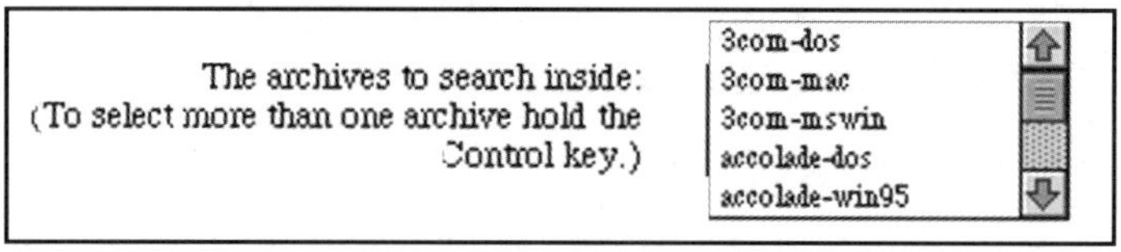

Le formulaire est le même que pour la recherche par plates-formes, avec un menu supplémentaire vous permettant de choisir un ou plusieurs sites sur lesquels faire porter la recherche. Pour sélectionner plusieurs sites, maintenez appuyée la touche *Control* sur PC, et la touche *Command* sur Macintosh, tandis que vous choisissez les noms correspondants dans la liste. La touche *Shift* permet la sélection de plusieurs sites consécutifs.

Il reste à préciser que, dans de nombreux cas, les recherches rapide (*Quick Search*) ou simple (*Simple Search*) restent largement suffisantes.

Le service Shareware.com vous donne également accès à un catalogue de logiciels classés selon les thèmes suivants :

• nouveaux logiciels indexés dans la base (*New Arrivals*),

• logiciels les plus demandés (*Most Popular*), mis à jour chaque semaine,

• la sélection de CNET (*Selection*) : le « best of » du site.

Tous ces thèmes sont accessibles depuis la page d'accueil de Shareware.com, qui met également à votre disposition un service d'alerte par E-mail (*Shareware Dispatch*) vous permettant d'être automatiquement informé de l'indexation de nouveaux logiciels par le site (un envoi de mail chaque semaine).

Il existe de nombreux autres sites vous permettant de rechercher des logiciels. Vous trouverez, en annexe 10, une liste des services Web disponibles en 1997.

Chapitre 9

Outils techniques

Rechercher de l'information sur les serveurs Web dans un grand nombre de domaines est certes gratifiant. Mais il peut s'avérer utile d'obtenir des données techniques sur un utilisateur, un nom de domaine (de type *yahoo.com*, par exemple), ou encore de connaître le temps de réponse d'un serveur, les coordonnées d'un administrateur de réseau, etc. L'Internet fournit un nombre important d'outils pour rechercher de telles informations. La plupart de ces outils sont disponibles sur le Web.

Traceroute

La commande Traceroute permet de suivre le cheminement des paquets de données entre deux ordinateurs connectés à l'Internet.

Un Traceroute est effectué depuis une machine comportant l'utilitaire logiciel vers une machine cible. A chaque essai, un message est envoyé à un routeur et l'on mesure le temps de réponse résultant. A chaque passage au travers d'un routeur, le TTL (Time To Live) *est décrémenté. Le délai mesuré est celui entre l'envoi du message initial et la réception du message* Time exceeded, *correspondant à un TTL nul.*

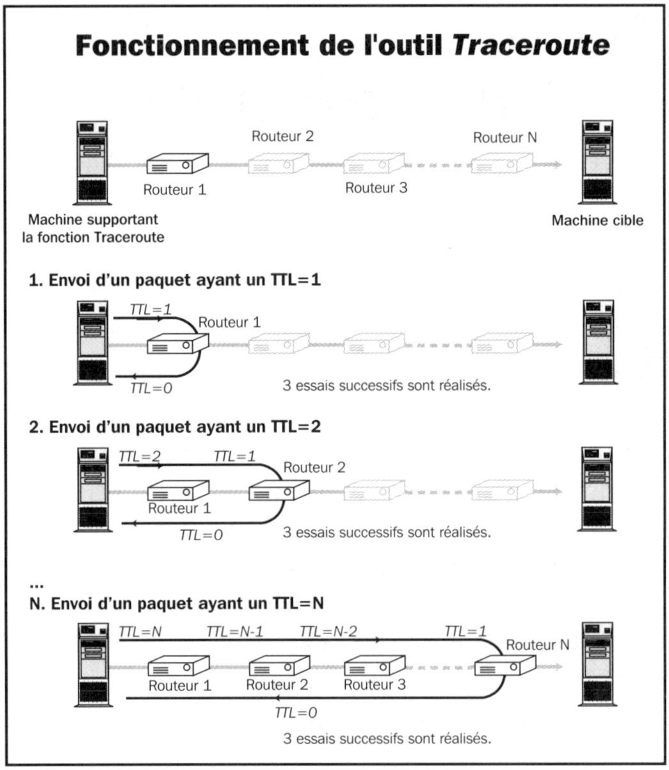

Info

Il est possible d'effectuer des Traceroute depuis le Web, notamment à l'adresse :
http://www.cnam.fr/bin.html/traceroutename.html
D'autres possibilités sont disponibles à l'adresse : http://hplyot.obspm.fr/cgi-bin/nph-traceroute.

Par exemple, une interrogation faite sur le serveur *www.yahoo.com* fournit, en retour, les indications suivantes :

```
traceroute to www.yahoo.com (205.216.146.70), 50 hops max, 40 byte packets
1  internet-gw (163.173.128.2)  1 ms 1 ms 1 ms
2  renater-gw (192.33.159.1)  12 ms 2 ms 2 ms
3  danton1.rerif.ft.net (193.48.58.113)  6 ms 5 ms 5 ms
4  stlamb3.rerif.ft.net (193.48.53.49)  7 ms 5 ms 6 ms
5  stamand1.renater.ft.net (192.93.43.115)  5 ms 5 ms 5 ms
6  rbs1.renater.ft.net (192.93.43.186)  5 ms 5 ms 5 ms
7  raspail-ip.eurogate.net (194.206.207.18)  5 ms 5 ms 5 ms
8  Reston.eurogate.net (194.206.207.5)  154 ms 117 ms 104 ms
9  gsl-sl-dc-fddi.gsl.net (204.59.144.199)  126 ms 131 ms 158 ms
10 core3-hssi3-0.Washington.mci.net (206.157.77.33) 150 ms 149 ms 159 ms
11 core1.Bloomington.mci.net (204.70.4.161)  243 ms 223 ms 223 ms
12 border2-fddi-0.Bloomington.mci.net (204.70.3.130) 223 ms 202 ms  200 ms
13 internet-connection.Bloomington.mci.net (204.70.49.6) 340 ms 420 ms 315 ms
14 www.yahoo.com (205.216.146.70)  164 ms 164 ms 163 ms
```

Chaque ligne caractérisant un accès appelé un *hop* indique un site traversé par les paquets (ayant des TTL différents, voir illustration page précédente) envoyés par le lancement de l'ordre Traceroute.

Le nom de la passerelle est indiqué en premier, avec son numéro IP entre parenthèses. Par exemple : *internet-gw (163.173.128.2).*

Suivent ensuite les temps de trajet pour trois essais successifs d'envoi de paquets. Les paquets envoyés sont spécifiquement des informations à durée de vie courte (possibilité donnée par le champ TTL – *Time To Live* – des paquets IP), et les temps de réponse notifiés sont ceux obtenus entre l'envoi d'un paquet et la réponse du routeur (de type *Time exceeded*, correspondant à un TTL nul).

Introduction
Sources d'information
Moteurs de recherche par thèmes
Moteurs de recherche par mots clés
Autres outils
Métamoteurs et agents intelligents
E-mail
Forums, listes de diffusion
Logiciels
Outils techniques
Méthodologie de recherche
Exemples commentés
Conclusion

Chaque routeur rencontré décrémentant le TTL de 1, il est ainsi possible de tracer la route d'une information.

Un premier paquet va être envoyé avec un TTL égal à 1. Il va arriver sur le premier routeur qui, après décrémentation, obtient un TTL nul et renvoie le message *Time exceeded* à la machine émettrice. Le premier délai peut donc être calculé. Trois essais identiques sont faits successivement.

L'utilitaire Traceroute va ensuite expédier un message doté d'un TTL égal à 2. Ce message va passer le premier routeur (le TTL sera décrémenté à 1) pour arriver au deuxième qui va, une nouvelle fois, décréménter le TTL, qui sera alors nul. Un message *Time exceeded* sera donc émis. Un nouvel envoi est effectué en augmentant le TTL jusqu'à arriver à la machine destinataire.

Si une des passerelles n'a pas répondu à un moment donné, son temps de réponse est remplacé par une étoile. Cela indique souvent une surcharge du réseau à son niveau.

Comme nous l'avons indiqué dans les pages précédentes, il est possible d'effectuer des Traceroute de deux façons :

- depuis un site Web proposant cette fonctionnalité,
- à l'aide d'un logiciel spécifique permettant cette fonction. Ces logiciels sont disponibles sur le service Shareware.com (voir chapitre 8).

Les deux possibilités n'aboutiront pas au même résultat. Le Traceroute sera effectué, dans le premier cas, depuis l'ordinateur serveur fournissant la page Web, et, dans le deuxième cas, depuis votre propre machine, comme l'illustrent les schémas ci-dessous :

Traceroute depuis le Web

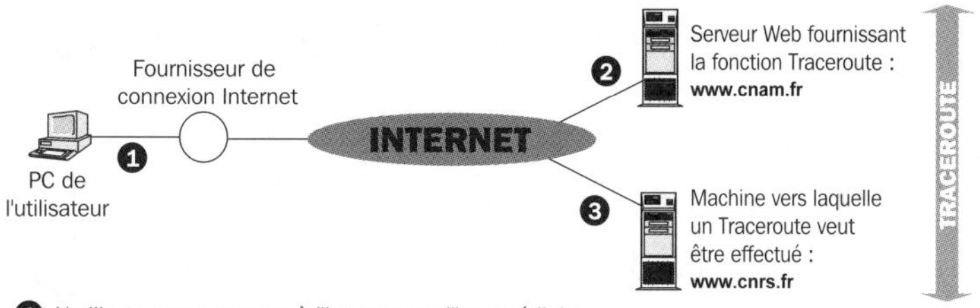

1. L'utilisateur se connecte à l'Internet par l'intermédiaire de son *provider*.
2. Il lance son navigateur et choisit le site Web lui proposant une fonction Traceroute (dans cet exemple www.cnam.fr). Il donne l'adresse de la machine vers laquelle il désire exécuter un Traceroute (www.cnrs.fr).
3. Le Traceroute s'effectue entre la machine www.cnam.fr et le serveur www.cnrs.fr. Les résultats sont ensuite envoyés par www.cnam.fr à l'utilisateur initial.

Traceroute depuis un PC

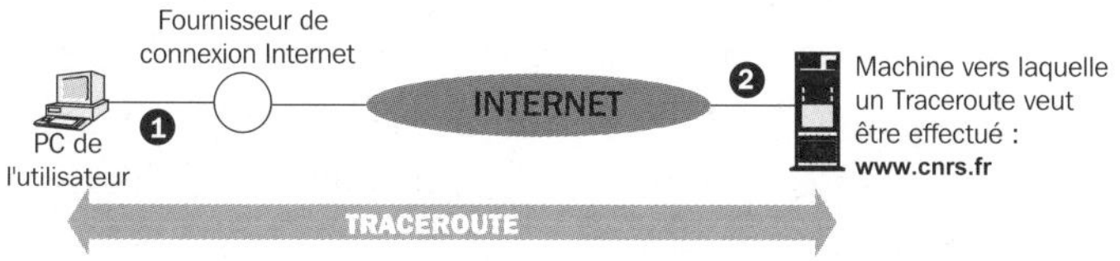

1. L'utilisateur se connecte à l'Internet par l'intermédiaire de son *provider*.
2. Il lance son logiciel spécifique de la fonction Traceroute.Il donne l'adresse de la machine vers laquelle il désire exécuter un Traceroute (www.cnrs.fr).
3. Le Traceroute s'effectue entre la machine de l'internaute et le serveur www.cnrs.fr. Les résultats sont ensuite affichés directement à l'écran par le logiciel Traceroute.

Dans la majeure partie des cas, il sera donc préférable d'utiliser un logiciel spécifique, plutôt qu'un site Web, pour étudier la liaison entre votre machine et un serveur distant.

Finger

Finger est un utilitaire qui permet d'envoyer une requête sur le réseau pour trouver les coordonnées d'une personne.

Exemple :

finger @calvi.com
donnera la liste de toutes les personnes connectées sur le domaine *calvi.com.*

finger martin@calvi.com
donnera des informations sur toutes les personnes se nommant Martin dans le domaine *calvi.com.*

Un grand nombre de réseaux (pour ne pas dire tous) n'autorisent cependant pas une utilisation de cet outil de recherche portant sur leurs abonnés, et ce pour des raisons évidentes de confidentialité. Finger aboutit donc rarement à des résultats exploitables.

Whois

Whois, qui est un utilitaire aussi ancien que l'Internet, permet de rechercher des informations à partir de la saisie d'un numéro de réseau, d'un nom de domaine, d'un nom de personne, etc., dans un des annuaires présents sur le réseau.

> ***Une interrogation Whois est possible sur le site du NIC France :***
> ***http://www.nic.fr/info/whois.html***
> ***ainsi que sur de nombreux autres services du Web.***

Info

Exemples d'interrogations :

- Sur un nom de domaine :

whois urec.fr

Résultat :

```
urec.fr

domain:     urec.fr
descr:      Unite Reseaux du Centre National de la
Recherche Scientifique (CNRS)
descr:      Universite Pierre et Marie Curie, 4 Pl.
Jussieu, Tour 55-65
descr:      F-75252 Paris CEDEX 05, France
admin-c:    Christian Michau
tech-c:     Katy Treca
tech-c:     Christian Michau
zone-c:     AR41
nserver:    ns.urec.fr
nserver:    shiva.jussieu.fr
nserver:    gauguin.auteuil.cnrs-dir.fr
mnt-by:     FR-NIC-MNT
changed:    Benoit.Grange@inria.fr 950307
source:     RIPE
person:     Christian Michau
address:    CNRS / UREC
address:    Universite Pierre et Marie Curie, 4 Pl.
Jussieu, Tour 55-65
address:    F-75252 Paris CEDEX 05, France
```

```
phone:       +33 1 44 27 42 60
fax-no:      +33 1 44 27 42 61
e-mail:      michau@urec.fr
nic-hdl:     CM156
changed:     Bernard.Tuy@renater.fr 940928
source:      RIPE
...
```

• Sur un numéro IP :

whois 130.79.0.0

Résultat :

```
inetnum:      130.79.0.0
netname:      OSIRIS
descr:        Centre Reseau et Communication,
Universite Louis Pasteur
descr:        7 rue Rene Descartes, 67084
Strasbourg CEDEX, France
country:      FR
admin-c:      Serge Durand
tech-c:       Alain Dupont
tech-c:       Jean-Jacques Martin
changed:      930908
source:       RIPE
```

• Sur un nom de personne :

whois durand

Résultat (les indications trouvées ont été modifiées pour des raisons de confidentialité) :

```
durand

person:      Alain Durand
address:     Societe X
address:     10 Av Newton
address:     92000 Nanterre, France
phone:       +33 1 46 00 00 00
e-mail:      durand@societe.fr
changed:     Annie.Renard@inria.fr 940810
source:      RIPE

person:      Paul Durand
address:     Societe Y
address:     2 Boulevard de l'Emal, F-78053 Saint-
Quentin-en-Yvelines
phone:       +33 1 30 00 00 00
```

```
changed:    Annie.Renard@inria.fr 940810
source:     RIPE

person:     Philippe Durand
address:    Societe Z
address:    ZA des Yvelines, F-91370 Verrieres le
Buisson
phone:      +33 1 69 00 00 00
fax-no:     +33 1 60 00 00 00
changed:    Annie.Renard@inria.fr 940810
source:     RIPE
```

Il arrive également que certaines entreprises mettent à la disposition du public leur annuaire interne au format Whois.

Ping

La commande Ping permet de questionner le réseau pour connaître l'existence d'une machine, et, également pour tester le temps de transit des informations entre votre machine et une machine distante. Il est également possible, par son intermédiaire, de savoir si des paquets ont été mal transmis ou endommagés.

Vous pouvez, par exemple, lancer un ping depuis le site *http://www.rl.ac.uk/hep/ppncg/euromap1.html*

Un test sur le site *www.yahoo.com* a donné le résultat suivant :

```
Pings sent from unixfe.rl.ac.uk:

Fri Jul 26 13:39:44 UTC 1996
PING www.yahoo.com (205.216.146.67): 56 data bytes
64 bytes from 205.216.146.67: icmp_seq=0 ttl=240
time=284 ms
64 bytes from 205.216.146.67: icmp_seq=1 ttl=240
time=269 ms
```

```
64 bytes from 205.216.146.67: icmp_seq=2 ttl=240
time=291 ms
64 bytes from 205.216.146.67: icmp_seq=3 ttl=240
time=302 ms
64 bytes from 205.216.146.67: icmp_seq=4 ttl=240
time=303 ms

--- www.yahoo.com ping statistics ---
5 packets transmitted, 5 packets received, 0% pac-
ket loss
round-trip min/avg/max = 269/289/303 ms
```

Le site *www.yahoo.com* a bien répondu. 5 paquets ont été envoyés et reçus, avec un temps de réponse oscillant entre 269 et 303 millisecondes.

Bing

Bing (pour *Bandwidth Ping*) est un outil expérimental permettant de mesurer la bande passante entre deux machines connectées sur l'Internet. Une description très complète est disponible à l'adresse *http://web.cnam.fr/Network/bing.html.*

L'utilitaire Bing est fondé sur un principe simple : imaginons que vous soyez positionné en un point A et que vous désiriez connaître le débit entre un point X et un point Y de l'Internet. Pour atteindre le point Y, il vous faut passer par le point X :

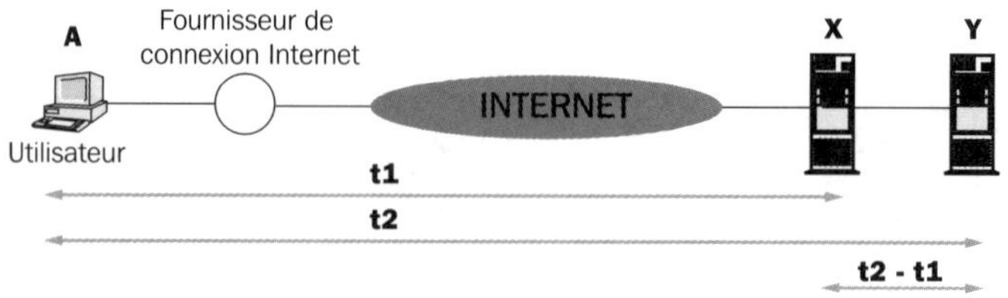

Si vous pouvez mesurer le temps t_1 d'aller-retour d'un paquet entre A et X ainsi que le temps t_2 d'aller/retour d'un paquet entre A et Y, vous pouvez calculer le temps de transit entre X et Y (t_2-t_1).

Vous pouvez alors effectuer le même calcul avec des paquets de tailles différentes et ainsi vous faire une idée du débit (en bits par seconde) de la ligne reliant X à Y.

Pour autant que nous sachions, il n'existait pas à l'été 97 de logiciel spécifique pour PC permettant de réaliser des mesures grâce à cet utilitaire. Le code source du programme Bing est disponible à l'URL fournie précédemment, pour des machines Unix. Il est nécessaire de recompiler ce code sur sa propre machine avant de l'exécuter.

Certaines pages Web, comme celle du Cnam (http://web.cnam.fr/Network/traceroute.html), permettent d'effectuer une opération conjointe Traceroute/Bing, depuis la machine serveur.

Info

Une liste de diffusion traitant du sujet est également à votre disposition : envoyez un message avec le contenu suivant : *subscribe bing-users* à l'adresse *majordomo@lists.fdn.fr.*

Chapitre 10

MÉTHODOLOGIE DE RECHERCHE

Il est important de bien connaître les outils de recherche disponibles sur l'Internet, et nous espérons que les pages précédentes vous auront aidé à mieux les appréhender. C'est un premier pas vers une meilleure efficacité dans votre travail. Mais il ne suffit pas de connaître ces outils. Une recherche ne peut être véritablement efficace que si elle s'accompagne d'une bonne et rigoureuse méthodologie. Les tenants et les aboutissants sont si nombreux, les thèmes et les domaines si abondants, les besoins si variés et les outils si divers qu'une approche « généraliste » ne peut rencontrer qu'un succès relatif. Il faut, au contraire, partir de son besoin particulier pour déterminer une approche spécifique, et ensuite se conformer à une méthodologie sans faille.

La première démarche consiste donc à se poser systématiquement la question suivante : « De quel type d'information ai-je besoin ? ». C'est la réponse à cette question qui va conditionner et éclairer vos choix pour une solution la plus adéquate. Nous allons examiner dans les pages suivantes quelques exemples précis qui illustreront cette méthodologie.

Mais, avant cela, un certain nombre de points méritent d'être évoqués.

Cette démarche préalable est incontournable dans le cadre de la recherche d'information en général. Il est inutile de recourir à un moteur comme AltaVista ou HotBot si c'est pour s'en servir dans une recherche de quelques mots clés tels que *Internet*, *cars*, *sales*, *stock exchange* ou *emploi*. Vous serez alors en face de milliers de réponses que vous ne pourrez lire et dont la plupart seront d'un intérêt limité, sinon nul, pour vous.

Si la demande provient d'un tiers, une concertation avec la personne qui désire l'information s'impose.

Il vous faudra donc absolument défricher l'espace dans lequel vous allez travailler :

• quel est le sujet précis ?

• à quelles limites géographiques doit-on éventuellement se restreindre (Europe, États-Unis, etc.) ?

• quel est l'objectif de la recherche ?

• sur quel domaine la recherche porte-t-elle (marketing, commercial, technique) ?

• quels mots clés conviendraient le mieux ?

• quels sont les délais de réponse admis ?

• sous quelle forme les réponses doivent-elles être fournies (listes de liens HTML, copies d'écrans sur imprimante, rapports tapés sous traitement de texte, etc.) ?

Toutes ces questions doivent trouver des réponses avant d'envisager d'aller plus loin. Entraînez-vous à travailler sur le papier avant de foncer sur votre navigateur.

Une fois ces informations en votre possession, vous pouvez commencer à chercher certaines données sur l'Internet, selon une méthodologie propre à vos attentes.

Nous allons, dans les pages suivantes, évoquer certaines recherches types et les méthodologies adaptées. Pour des besoins particuliers, élaborez vos propres méthodologies en fonction du type d'information recherchée, en vous inspirant de ces modèles.

Renseignements sur une personne

➥ Vous connaissez son nom

1 *Recherche sur les annuaires E-mail*

Les services cités dans ce livre donnent souvent de bons résultats. Ils contiennent un nombre croissant d'adresses E-mail. Voir chapitre 6. Essayez en premier Four11, puis WhoWhere et enfin IAF.

2 *Service Whois*

Essayez une interrogation par le service Whois. Voir chapitre 9.

3 *Contact direct*

Si les deux méthodes précédentes n'ont pas fonctionné, ne perdez pas votre temps. Contactez directement la personne par téléphone ou fax (si, bien sûr, vous disposez d'une de ces coordonnées) pour lui demander son adresse électronique. C'est peut-être moins « cyber-branché », mais vous gagnerez du temps !

4 *Forum soc.net-people*

Si toutes les autres tentatives ont échoué, il existe un forum de discussion intitulé *soc.net-people* au sein duquel vous pouvez poser une question pour retrouver les coordonnées électroniques d'une personne. La Netiquette (éthique du réseau) veut que vous n'utilisiez cette possibilité que lorsque toutes les autres se seront révélées inefficaces.

Renseignements sur une personne

➥ Vous ne connaissez pas l'orthographe exacte de son nom, mais vous savez dans quelle entreprise elle travaille.

1 *Recherche par mots clés sur le nom de l'entreprise*

Vous pouvez tenter une recherche sur le nom de son entreprise (voir plus loin : « recherche d'une entreprise »). Si celle-ci a un serveur, elle a peut-être un annuaire interne en ligne, sinon vous trouverez au moins une adresse du type *info@societe.com* à laquelle vous pourrez envoyer un message pour demander l'adresse E-mail de votre correspondant.

2 *Contact direct*

Essayez de contacter directement l'entreprise par téléphone pour avoir plus d'informations. Si l'entreprise est située aux États-Unis, de nombreux services Web sont disponibles pour trouver ses coordonnées téléphoniques. Voir en annexe 7.

Renseignements sur une personne

➥ **Vous cherchez un spécialiste d'un domaine précis, sans disposer d'un nom en particulier**

Pour mener des activités de veille ou trouver des informations très spécifiques sur un sujet donné, le mieux est souvent de connaître une personne spécialiste du domaine.

1 *Recherche dans les forums*

Il vous faudra, dans un premier temps, trouver un forum adéquat (voir chapitre 7). Une fois celui-ci identifié, lisez les contributions en cours pendant quelques jours. Il arrive souvent que certains messages très pointus soient écrits par l'interlocuteur recherché. Vous pourrez alors le contacter par E-mail.

2 *Recherche dans les archives des forums*

Vous avez trouvé le forum adéquat au cours de la phase précédente. Cherchez dans les archives de ce forum (voir chapitre 7) les contributions des mois écoulés. Certaines touchent probablement au sujet qui vous intéresse. Contactez alors leurs auteurs. Vous pouvez également retrouver les contributions écrites par une ou plusieurs personnes identifiées dans la première phase.

3 Recherche dans les FAQ

Il existe un grand nombre de FAQ sur des sujets plus ou moins précis. Faites une recherche parmi celles-ci (voir chapitre 4). Si vous trouvez un document sur le sujet qui vous intéresse, il comporte certainement des noms d'experts. Vous pouvez également contacter l'auteur de la FAQ.

4 Recherche sur le Web

Effectuez une recherche par thèmes (voir chapitre 2) ou par mots clés (chapitre 3) sur le Web, dans les domaines qui vous intéressent. Si vous trouvez des pages pertinentes dans le domaine recherché, envisagez de contacter leurs auteurs par E-mail (les coordonnées se trouvent souvent en bas de page). Les pages intéressantes sont souvent les listes (chapitre 1) écrites par des passionnés du domaine, qui connaissent certainement beaucoup de monde partageant ce thème d'intérêt. Envoyez un E-mail à l'auteur de la liste et posez-lui vos questions. S'il n'a pas la réponse, il vous orientera vers des experts.

5 Contribution dans les forums

Toujours dans le forum adéquat, postez une contribution de demande de contact aux autres lecteurs. La Netiquette veut encore que vous ne posiez une question que si vous avez déjà consacré du temps à rechercher l'information par vous-même.

Recherche d'une entreprise

➥ Vous connaissez son nom

1 *Recherche intuitive sur le Web*

Connectez-vous directement au service Web de l'entreprise en reconstituant l'adresse de son site. En effet, celle-ci s'écrit la plupart du temps sous la forme *www.société.com* ou *www.société.fr* si l'entreprise se trouve en France. Si vous cherchez des informations sur la Fnac ou IBM, essayez les URL *www.fnac.fr*, *www.ibm.com* ou *www.ibm.fr*. Ce type de recherche aboutit souvent au bon résultat car les entreprises choisissent pour le nom de leur site Web une adresse la plus simple et la plus mnémotechnique possible.

2 *Recherche d'une page contenant un lien vers le site*

La fonction *anchor:* d'AltaVista (chapitre 3) vous aidera à trouver une page contenant un lien vers le site de l'entreprise que vous cherchez. L'ordre *anchor:danone* donnera comme résultat les pages contenant des liens dont le texte contient le mot *danone*.

3 *Recherche sur le nom du serveur ou l'URL*

Testez l'interrogation *url:nom_société* d'AltaVista (chapitre 3). Vous trouverez ainsi directement l'adresse éventuelle du serveur de la société (si celle-ci a inclus son nom dans son URL, ce qui n'est pas toujours le cas !).

4 *Interrogation par mots clés*

Utilisez les moteurs de recherche par mots clés (voir chapitre 3) en vous repérant sur le nom de la société comme critère de recherche. Pensez à saisir l'initiale en majuscule et à prendre l'option *Case sensitive* (prise en compte des majuscules) lorsque le moteur de recherche la propose.

5 *Interrogation par thèmes*

Si vous connaissez précisément l'activité de l'entreprise recherchée, faites une interrogation sur les moteurs de recherche par thèmes (voir chapitre 2).

6 *Interrogation par zone géographique*

Si vous connaissez assez précisément la localisation de l'entreprise (pays ou État américain), faites une recherche par zone géographique (voir chapitre 4).

Recherche sur des thèmes précis

➥ La recherche est ponctuelle

Vous recherchez de façon ponctuelle une information d'ordre général sur une technologie ou, plus généralement, un domaine précis. Par exemple : que trouver sur l'Internet dans le domaine des polymères ?

1 *Interrogation par mots clés*

Il est possible d'effectuer une recherche par mots clés sur le domaine (voir chapitre 3). Attention à la saisie des critères. Plus ils seront flous, plus vous obtiendrez de réponses. Les réponses seront d'autant plus pertinentes que les questions seront précises. Utilisez les opérateurs booléens ou la recherche avancée proposée par les moteurs. N'insistez pas si vous ne trouvez rien de très probant au bout d'une demi-heure et passez à la phase 2.

2 *Interrogation par thèmes*

Cette phase (voir chapitre 2) donne souvent d'aussi bons résultats que la première. Les deux sont à essayer.

3 *Lecture des FAQ*

Recherchez s'il n'existe pas de FAQ portant sur le domaine concerné (voir chapitre 4).

4 *Interrogation des forums adéquats*

Recherchez le(s) forum(s) adéquat(s) dans le cadre de votre requête. Postez un message pour demande d'informations complémentaires.

Introduction
Sources d'information
Moteurs de recherche par thèmes
Moteurs de recherche par mots clés
Autres outils
Métamoteurs et agents intelligents
E-mail
Forums, listes de diffusion
Logiciels
Outils techniques
Méthodologie de recherche
Exemples commentés
Conclusion

Recherche sur des thèmes précis

➥ Recherche régulière (veille)

1 *Inscription à des listes de diffusion*

Déterminez (voir chapitre 7) quelles listes de diffusion sont les plus appropriées à votre veille et inscrivez-vous-y. Cela vous permettra de vous tenir au courant et de dialoguer avec un grand nombre de spécialistes de la question.

2 *Lecture régulière des forums de discussion*

Il en est de même pour les forums de discussion (voir chapitre 7), que vous devez parcourir périodiquement.

3 *Services de revues de presse automatisés*

Certains services (voir chapitre 4) vous proposent d'effectuer ces revues de presse pour vous. La plupart concernent essentiellement la presse américaine, mais des revues de presse européennes, voire françaises, sont en train de voir le jour. Testez également les applications push dans votre domaine d'activité (voir chapitre 4).

4 *Presse en ligne*

Il est possible d'effectuer vous-même des revues de presse au travers des revues spécialisées qui affichent leur contenu en ligne (voir chapitres 1 et 4).

5 *Veille sur les pages Web*

Utilisez le service URL-Minder (voir chapitre 4) pour connaître automatiquement les modifications survenues sur certaines pages intéressantes, notamment les listes qui recensent, pour un domaine particulier, tous les sites présents sur l'Internet. Vous serez ainsi au courant des nouveautés de ce domaine. Vous pouvez, par exemple, rechercher la catégorie du service Yahoo! (chapitre 2) qui vous intéresse et demander à URL-Minder de vous prévenir à l'occasion de chaque changement du contenu de cette page, donc certainement de chaque rajout de site.

6 *Automatisation des recherches sur le Web*

Utilisez la fonction de sauvegarde des recherches du service HotBot (chapitre 3) pour effectuer des requêtes par mots clés sur la semaine ou le mois précédent. Vous sauvegardez un type de recherche et la réutilisez périodiquement, sur la durée voulue. Si vous désirez utiliser AltaVista, faites une recherche avancée qui vous permet de prendre en compte la date. Vous devrez, à l'inverse de ce que propose HotBot, ressaisir à chaque fois la requête.

7 *Bibliothèques, laboratoires de recherche*

Les bibliothèques nationales (voir chapitre 1) peuvent constituer des points de départ intéressants pour des recherches, notamment dans le domaine des technologies, certaines thèses étant fournies en ligne. Un grand nombre de bibliographies ou de références bibliographiques sont également disponibles. Ne pas hésiter à interroger les grands centres de recherche (MIT, Inria, voir chapitre 1).

8 *Recherche dans les What's New*

Il est possible d'effectuer des recherches sur les services de "What's New" (voir chapitre 4) afin de se tenir au courant des nouveaux services créés dans un domaine particulier.

Recherche d'un logiciel

1 *Recherche sur le service Shareware.com*

Le service Shareware.com (voir chapitre 8) vous permet de retrouver un logiciel par type de plateforme, par mots clés compris dans le nom ou le descriptif du logiciel, etc. Il ne recense malheureusement que des freeware et des shareware.

2 *Recherche sur des services similaires*

Vous trouverez, en annexe 10, un certain nombre de services similaires à Shareware.com. Peut-être le logiciel que vous recherchez se trouve-t-il sur ces sites. Allez y faire un tour et tentez votre chance.

3 *Interrogation par Archie*

Cette recherche est à effectuer uniquement si vous connaissez exactement l'orthographe du nom du logiciel recherché (voir chapitre 8). Sinon, passez à la phase suivante.

4 *Recherche d'un logiciel spécifique*

Il arrive parfois que l'on recherche des logiciels qui ne sont pas dans les banques de logiciels *shareware* ou *freeware* (logiciels de démonstration très spécifiques, programmes distribués uniquement par certaines sociétés, etc.). Si Archie, Shareware.com et consorts sont inopérants, il vous sera nécessaire d'effectuer une recherche par mots clés sur le nom de l'entreprise (voir pages précédentes) qui distribue le logiciel, ou directement sur le nom du logiciel. L'entreprise a certainement mis en place une fonction de téléchargement sur son site Web.

Surveillance des technologies émergentes

1 *Inscription à des listes de diffusion*

Comme dans le cas de la veille, recherchez (voir chapitre 7) les listes de diffusion les plus appropriées à votre quête et inscrivez-vous-y. Cela vous permettra de vous tenir au courant et de discuter avec un grand nombre de spécialistes de la question.

2 *Lecture des forums de discussion*

Il vous faudra vous joindre aux forums de discussion correspondant à votre domaine de recherche (voir chapitre 7). La lecture de ces forums est souvent très instructive sur les technologies émergentes.

3 *Revues de presse automatisées*

Les revues de presse automatisées (chapitre 4) donnent de bons résultats : une technologie émergente fait l'objet d'articles dans la presse. Vous serez donc informé par ce biais.

4 *Surveillance de la création ou du volume des forums*

La création d'un forum de discussion étant fondée sur un vote de l'ensemble de la communauté, il y a fort à parier que si une telle démarche aboutit, c'est qu'elle a rassemblé assez de suffrages, et donc intéresse un grand nombre de personnes sur le réseau. Il s'agit alors certainement d'une technologie émergente. Les élections étant transparentes, vous pouvez facilement vous procurer les noms des gens ayant voté pour la création d'un tel groupe. Vous pouvez alors les contacter *a posteriori*. D'autre part, si un forum concernant une technologie n'est pas vivant (au plus quelques messages par semaine), on peut penser que la technologie en question est en perte de vitesse.

5 *Recherche de sites Web ou de listes*

Beaucoup de services donnent gratuitement des informations sous forme de listes de services sur les technologies émergentes dans un domaine donné. Ils peuvent être trouvés en recherchant soit par mots clés (chapitre 3), soit par thèmes (chapitre 2).

Surveillance des concurrents

1 *Inscription à des listes de diffusion*

Là encore, recherchez les listes de diffusion (voir chapitre 7) les plus appropriées à votre veille concurrentielle et inscrivez-vous-y.

2 *Lecture régulière des forums de discussion*

Lisez régulièrement les contributions des internautes dans les forums. On y parle de tout, donc forcément de vous et de vos concurrents. Consultez les archives (chapitre 7) pour retrouver les conversations complètes et les anciennes contributions sur un thème.

3 *Revues de presse automatisées*

Abonnez-vous à un service de revue de presse automatisée (chapitre 4) ou expérimentez les services de type push (chapitre 4) pour être continuellement au courant des activités de vos concurrents.

4 *Interrogation par thèmes*

Si vous connaissez précisément l'activité des entreprises recherchées, faites une interrogation sur les moteurs de recherche par thème (voir chapitre 2) qui vous donneront un panorama des entreprises de votre domaine présentes sur le Web.

5 *Recherche de listes*

Les listes donnent souvent un grand nombre d'indications dans le cadre de recherche d'entreprises présentes sur le Web dans un domaine précis.

6 *Veille sur les pages Web*

Lorsque vous avez repéré les sites Web de vos concurrents, recherchez la page « Actualités » ou « What's New ». Indiquez cette adresse au service URL-Minder (chapitre 4) qui vous avertira à chaque changement de leur contenu.

7 *Interrogation par zone géographique*

Si vous recherchez les entreprises présentes dans un État américain ou dans un pays donné, les moteurs de recherche géographique (voir chapitre 4) peuvent être utilisés.

8 *Utilisation « frauduleuse » des forums*

Il est possible de savoir au travers des forums de discussion ce que disent les gens sur vous et vos concurrents. Certaines entreprises postent même de faux messages (du type « J'ai acheté un produit fabriqué par X, ça ne marche pas, ce sont des escrocs. ») pour, ensuite, lire les réactions de la communauté à cette contribution. Le faux message peut, bien entendu, parler des produits de l'entreprise elle-même ou de ceux de ses concurrents. La Netiquette réprouve ce type d'utilisation des forums et nous n'en parlons qu'à titre indicatif.

Chapitre 11

EXEMPLES DE RECHERCHE

Il est maintenant temps de confronter la théorie à la pratique. Nous avons décrit dans les pages précédentes différents outils disponibles pour rechercher de l'information sur l'Internet : Web, forums de discussion, listes de diffusion, etc. Nous avons également présenté une méthodologie à mettre en œuvre afin de gagner du temps lors des recherches.

Bien entendu, rien ne remplace la pratique et vous devrez, avant de bien parvenir à connaître les outils et à effectuer des recherches les plus efficaces possibles, avoir accumulé des heures de pratique, avoir effectué des centaines de recherches sur le réseau. Attention : la phase la plus critique de ces recherches sera certainement le choix de l'outil à utiliser (moteur par thèmes, par mots clés ou autre) et des mots clés les plus judicieux, les plus appropriés. Rappelons-le, ce travail se fait sur le papier, avant de se connecter. C'est le gage d'une recherche réussie.

Voici maintenant une liste d'exemples dont la plupart proviennent de questions réelles posées lors de stages sur la recherche d'information sur l'Internet.

Les noms d'entreprises, de personnes et/ou de produits ont été modifiés pour des raisons de confidentialité. Nous avons parfois testé et comparé différents moyens pour rechercher une même information.

Vous pouvez vous fonder sur ces exemples pour vos propres recherches. Le processus est souvent le même, seuls les thèmes et les mots clés choisis dans les pages suivantes pouvant varier :

« Mon entreprise fabrique des jouets et je voudrais savoir quels sont mes concurrents présents sur l'Internet, en France, en Europe et à l'étranger »

Pour résoudre ce problème, nous sommes partis du service Yahoo! France et avons regardé s'il recensait ce type d'entreprises. Le mot clé *jouet* a donné deux catégories :

- sports et loisirs/Jouets
- commerce et économie/Sociétés/Jouets.

La première catégorie ne recense quasiment pas de sites. La deuxième semble plus intéressante pour notre recherche. 5 sociétés (Pernaty, Ellitoys, Jocus, Lulu Berlu et Pouzeli) y sont référencées ainsi que deux entreprises dans une sous-rubrique intitulée Tamagotchi (MJ Electronics HK et La Nuit des Tamagotchi). Les Tamagotchis sont de petits boîtiers représentant des animaux virtuels faisant fureur au Japon et, depuis peu, en France.

Nous avons donc trouvé 7 entreprises travaillant dans le monde du jouet sur l'espace francophone. Il nous faut maintenant élargir notre recherche.

Yahoo! France propose, en bas de page, un lien vers la catégorie équivalente sur Yahoo! international. La page Commerce et économie/Sociétés/Jouets de Yahoo! France renvoie donc vers son « grand frère » se trouvant à la page Business_and_Economy/ Companies/Toys/ qui propose 13 sous-rubriques :

- Action Figures
- Collectibles
- Dolls
- Games
- Manufacturers
- Novelties
- Retailers
- Rocking Horses
- Stuffed Animals
- Tamagotchi
- Teddy Bears
- Virtual Pets
- Yo-Yos

Ces 13 sous-catégories regroupent plus de 500 sites. 5 services sont également référencés directement dans cette rubrique :

- British International Toy & Hobby Fair
- Excel Development Group, Inc
- Norris & Norris
- Toy Shippers Association, Inc.
- ToySource.

Enfin, dans le lien *Directories*, 7 sites sont indiqués, fournissant des listes de tout ce qu'il est possible de trouver dans le domaine du jouet sur le Web :

- All World Hobbies
- Beanie Babies Store Directory
- Dr. Toy's 100 Best Children's Products For 1996
- Pangea Toy Network
- Toy.Co.UK
- ToyPhil
- Wholesale Only International

Il y a de fortes chances que la majeure partie des entreprises du domaine du jouet présentes sur l'Internet soit disponible au travers de ces pages.

Grâce à Yahoo!, nous avons rapidement trouvé un grand nombre de constructeurs de jouets présents sur le Web, au travers de leurs sites. En comparaison, imaginons une recherche sur un moteur par mots clés, comme AltaVista, et testons les requêtes *jouet** et *toy** (pour obtenir les occurrences de *jouet*, *jouets*, *toy* et *toys*).

Le terme *jouet** donne 7440 résultats. La requête *+jouet* +fabricant* donne 59 résultats, mais les pages obtenues sont très disparates. À première vue, il faudra une heure ou deux pour arriver au résultat obtenu en quelques minutes avec Yahoo!. Certaines pages contiennent les mots *jouet* et *fabricant* sans que ceux-ci soient rattachés l'un à l'autre (*jouet* en début de page, *fabricant* en fin, par exemple), d'autres contiennent le mot *jouet* dans une acception qui ne nous intéresse pas ici (*université de Jouetsu*, expression *« il a été le jouet des éléments »*, etc.).

Le mot *toy** donne 1 205 910 résultats ! La requête *+toy* +manufacturer* indique 27 510 pages, ce qui est encore trop. Comme pour la requête en français, les résultats sont assez disparates. Il faudrait creuser un peu plus (c'est-à-dire passer plus de temps) pour trouver des résultats conformes à la demande de départ. Il n'est pas dit que l'on puisse y parvenir.

Pour ce type de recherche, les moteurs par thèmes sont les plus efficaces. Une fois que vous avez trouvé l'information désirée, effectuez quand même une recherche par mots clés, avec des requêtes les plus fines possibles, et regardez les 10 ou 20 premiers résultats. Certaines pages compléteront peut-être votre première recherche.

?

« Je voudrais savoir quelles sont les pages du Web qui parlent de la marque Yoplait »

La recherche de départ est assez vague. Son but est de savoir combien de pages sur le Web contiennent le mot *Yoplait*. Nous avons choisi AltaVista pour l'effectuer. La requête *text:yoplait* a donné 189 documents contenant ce mot dans le texte lisible des pages.

La fonction *Refine* d'AltaVista indique bien qu'il s'agit de la marque de produits laitiers :

68% *Yogurt, flavored, fruit*

40% *Nestle, oreal, palmolive, haagen, dazs, conagra*

40% *Mills, wheaties, cheerios, crocker, cereals, minneapolis, betty, mixes, general*

34% *Milk, foods, dairy, flavoured, cheese, brands, cheddar, flavours*

Il suffirait d'affiner la recherche sur un thème plus précis pour obtenir un nombre de pages plus faible. Exemple : le mot *yogurt*. La recherche *+text:yoplait +text:yogurt* ne donne plus que 120 documents. Si l'on désire uniquement les documents parlant de Yoplait et Nestle, la requête *+text:yoplait +text:nestle* ne génère plus que 34 documents. Si l'on demande ceux écrits en anglais, on tombe à 26, ce qui est tout à fait exploitable.

Dès qu'il s'agit de « sonder » le contenu des pages du Web, le moteur de recherche par mots clés est incontournable et donne d'excellents résultats. Reste à bien définir les mots composant la requête, ainsi que les fonctions de recherche avancée (du type *text:*) et les opérateurs booléens à utiliser pour aboutir à moins de 30 documents à lire.

« Je recherche le site Web de la société Volkswagen »

Pas de problème majeur. Volkswagen étant une entreprise commerciale, nous avons essayé *http://www.volkswagen.com/*. Et... ça a marché !

Une autre recherche aurait pu être faite au moyen de la requête *host:volkswagen* sur AltaVista.

Cette requête donne 48 documents dont la plupart, sur les deux ou trois premières pages de résultats d'AltaVista, se situent sur le site suivant : *http://www.volkswagen-stiftung.de/*

Après avoir pris en compte cette adresse, nous voudrions l'éliminer de notre recherche. La requête *host:volkswagen -host:stiftung* donne alors d'autres sites :

http://www.volkswagen.com.br/
http://www.volkswagen.se/
http://alcoholtest.volkswagen.nl/
http://www.volkswagen.be/
http://www.volkswagen.co.uk/
http://www.volkswagen.ch/
http://www.svenska.volkswagen.se/
http://www.volkswagen.vw-audi.es/
http://www.volkswagen.com.au/
Etc.

Nous avons également testé une requête *host:vw* sur AltaVista. La démarche est moins fine (332 réponses dont certaines n'ont rien à voir avec Volkswagen, le terme *vw* n'ayant parfois aucun rapport avec le constructeur automobile). Cependant, en deuxième choix, le site *www.vw.com* est donné, équivalent de *www.volkswagen.com.*

Essayons maintenant le service Yahoo! : le mot clé *volkswagen* donne rapidement accès à la catégorie *Recreation/Automotive/Makes and Models/Volkswagen.* L'information fournie est généreuse. Trois rubriques (*Clubs and Organizations, Dealers et Parts*), ainsi que plus de 60 sites parlant des automobiles du constructeur allemand. Un lien vers les sites officiels de cette société donne un accès à 9 services Web officiels, selon leur provenance géographique : Suisse, Autriche, Asie-Pacifique, etc. Tous les sites disponibles ne sont cependant pas indiqués.

• Si l'on veut uniquement trouver le site officiel d'une entreprise, la recherche intuitive donne souvent de bons résultats.

• Sinon, les moteurs par thèmes et par mots clés donnent, la plupart du temps, des résultats très probants, si l'on exploite toutes leurs fonctionnalités avancées (comme *host:*).

• En revanche, si vous désirez connaître TOUS les sites qu'une entreprise a mis en place, une recherche par mots clés sera souvent plus efficace. En effet, ne sont indexés sur les moteurs par thèmes que les sites que l'entreprise a bien voulu y déclarer, ce qui n'a rien d'exhaustif. En règle générale, cependant, il faudra essayer les deux types d'outils, en commençant par les moteurs par mots clés, pour obtenir un résultat complet.

• Enfin, les moteurs par thèmes seront à préférer si vous désirez connaître les sites traitant d'une façon générale des produits d'une entreprise. Ici, Yahoo! a référencé la plupart des services Web parlant de Volkswagen, officiels et officieux.

« Je recherche des informations d'ordre général sur les polymères. Je voudrais de l'information, en français de préférence »

À la requête *polymer*, AltaVista propose 192 590 pages, ce qui est bien trop. Il faut donc resserrer la recherche. La requête *polymère* avec le choix du langage français uniquement, toujours sur AltaVista, donne 388 documents.

C'est mieux mais on se rend bien compte que la demande est encore trop floue. Il importe alors de mieux cerner le problème, ce qui impose d'en référer au bénéficiaire de la recherche.

Imaginons que cette démarche ait abouti à la restriction de la requête aux polymères et à leur interaction dans la fabrication du nylon. La requête *+polymère +nylon* avec langage français est ainsi soumise et trouve 14 documents, dont un venant d'une université française et décrivant le processus de fabrication d'un fil de nylon. Un autre donne un tableau des principales caractéristiques des matières plastiques les plus courantes, etc. Un certain nombre de laboratoires de recherche fournissent également des pages d'information ou présentent sommairement leurs travaux dans le domaine. Leurs coordonnées sont souvent fournies en bas de page ou sont très simples à trouver (en remontant à la page d'accueil du service). Il sera toujours possible de les recontacter par la suite pour avoir plus d'informations.

Une recherche sur le mot *polymère* menée sur Yahoo! France ne donne aucun résultat. Yahoo! passe la main à AltaVista.

Si l'on recherche des informations d'ordre général de ce type, les moteurs de recherche par mots clés sont les plus efficaces. Attention à la caractérisation de la demande : plus les mots clés seront pointus, plus la recherche sera efficace. Cependant, ceux-ci ne devront pas être trop restrictifs afin de ne pas passer à côté de pages contenant des synonymes. Si nécessaire, aidez-vous de la fonction *Refine* d'AltaVista pour trouver les mots clés qui conviennent le mieux à une recherche.

> « Un article du journal *L'Humanité* a été consacré en juillet 97 à la privatisation de France Télécom. Comment puis-je le rechercher ? »

Tout d'abord, comme nous l'avons vu dans le chapitre 1, on ne peut trouver ces articles grâce aux moteurs de recherche traditionnels. Il faut donc, dans un premier temps, trouver le site Web du journal *L'Humanité* pour voir si celui-ci propose ses archives.

Dans un premier temps, nous testons la recherche intuitive. Malheureusement, l'URL *www.humanite.fr* ne donne rien.

La requête *host:humanite* sur AltaVista donne 40 réponses et la première est la bonne. L'adresse du site Web du journal est *http://www.humanite.presse.fr/*.

Sur la page d'accueil du service, un lien *Archives* nous amène à la page *http://www.humanite.presse.fr/journal/archives.html* où il est possible d'effectuer une recherche sur les numéros, par date. Un bouton *Recherche* nous mène à la page *http://www.humanite.presse.fr/cgi-bin/recherche.html* permettant de saisir des mots clés selon une syntaxe spécifique. La saisie de *privatisation;france;telecom* nous fournit bien l'article du 19 juillet 1997 intitulé « France Télécom reste sous contrôle de l'Etat ».

Si l'on recherche des articles de presse archivés, il faudra donc d'abord connaître la source de l'information, donc le quotidien ou la revue qui les a édités.

Une fois trouvé le site correspondant, veillez à bien prendre en compte la syntaxe souvent particulière de saisie de mots clés. La recherche pourra bien entendu être gratuite, mais elle sera la plupart du temps payante.

« Je connais deux sites, appelés Webpromote (www.webpromote.com) et Submit-It (www.submit-it.com), qui permettent d'effectuer des référencements massifs sur les moteurs de recherche. En existe-t-il d'autres ? »

Il est assez difficile de trouver des mots clés caractérisant de façon fine ce type de service. Il est, par ailleurs, compliqué d'imaginer de façon intuitive une catégorie de Yahoo! dans laquelle les trouver.

Deux stratégies sont alors possibles :

• saisissez sur Yahoo! le nom d'un des sites dans la zone de critère en indiquant une recherche sur l'adresse, puisque vous la connaissez. Exemple : *u:webpromote*. Yahoo! donne en premier les catégories dans lesquelles il a trouvé les occurrences de ce mot. Ainsi la catégorie Business and Economy/Companies/Internet Services/Web Services/Promotion est indiquée en premier. Cette catégorie donne les noms de 218 sites effectuant ce type d'opérations. En revanche, Yahoo! n'indique pas les plus connus, les plus utilisés ou les plus performants, ce qui aurait été une donnée intéressante (quoique très subjective),

• autre stratégie possible : nous allons rechercher des pages du Web contenant des liens vers ces deux sites. Il y a de fortes chances pour que les pages en question donnent également des liens vers d'autres sites semblables.

la requête sur AltaVista est alors définie ainsi : *+link:webpromote +link:submit-it*. 192 pages sont ainsi récupérées. La première (*www.ifb.com*) donne l'adresse de 10 services semblables. La deuxième en donne 4. La sixième en donne 3, etc.

En quelques minutes, nous avons ainsi trouvé une quinzaine de sites proposant des référencements massifs. Trois ou quatre sont indiqués dans quasiment toutes les pages trouvées. On peut raisonnablement penser qu'ils sont les plus connus.

Si l'on désire l'exhaustivité, les annuaires seront mis à contribution. Si l'on veut avoir une liste des sites les plus connus, les requêtes par mots clés donneront des résultats plus intéressants, bien que ce type de recherche prenne plus de temps.

« Je suis un fan du groupe U2. Comment trouver les sites qui parlent de ce groupe ? »

Le mieux est d'aller sur le service Yahoo!. La saisie du mot clé *U2* va donner comme résultat la catégorie *Entertainment/Music/Artists/By Genre/Rock and Pop/U2*. Cette catégorie recense plus de 80 sites sur le groupe de rock U2.

Yahoo! doit être préféré à AltaVista sur lequel la recherche serait trop polluée. En effet, la saisie du mot *U2* donne sur ce service 50 610 réponses !

« Je recherche un emploi. Existe-t-il des sites Web en français qui me permettent de consulter des annonces et de postuler en envoyant un CV ? »

Là encore, afin d'éviter toute pollution, il vaut mieux utiliser un site comme Yahoo! France, qui référence les sites par grands thèmes. La saisie du mot *emploi* sur la page d'accueil donne accès à la catégorie *Commerce et économie/Emploi/Offres et demandes d'emploi* qui recense 60 sites proposant des offres d'emploi ou permettant d'envoyer un CV électronique à des entreprises.

« Où en est la législation sur le chiffrement en France à l'heure actuelle ? »

Une recherche sur AltaVista sur les mots *+chiffrement +france* donne 34 résultats. La première page proposée est située à l'adresse *http://www.freenet.fr/villemin/FreeNet/Chiffrement.htm*. Elle recense tous les textes de loi actuels sur le sujet, ainsi que des liens très intéressants du domaine.

?

« Je voudrais savoir toutes les semaines si de nouvelles pages ont été rajoutées ou modifiées sur mon domaine de prédilection : serpents et reptiles »

Effectuons une recherche sur HotBot avec les mots clés suivants : *snake reptile* avec l'option *all the words*. 2290 résultats sont donnés. Vous pouvez choisir de restreindre votre recherche aux serpents à sonnette : *snake reptile rattlesnake* génère 277 documents, etc.

Une fois les bons mots clés trouvés, vous disposez d'un ensemble de documents intéressants. Compulsez les pages indiquées pour trouver les informations que vous recherchez. Puis, revenez à la page d'accueil et, à l'aide de la zone *Date*, demandez les documents créés ou modifiés depuis la semaine précédente (*in the last week* par exemple) en cliquant sur *Search*.

Une fois la page de résultats affichée par HotBot, enregistrez-la dans vos signets (ou favoris ou *bookmarks*, selon le navigateur utilisé). Lorsque vous reviendrez sur HotBot chaque semaine, relancez la requête en choisissant de nouveau cette adresse. Celle-ci vous indiquera, à chaque échéance, les nouvelles pages sur vos thèmes de prédilection.

Vous pouvez également effectuer le même type d'opérations avec la recherche avancée d'AltaVista, bien que son maniement soit légèrement plus complexe que sur HotBot.

« Je recherche une photo de Jacques Chirac »

L'ordre *image:chirac* sur AltaVista donnera 220 pages HTML contenant une photo du président de la République française. Nous avons testé les dix premières. Les photos s'y trouvaient, dans la plupart. Il n'y a qu'à choisir celle qui vous intéresse, selon l'utilisation que vous désirez en faire, à la condition qu'aucun copyright ne lui soit associé.

« Je recherche l'adresse du site Web de l'ambassade de France en Grèce »

Excellente occasion d'utiliser un moteur de recherche géographique. Sur le service Virtual Tourist, l'Europe, puis la Grèce sont choisies. Un site (*http://www.forthnet.gr/hellas/hellas.html*) permet de rechercher un service sur l'espace Web Grec. L'option *Athens & Saronic Gulf* nous amène vers une page décrivant cette région. Sur celle-ci, le choix *Govermental & Politics* semble logique et nous mène vers un lien sur l'ambassade cherchée (*http://www.forthnet.gr/home/frenchemb/*).

Dès lors que l'information principale sur le site visé est à caractère géographique et que la recherche se situe dans un pays n'ayant pas un nombre pléthorique de sites Web, la recherche géographique donne souvent de bons résultats.

« Je suis le Webmaster du site www.fnac.fr et je voudrais savoir quelles sont les pages dans le monde du Web qui ont mis en place un lien vers mon site »

Une seule solution : les moteurs de recherche par mots clés. AltaVista, Infoseek et HotBot offrent ce type de possibilité.

Examinons le service AltaVista. La saisie de *link:www.fnac.fr* donne ainsi 251 documents contenant un lien vers une adresse incluant les termes *www.fnac.fr*.

Bien entendu, cette requête aurait pu être affinée en tapant une URL complète. Par exemple, il existe à l'adresse *http://www.calvacom.fr/cgi-bin/annuaire/nom/* un annuaire des journalistes possédant une adresse E-mail sur l'Internet. La requête *link:www.calvacom.fr/cgi-bin/annuaire/nom/* donnera ainsi les adresses des 19 pages du monde du Web qui pointent vers cet annuaire.

« Je cherche des logiciels qui me permettent d'effectuer des fonctions Traceroute (voir chapitre 9) sur mon PC Windows 95 et sur le Macintosh de mes enfants »

Sur le service Shareware.com, nous choisissons l'option *Windows 95* dans le menu déroulant de la recherche rapide et tapons le mot clé *traceroute* (voir chapitre 9).

Trois logiciels (*netlab95.zip*, *tjping15.exe* et *Setuptk.exe*) sont trouvés.

Avec le choix *Macintosh* dans le menu déroulant, 7 logiciels sont indiqués.

Dans les deux cas, il vous suffit de lire le descriptif associé à chaque logiciel pour déterminer le mieux adapté à votre demande, de cliquer sur son nom puis de le télécharger. Vous pouvez également en télécharger plusieurs, les installer sur votre disque dur et les comparer à l'usage.

« Je recherche un expert de la programmation en langage Java »

Première opération : nous allons chercher un forum de discussion sur ce sujet. Sur le service DejaNews, nous prenons l'option *Interest Finder*. Le mot clé *java* est saisi. Les forums suivants sont trouvés : *comp.lang.java.programmer*, *comp.lang.java.advocacy*, *comp.lang.java.tech*, *comp.lang.java.misc*, *comp.lang.java.help* et *comp.lang.javascript*.

Il suffira alors de lire le contenu de ces forums et leurs archives pour identifier, parmi les auteurs, les spécialistes du langage intervenant dans ces forums.

Autre méthode : rechercher dans les FAQ s'il n'y en a pas certaines spécifiques au langage Java.

Sur le site *http://www.lib.ox.ac.uk/internet/news/*, la recherche par mots clés est choisie et le mot *java* saisi. On tombe ainsi sur le document *http://sunsite.unc.edu/javafaq/javafaq.html* qui est une FAQ sur le langage et qui explique tout sur celui-ci. Cette FAQ est signée Elliotte Rusty Harold (*elharo@sunsite.unc.edu*) mais donne également de nombreuses adresses URL et E-mail de contacts sur ce domaine. Avec ces données, vous devriez trouver votre bonheur.

Bien entendu, rien ne vous empêche d'effectuer des recherches par mots clés ou par thèmes, qui devraient également vous fournir un grand nombre de pages ou de sites sur le sujet. Il suffira alors de contacter leurs auteurs. Privilégiez dans ce cas les « pages personnelles » où les auteurs se présentent et proposent des indications souvent très pertinentes sur Java. Ceux-ci sont souvent très heureux de partager leurs connaissances avec la communauté de l'Internet. D'ailleurs, s'ils ont créé une « page perso », c'est souvent dans ce but.

« Je voudrais savoir ce qui s'est dit dans les années précédentes sur le Prozac dans les forums de discussion »

Le service DejaNews a été créé pour ce genre de requête. La saisie du mot clé *prozac* aboutit à 4 541 réponses et vous permet de lire les contributions récentes (sur les deux derniers mois). La recherche avancée de DejaNews (*Power Search*) permet d'aller plus loin dans le passé.

Si vous désirez avoir uniquement les contributions qui parlent du Prozac et de Lilly, laboratoire pharmaceutique fabriquant ce médicament, la requête *prozac and lilly* vous donnera ainsi 115 résultats sur la base courante de DejaNews.

Bien entendu, l'option *View Thread* de DejaNews vous permet, en partant d'une contribution, d'afficher la conversation entière, donc les articles de tous les internautes sur le sujet.

« Je voudrais savoir s'il existe des forums de discussion dans le domaine de la pharmacologie »

Encore une fois, le service DejaNews est mis à contribution, au travers du service *Interest Finder*.

Les mots clés *pharmacology pharmacy* donnent les forums suivants (entre autres) : *sci.med.pharmacy*, *alt.folklore.herbs*, *alt.support.cancer*, *bionet.jobs.offered*, *misc.fitness.weights*, *alt.drugs.pot* et *sci.research.careers*.

Il suffit alors d'aller vous renseigner en cliquant sur le nom du forum désiré.

La fonction *Search Filter* permettra ensuite d'effectuer des recherches dans ce(s) forum(s) spécifique(s).

> « Je suis passionné de Harley Davidson. Je voudrais savoir s'il existe des listes de diffusion dans ce domaine »

Effectuons une recherche sur le service Liszt (chapitre 7) avec les mots clés *Harley Davidson*. Deux listes ont été trouvées :

Harley : Talk About Harley Davidson

hd-list : Announcements by Harley Davidson of Stamford Connecticut

Cliquez sur l'un ou l'autre des titres des listes pour avoir accès à la procédure d'abonnement ou de demande d'aide sur ces listes. Il vous suffit de suivre les indications affichées à l'écran.

> « Je recherche l'E-mail d'une connaissance. Elle s'appelle Jeffrey Jones et travaille, je crois, chez IBM aux États-Unis »

Le service le plus couramment utilisé et le plus performant à l'heure actuelle est Four11. Dans la zone *Last Name*, le nom *jones* est saisi et dans la zone *Company*, nous spécifions *ibm*.

Four11 trouve 13 réponses, dont celle-ci :

Jeffrey Michael Jones
Clearwater, Florida,
United States Of America
E-Mail Address : jeffrey_jones@ibm.com

Group Connections :
Current Organization : ibm
Past High School : Framingham North High School

« J'effectue des recherches généalogiques sur ma famille. Comment retrouver des personnes portant le même nom que moi (je m'appelle Wantz) ? »

Trois possibilités, très complémentaires, s'offrent à vous pour ce type de recherche :

• dans les annuaires d'E-mail. Ainsi, le service Four11 donne 14 résultats, soit 12 personnes dont le nom est exactement *Wantz,* et 2 dont le nom est approchant (*Wantzmeier* par exemple). Vous pouvez envoyer un message à ces personnes pour leur demander des précisions sur leur généalogie,

• des homonymes ont peut-être posté des contributions dans les forums de discussion. Le service DejaNews, grâce à son option *Search Filter*, permet de rechercher des articles sur le nom de l'auteur. La saisie de *Wantz* fournit 48 documents et les adresses de messagerie électronique des auteurs sont indiquées,

• enfin, une recherche sur AltaVista avec le mot clé *Wantz* (initiale en majuscule) aboutit à 152 documents contenant ce nom. Il n'y a aucune certitude qu'à un nom soit associée une adresse E-mail. Les résultats seront ici plus aléatoires.

« Je recherche des personnes qui sont passionnées de plongée sous-marine »

Ici encore, vous avez trois possibilités :

• les annuaires d'E-mail, comme Four11 ou WhoWhere, fournissent des zones de formulaires sur les thèmes d'intérêt des personnes. Dans Four11, il suffit de choisir la recherche avancée (*Power Search*) et, dans la zone *Connections*, de cocher le champ *Interests, Fun Stuff*. Les mots clés saisis sont *scuba diving*. Four11 fournit ainsi 2 527 résultats à cette recherche. Pour le même type de recherche, WhoWhere (choix *Communities*, option *Personal Interest*, menu *Sports, ourdoor activities*) donne environ 200 réponses,

• les listes de diffusion et forums de discussion sont de bonnes sources pour trouver d'autres personnes partageant votre passion. Pour les listes de diffusion, nous avons interrogé le service Liszt avec les mots clés *scuba diving*. 6 listes sont fournies :

cal_diving : SCUBA & breath-hold diving in California

ns-diving : Announcements, discussions about NS scuba diving

scuba : «UCD Scuba Diving Program news»

SCUBA-L : Scuba diving discussion list

SCUBA-SE : SouthEast US Scuba Diving Travel list

SCUBA-TR : Turkish Skin/SCUBA Diving List

Il suffit de choisir la (ou les) liste(s) qui vous intéresse(nt), de vous y abonner et de discuter avec les personnes déjà inscrites.

Pour les forums de discussion, une interrogation sur DejaNews, option *Interest finder* avec les mots clés *scuba diving,* donne trois forums disponibles : *bit.listserv.scuba-l, rec.scuba* et *rec.scuba.location*

• Enfin, une interrogation par mots clés sur le Web est possible. La requête *"scuba diving"* sur AltaVista donne 27 241 pages. La liste est assez « polluée », on peut s'en douter. Vous avez accès à des présentations de clubs de plongée, à des magasins de vente d'équipements, etc. Les deux premiers types de recherche sont donc à privilégier dans ce cas.

CONCLUSION

Il faut bien le reconnaître, rechercher de l'information sur l'Internet n'est pas chose aisée. Il existe un grand nombre de moteurs spécialisés, souvent très différents les uns des autres et rarement complémentaires. Mais ne gâchons pas notre plaisir, ces outils n'existent que depuis relativement peu de temps. Trouver une information sur ce réseau est aujourd'hui possible, à défaut d'être facile, avec une bonne connaissance de ces moteurs et une méthodologie de travail efficace. Gageons que les services disponibles à l'heure actuelle vont encore évoluer dans le bon sens.

Il est vrai que l'on peut regretter l'absence d'un outil universel, qui prendrait en charge tout type de recherche. Certains moteurs, comme HotBot, prennent en compte des fonctionnalités que l'on aimerait voir chez d'autres leaders, tel AltaVista. L'inverse est également vrai : AltaVista comporte des fonctionnalités non intégrées par HotBot, etc. Les syntaxes d'interrogation sont encore différentes d'un service à l'autre. Bref, le moteur d'interrogation idéal n'existe pas encore.

Les notions de tri et de pertinence de l'information ne sont également pas encore réellement prises en compte dans les systèmes actuels. Mais il y a fort à parier que des services fiables, où l'on pourra poser des questions en langage naturel, de la façon la plus simple possible, et qui délivreront au maximum 20 réponses, toutes plus pertinentes les unes que les autres, vont bientôt émerger. Les agents intelligents auront, à ce titre, un grand rôle à jouer dans les années qui viennent.

La différence entre recherche active d'information (pull) et acquisition passive (push) marquera certainement encore plus fortement les enjeux des années futures. En tout état de cause, l'Internet constituera une source d'information primordiale et essentielle dans l'avenir.

Nous assistons à l'éclosion d'un nouveau média qui, après 25 ans d'existence, commence à entrer dans sa phase de maturité. Des outils comme le Web ont révolutionné les systèmes d'information, en permettant de diffuser des données rapidement, à grande échelle et avec une efficacité maximale. Les outils de recherche, souvent encore trop jeunes pour être totalement efficaces, devraient, comme toute technologie nouvelle, bénéficier de quelque délai de bienveillante tolérance. Ce n'est pas trop exiger, sachant qu'ils devraient nous faciliter grandement la vie dans les années qui viennent...

ANNEXES

Annexe 1

Opérateurs booléens, troncatures, parenthèses, etc.

Opérateurs booléens

Lorsque l'on désire effectuer une recherche par mots clés, il est très souvent possible et utile de coupler une suite de mots grâce à ce que l'on appelle des opérateurs booléens.

Ce terme ésotérique (venant du nom de George Boole, mathématicien britannique) signifie que vous pouvez élargir ou restreindre votre recherche en imposant la présence de tous les mots dans chaque document, ou en vous contentant de la présence d'un seul au moins de ces mots. Il est également possible d'imposer certains mots et d'en exclure d'autres. Il existe plusieurs opérateurs booléens. Nous allons examiner les trois plus courants.

Pour plus de simplicité, nous avons pris pour exemple la saisie de deux mots clés (*fibre* et *optique*) séparés par un opérateur. Nous verrons par la suite qu'il est possible de coupler plusieurs opérateurs à l'aide de parenthèses.

Nous illustrerons les exemples par des graphiques représentant les ensembles de pages comprenant respectivement les mots *fibre* et *optique*. Le résultat de la recherche sera indiqué en noir.

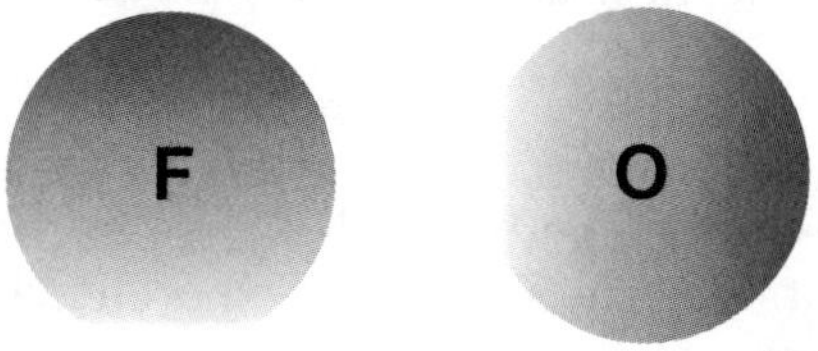

Opérateur ET

L'opérateur ET permet d'indiquer que la recherche se fera sur les deux mots saisis, obligatoirement. Si un document contient uniquement un des deux mots désirés, il ne sera pas pris en compte dans le résultat final.

Exemple : recherche sur *fibre* ET *optique*

Le moteur de recherche fournira comme résultat les pages contenant le mot *fibre* ET le mot *optique*. Si une page contient le mot *fibre* mais pas le mot *optique*, elle ne sera pas prise en compte. Cela peut se résumer sur le schéma suivant :

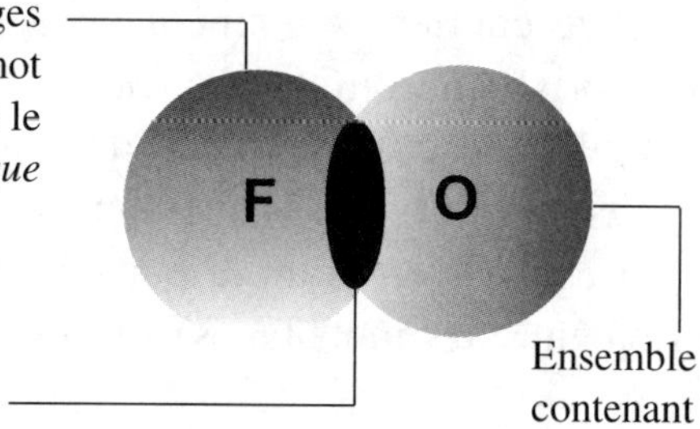

Seule l'intersection des deux graphiques est prise en compte.

L'utilisation de l'opérateur ET est possible sur un grand nombre de moteurs de recherche. La plupart du temps, il est symbolisé par son équivalent anglais AND ou par le signe +.

Opérateur OU

L'opérateur OU permet d'indiquer au moteur de recherche qu'il doit prendre en compte les pages qui contiennent soit l'un des mots saisis, soit l'autre, soit les deux. Il s'agit ici de la réunion des deux ensembles :

Exemple

Exemple : Recherche sur *fibre* OU *optique*

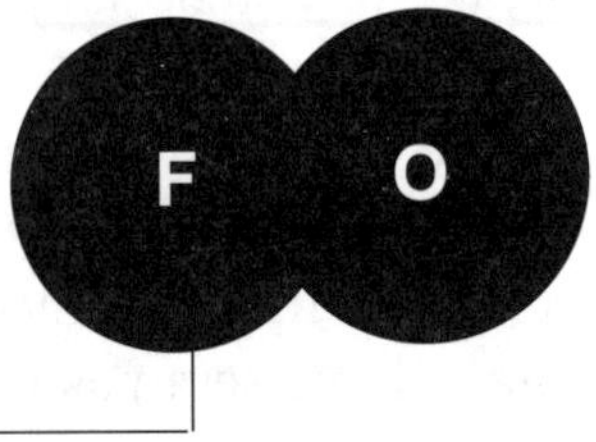

Résultat de l'opérateur OU : Ensemble des pages contenant le mot *fibre* ou le mot *optique*, ou les deux

Si une page contient seulement un des deux mots, elle sera prise en compte et affichée. De la même façon, une page contenant les deux termes saisis sera également notifiée. L'opérateur OU est souvent celui qui est pris en compte par défaut (si l'on ne saisit rien entre les mots tapés) sur un grand nombre de moteurs de recherche. Il est la plupart du temps symbolisé par son équivalent anglais OR.

Opérateur SAUF

Cet opérateur permet d'exclure toutes les pages qui contiendraient un mot non désiré.

Exemple : Recherche sur *fibre* SAUF *optique*

Dans ce cas, le moteur cherchera les pages contenant le mot *fibre* mais ne prendra pas en compte celles contenant le mot *optique*. Il s'agit ici d'une exclusion.

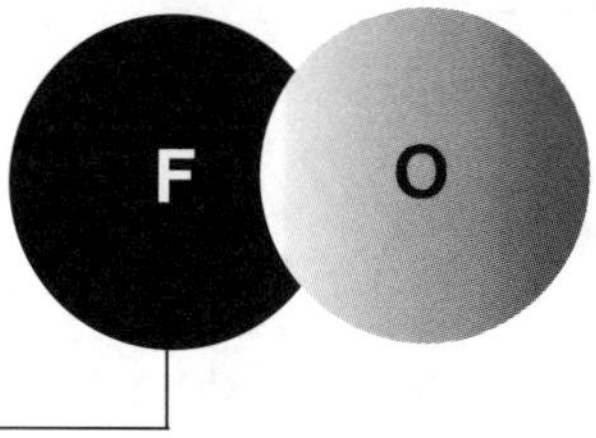

Résultat de l'opérateur SAUF : Ensemble des pages contenant le mot *fibre* mais pas le mot *optique*

L'utilisation de l'opérateur SAUF est encore assez rare sur la plupart des moteurs de recherche. Lorsqu'il est possible de l'utiliser, il est symbolisé par son équivalent anglais NOT, ou AND NOT, ou encore par le signe -.

Parenthèses

Il est parfois possible de coupler plusieurs opérateurs booléens en utilisant des parenthèses.

Exemple

Exemple : Recherche sur (*fibre* ET *optique*) OU *télécommunications*

La recherche portera alors soit sur les pages contenant à la fois les mots *fibre* et *optique* (et non pas l'un ou l'autre) soit sur les pages contenant le mot *télécommunications*, soit les deux ensembles.

Cependant, l'utilisation des parenthèses n'est pas très répandue sur les moteurs de recherche à l'heure actuelle.

Troncature

Certains moteurs donnent la possibilité d'utiliser ce que l'on appelle des *jokers* ou *Wildcards*. Ils sont symbolisés, dans la majeure partie des cas, par le signe *. Ils permettent d'effectuer des troncatures de mots, c'est-à-dire de ne saisir qu'une partie du terme désiré.

Exemple

Exemple : recherche sur le mot *opti**

Cet exemple signifie que le moteur recherchera tous les mots commençant par les quatre lettres *opti* : *opticien*, *optique*, *optical*, etc.

La troncature ne peut souvent se faire qu'en fin de mot. Cependant, certains services acceptent une troncature à l'intérieur de celui-ci.

Exemple

Exemple : recherche sur *sa*on*

Dans ce cas, la recherche s'effectuera sur tous les mots commençant par *sa* et finissant par *on* : *salon*, *saloon*, *salutation*, etc.

Adjacence, Recherche de phrases

Certains services donnent également la possibilité de rechercher deux mots adjacents. Cette adjacence de mots est souvent imposée par des guillements ou par l'opérateur ADJ. Certains services (comme WebCrawler) utilisent l'opérateur NEAR que nous verrons par la suite et qui symbolise une interprétation plus large du concept d'adjacence.

Exemple

Exemple : recherche sur *"fibre optique"* ou sur *fibre ADJ optique*

Dans cet exemple, le moteur recherchera les pages contenant l'expression *fibre optique* telle qu'elle est saisie, et ne prendra pas en compte celles contenant les deux mots positionnés dans un autre ordre, c'est-à-dire non adjacents.

Certains services (comme Webcrawler avec l'opérateur ADJ) proposent une recherche sur les deux mots l'un à côté de l'autre, mais sans contrainte d'ordre (les expressions *fibre optique* et *optique fibre* satisfont à la requête).

Proximité

Il s'agit ici de trouver des mots qui sont « géographiquement proches » les uns des autres, sans pour autant être adjacents. Cette possibilité est représentée par l'opérateur NEAR.

Exemple : Recherche sur *fibre NEAR optique*

Dans ce cas, le moteur recherche les pages qui comprennent les deux termes, même s'ils sont distants d'un nombre maximum de mots spécifié.

Selon les moteurs de recherche, cette « fenêtre » de recherche peut aller de 10 à 50 mots, voire plus. Si les termes cherchés sont trop distants l'un de l'autre (c'est-à-dire hors de la fenêtre prise en compte), la page les contenant ne sera pas prise en compte dans les résultats.

Annexe 2

Moteurs de recherche par thèmes

Il existe un nombre incalculable de sites référençant les services par thèmes du Web. Nous vous en présentons quelques-uns ici, parmi les plus connus et les plus utilisés dans le monde. Ils sont classés par catégories : les annuaires mondiaux, les annuaires francophones, les « best of » mondiaux, les « best of » francophones. Les « best of » sont des sites qui vous présentent le meilleur du Web, aux dires des créateurs de ces services, donc une sélection de sites parmi les plus intéressants au vu de leur forme et de leur contenu.

Annuaires mondiaux

A2Z

http://a2z.lycos.com/

Grands thèmes traités :

Arts & Humanities
Business & Investing
Computers
Education
Entertainment & Leisure
Government
Health & Medicine
Internet
Just For Kids
News & Information
Roads Less Traveled
Science & Technology
Shopping The Net
Social & Community
Affairs
Sports
The World

EInet Galaxy

http://galaxy.einet.net/

Le site est intéressant car il classe également les sites répertoriés par types (sites commerciaux, organisations, universités, presse, etc.).

Grands thèmes traités :

Business and Commerce
Community
Engineering and Technology
Government
Humanities
Law
Leisure and recreation
Medicine
Reference
Science
Social Sciences

Excite

http://www.excite.com/

Grands thèmes traités :

Business & Economy
Carrers & Education
Computers & Internet
Entertainment
Games
Health
Lifestyle
My Channel
News
People & Chat
Politics
Shopping
Sports
Travel

I-Explorer

http://www.i-explorer.com

Grands thèmes traités :

- Art
- Business
- Classifieds
- Computing
- Education
- Entertainment
- Games
- Government
- Health & Medicine
- Hobbies
- Home Pages
- Kids Stuff
- News
- Politics & Law
- Real Estate
- Regional
- Science & Technology
- Society
- Shopping
- Sports
- Travel

Infoseek

http://www.infoseek.com/

Grands thèmes traités :

- Arts & Entertainment
- Business
- Computers
- Education
- Finance & Investment
- Getting It Done
- Health
- Internet
- Kids & Family Fun
- Politics
- Shopping
- Sports
- Travel & Leisure

LookSmart

http://www.looksmart.com/

Grands thèmes traités :

Computers & Internet
Business & Finance
Reference & Education
Society & Politics
Entertainment & Media
People & Chat
Shopping & Services
Travel & Vacations
Sports & Recreation
Hobbies & Interest
Health & Fitness
Homme, family & Auto

Magellan Internet Guide

http://www.mckinley.com/

Grands thèmes traités :

Arts
Business
Computing
Education
Entertainment
Health
Hobbies
Investing
Life & Style
News & Reference
People Pages
Regional
Science
Shopping
Sports

Starting Point

http://www.stpt.com/

Grands thèmes traités :

- Business
- Computing
- Entertainment
- Health
- Investing
- Magazines
- News
- Reference
- Shopping
- Sports
- Travel
- Weather

SiteSeeker (choix Internet Guide)

http://pathfinder.com/cgi-bin/siteseeker/

Grands thèmes traités :

- Arts
- Business & Economics
- Career & Employment
- Communications
- Computing
- Daily Living
- Education
- Engineering, Technology & Mathematics
- Entertainment & Pop Culture
- Environment
- Food & Drink
- Government & Politics
- Health & Medicine
- Humanities & Social Sciences
- Internet
- KidZoneLaw & Criminal Justice
- Music
- News
- Religion & Spirituality
- Science
- Sports & Recreation
- Travel & Tourism

WebCrawler

http://www.webcrawler.com/

Grands thèmes traités :

Arts	Kids
Business	Life
Chat	News
Computers	Recreation
Education	Reference
Entertainment	Romance
Games	Science
Health	Sports
Internet	Travel

The WWW Virtual Library

(service du consortium W3)

http://www.w3.org/hypertext/DataSources/bySubject/Overview.html

Pas de grands thèmes mais des dizaines de sous-thèmes listés sur la page.

Yahoo!

http://www.yahoo.com/

Grands thèmes traités :

Arts and Humanities	News and Media
Business and Economy	Recreation and Sports
Computers and Internet	Reference
Education	Regional
Entertainment	Science
Government	Social Science
Health	Society and Culture

Annuaires français ou francophones

Afficheur francophone

http://www.afficheur.qc.ca/

Grands thèmes traités :

Actualité
Arts et spectacles
Coins des sportifs
Cybermarchés
Économie
Éducation
Éminence grise
Encyclopédie
Gastronomie
Jeunesse
Juke-box
Météo
Plein-air
Politique
Services sociaux
Technologie
Voyage

Carrefour.net

http://www.carrefour.net

Grands thèmes traités :

Arts
Bibliothèques
Centres de recherche
Culture
Économie
Éducation
Entreprises
Environnement
Gouvernements
Informatique et Internet
Loisirs
Maisons d'enseignement
Médias
Pages personnelles
Santé
Sciences et technologies
Société
Sports
Tourisme
Transport
Vitrines régionales

Eurêka

http://www.eureka-fr.com/com/affcat.exe

Grands thèmes traités :

Acteurs économiques et emploi
Arts et Vie Culturelle
Enseignement et Pédagogie
Etat et organismes publics
Informatique et Réseaux
Internet et intranet
Les plus du Web
Médias et Infos
Santé et Aide Sociale
Sciences et Technologies
Tourisme, Loisirs et Sports
Vie Sociale et Humaine

Francité

http://www.francite.com/

Grands thèmes traités :

Affaires et Économie
Arts
Culture et Société
Divertissements
Éducation
Gouvernements
Loisirs et Sports
Médias et Actualité
Ordinateurs et Internet
Pages personnelles
Régions
Référence
Santé
Sciences

Lokace

http://www.lokace.com/

Grands thèmes traités :

Art et Culture
Communications et Médias
Enseignement et Recherche
Entreprises et Economie
Etat et Services Publics
Informatique et Télécoms
Loisirs et Sports
Santé
Sciences et Techniques
Sciences humaines et sociales
Société et Culture
Tourisme
Vie Pratique

Nomade

http://www.nomade.fr/

Il est possible d'effectuer des recherches sur une ville, une région ou un pays, sur la nature de l'éditeur (entreprise, association, etc.) et sur le public visé par le service (adulte, enfant, professionnel).

Grands thèmes traités :

Actualité, Presse
Arts et culture
Enseignement et emploi
Entreprises, économie
État et services publics
Famille et santé
Informatique et télécoms
Loisirs et tourisme
Science et technologie
Sciences humaines et sociales
Vie politique et sociale
Web pratique

QuiQuoiOu

http://www.wanadoo.fr/

Grands thèmes traités :

Actualité
Administration
Alimentation
Assurances
Beauté
Business
Civilisations
Culture
Droit
Economie
Emploi
Enseignement
Entreprise
Famille
Finances
Formation
Habitat
Informatique
Institutions
Internet
Loisirs
Médias
Mode
Recherche
Religion
Santé
Sciences
Social
Société
Sorties
Sports
Technologies
Télécoms
Tourisme
Transports
Voyages

UREC (Urec, unité réseaux du CNRS)
http://www.urec.fr/France/Classement/Themes/serveurs_par_themes.html

Grands thèmes traités :

Arts & Culture
Associations
Commercial
Conférences, congrès
Divers
Enseignement
Internet
Médias
Organismes publics et administrations
Régions
Recherche
Sports et loisirs
Tourisme

Yahoo! France
http://www.yahoo.fr/

Grands thèmes traités :

Actualité et Presse
Arts et Culture
Commerce et Economie
Divertissements
Enseignement et Formation
Exploration Géographique
Informatique et Multimédia
Institutions et Services publics
Références et Annuaires
Santé
Sciences et Technologies
Sciences Humaines et sociales
Sports et loisirs
Sujets de société

Annuaires spécifiques d'un pays ou d'une région

Eurolink

Eurolink
Possibilités de recherche dans 16 pays européens.
http://www.syselog.fr/eurolink/

Euroseek (choix Web Directroy)
Recherches en Europe.
Renvoie sur le site YelloWeb.
http://www.euroseek.net/

EuroSeek™

Grands thèmes traités :

- Announcements
- Arts and Culture
- Business & Finance
- Governments & Politics
- Computers
- Education
- European Countries, Regions & Cities
- Health & Medicine
- Home, Entertainment & Leisure
- Human Sciences
- Industry
- Internet
- News, Media & Reference Info
- Online Shopping
- Personal Web pages
- Sciences & Technology
- Sports & Recreation
- Trade & Service

Yelloweb

Permet d'effectuer des recherches par thèmes sur les services européens uniquement.

http://www.yweb.com/

Grands thèmes traités :

Arts & Culture
Commerce & Services
Communautés, Gouvernements & Politique
Economie & Finances
Enseignement
Industrie
Informatique
Internet
Maison, Loisirs & Jeux
News, Média & Références
Pages Web personnelles
Pays, Régions et Villes d'Europe
Petites Annonces
Santé & Médecine
Sciences & Technologies
Sciences humaines
Shopping en Ligne
Sports & Loisirs

« Best of » mondiaux

The Argus Clearinghouse

http://www.clearinghouse.net/

Grands thèmes traités :

Arts & Humanities
Business & Employment
Communication
Computers & Information Technology
Education
Engineering
Environment
Government & LawHealth & Medicine
Places & Peoples
Recreation
Science & Mathematics
Social Sciences & Social Issues

Le Guide Internet (NC Tech)
Sélection de sites dans le monde (en français).
http://www.nctech.fr/NCTech/html/Francais/GuideInternet.html

Grands thèmes traités :

Alimentation
Annuaires
Automobile
Cinéma
Collectivités
Commerce
Culture
Économie
Enseignement
Finance
Gouvernements
Industrie
Informatique
Jeux
Loisirs
Magazines
Musique
Pratique
Presse
Santé
Sciences
Sports
Tourisme
Transports

Internet Services List (listes de Scott Yanoff)
http://www.spectracom.com/islist/
Des dizaines de thèmes traités en listes, sur une même page.

Pointcom

Ce service, mis en œuvre par Lycos, décrit les meilleurs sites du Web (Le « Top 5 % »).

http://www.pointcom.com/

Grands thèmes traités :

Autos
Business
Carrers
Culture
Education
Entertainment
Fashion
Government
Health
Kids
LifeStyle
Money
News
Science
Shopping
Sports
Technology
Travel

Yahoo!, What's cool ?

http://www.yahoo.com/Entertainment/Cool_Links/

Grands thèmes traités :

Arts and Humanities
Computers and Internet
Education
Entertainment
Government
News and Media
Recreation and Sports
Reference
Regional
Science
Society and Culture

« Best of » francophones

Cocorico
Meilleurs services français
(Internet et Minitel)
http://www.cocorico.com/

TeleFrance
http://www.telefrance1.net/revues/

Grands thèmes traités :

- Actualités
- Art et Culture
- Commerce et Économie
- Informatique
- Références
- Sciences et Technologies
- Sciences Humaines
- Société.

Annexe 3

Moteurs de recherche par mots clés

De la même façon que pour les moteurs de recherche par thèmes, il existe un nombre incalculable de sites permettant d'effectuer des interrogations sur le Web par l'intermédiaire de mots clés. Nous vous en présentons quelques-uns ici, parmi les plus connus et les plus utilisés dans le monde. Il en existe cependant beaucoup d'autres.

Moteurs de recherche mondiaux

AliWeb.

http://www.nexor.com/public/aliweb/doc/search.html

Booléens : néant

Plusieurs sites miroirs disponibles. Recherche sur les titres, les descriptifs, les mots clés ou les URL des documents. Possibilité de réduire la recherche avec un nom de domaine précis (.com, .fr, .uk, etc.). Aide en ligne quasiment inexistante.

AltaVista

http://altavista.digital.com/

Voir chapitre 3.

CUI WWW catalog
(Université de Genève).
http://cuiwww.unige.ch/

Booléens : OU (or), ET (and), SAUF (not), joker (*), parenthèses.
Possibilité d'interroger la base au moyen d'expressions booléennes ou du langage Perl. Très technique cependant. Sensibilité majuscules/minuscules disponible.

EINet Galaxy
http://galaxy.einet.net/

Booléens : OU (or), ET (and), SAUF (not), joker (*), ET ou OU par boutons radio.
Possibilité de rechercher dans le texte des pages, dans leurs titres ou dans les liens qu'elles contiennent. Il est également possible d'effectuer des recherches sur les services Gopher et Telnet.

Euroseek
http://euroseek.freeside.net/

Booléens : ET (AND), OU (OR), expressions (guillemets), parenthèses.
Recherche en 28 langues européennes, et possibilité de limiter la recherche à des continents, des pays ou des domaines (.com, .mil, etc.).

Excite

http://www.excite.com/

Booléens : ET (AND, +), OU (OR), SAUF (AND NOT, -), parenthèses.

Excite fait partie du peloton de tête actuel des moteurs de recherche par mots clés. Il se situe très près des services présentés au chapitre 3 du présent ouvrage.

G.O.D.

http://www.god.co.uk/

Booléens : néant

Aide en ligne très faible.

HotBot

http://www.hotbot.com/

Voir chapitre 3.

Infoseek

http://www.infoseek.com/

Voir chapitre 3.

Lycos

http://www.lycos.com

Voir chapitre 3.

Mac Kinley Internet Directory

Service Magellan.

http://www.mckinley.com/

Booléens : OU (OR), ET (AND, +), SAUF (AND NOT, -), expressions (guillemets), parenthèses.

L'un des services de recherche par mots clés les plus consultés. Une note est attribuée à un certain nombre de sites référencés.

Opentext Corporation

http://index.opentext.net/

Booléens : ET (AND), OU (OR), Adjacence (FOLLOWED BY), Proximité (NEAR), SAUF (BUT NOT).

Possibilité de recherche dans le contenu des pages, leurs titres, les URL, etc. L'un des services de recherche par mots clés les plus visités.

SiteSeeker

http://pathfinder.com/cgi-bin/siteseeker

Booléens : ET (&), OU (,), SAUF (!), proximité (...), parenthèses.

Web Crawler

http://www.webcrawler.com

Voir chapitre 3.

World Wide Web Worm (Go2)
http://www.goto.com/

Booléens : néant
Possibilité de rechercher uniquement dans les titres ou les adresses des documents. Aide en ligne faible.

Moteurs de recherche francophones

Écila
Recherche sur le Web français uniquement.
http://ecila.ceic.com/

Booléens : ET, OU, SAUF (menus déroulants ou ET, OU, NON), expressions (guillemets).
Recherche sur les titres, noms de domaine, mots clés, descriptions, liens, etc. Possibilité également d'avoir la liste des mots clés les plus demandés sur le service (lien *présélection*).

Francité
http://www.francite.com/

Booléens : mot, partie de mot, phrase (bouton radio).

Lokace

http://www.lokace.com/

Booléens : ET (+), OU, SAUF(-) ou formulaires de recherche avancée.
Il est possible d'effectuer une recherche à l'intérieur d'un site prédéfini.

Netscan

http://www.netscan.fr/

Booléens : SAUF (NOT).

Les Pages Web

http://www.pagesweb.com/

Booléens : possibilité « au moins un » ou « tous les » mot(s)-clé(s).
Nombreuses possibilités de recherche : sur les sons, les images, les animations, les pages personnelles, les liens, etc.

Autres

Web411

http://www.sserv.com/web411

Booléens : ET, OU, mot complet ou partie de mot (menus déroulants).
Moteur de recherche sur les URL et titres de page uniquement.

Yellow Web Europe
Recherche uniquement
sur l'Europe.
http://www.yweb.com/

Booléens : ET, OU (boutons radio), mot complet ou partie de mot (boutons radio).
Possibilité de rechercher dans les URL. Une recherche par pays européens est possible (sur un ou plusieurs pays).

Annexe 4

Métamoteurs

Les métamoteurs (voir chapitre 5) sont des services interrogeant, de façon simultanée, un certain nombre de moteurs de recherche. En voici quelques-uns, classifiés selon les catégories présentées dans le chapitre sur les agents intelligents.

Aides à la saisie

All in One

http://www.media-prisme.ca/all/all1srch.html

Recherches sur AltaVista, CUI, Infoseek, Lycos, Excite, Magellan, Yahoo!, etc. 43 moteurs recensés en tout.

CUSI

(*Configurable Unified Search Interface*)

http://pubweb.nexor.co.uk/public/cusi/cusi.html

Recherches sur AliWeb, Yahoo!, AltaVista etc.

---

eDirectory

http://www.edirectory.com/frindex.html

Possibilité de recherche sur des moteurs particuliers à 38 pays différents.

Le Guide du cyber-routard

http://www.mygale.org/00/moko/

Recherches sur Nomade, Yahoo! France, Lokace, Urec, Carrefour.net, Eureka, Lycos, Infoseek, AltaVista, HotBot, Yahoo!, WebCrawler, Excite, Magellan.

The Inquirer

http://www.mcs.net/~bratton/www/search.html

Recherches, entre autres, sur Infoseek, Alta Vista, Open Text, WebCrawler et EINet.

MetaSearch

http://metasearch.com/

Booléens : ET, OU (boutons radio), phrases (bouton radio). Possibilité de recherche sur mot ou partie de mot.
Aide à la saisie pour AltaVista, Yahoo!, Infoseek, Lycos, WebCrawler, OpenText et Galaxy. Une interface unique est déclinée ensuite en autant de formulaires de saisie qu'il y a de moteurs réferencés.

Search.com

http://www.search.com/

Recherches sur Yahoo!, WebCrawler, Lycos, HotBot, Excite et AltaVista.

Web Search

http://www.web-search.com/frame.html

Recherches sur Magellan, OpenText, MetaCrawler, AltaVista, etc.

Listes de résultats

DogPile

http://www.dogpile.com/

Booléens : ET (AND), OU (OR), SAUF (NOT), proximité (NEAR), phrases (guillemets), parenthèses. Recherches sur Yahoo!, Lycos' A2Z, Excite Guide, World Wide Web Worm, WWW Yellow Pages, PlanetSearch, What U Seek, Magellan, Lycos, WebCrawler, InfoSeek, AltaVista, Excite et HotBot.

EasySearch

http://www.aist.go.jp/NIBH/~honda/EasySEARCH/index.cgi

Recherches sur AltaVista, Yahoo!, Infoseek, HotBot, EuroSeek, Excite, Lycos, Ecila, WebCrawler, RoboLink, Magellan, LinkStar, MetaCrawler, Point, OpenText. Autres possibilités : E-mail, logiciels, images, forums de discussion, musiquc. Il est nécessaire de connaître la syntaxe des opérateurs booléens pour chaque service utilisé. Les résultats sont présentés dans des frames (fenêtres).

The Internet Sleuth

http://www.isleuth.com/

Booléens : il faut saisir les opérateurs booléens spécifiques de chaque moteur. Un tableau comparatif (pas très à jour) est indiqué.
Recherches sur AltaVista, HotoBot, Infoseek, Lycos, OpenText, WebCrawler et Yahoo! Autres possibilités de recherche disponibles : logiciels, news, etc.

All for One

http://all4one.com/

Résultats distingués dans des frames.

Use It

http://www.he.net/~kamus/usefr.htm

Possibilités de recherche sur des moteurs internationaux (Excite, Yahoo!, Alta Vista, WebCrawler, Lycos, Open Text, Inktomi, Galaxy) ou européens, sur l'informatique, l'actualité, la médecine, les recettes de cuisine, etc.

Listes synthétisées

Inference

http://m5.inference.com/ifind

Résultats synthétisés par serveurs ou types de serveurs (européens, éducation, commerciaux, etc.). Recherches sur WebCrawler, Yahoo, Lycos, Alta Vista, InfoSeek et Excite.

Metafind

http://www.metafind.com/

Booléens : ET (AND), OU (OR), SAUF (NOT), phrases (guillemets), parenthèses.
La recherche semble se faire sur les mêmes moteurs que DogPile. Les résultats sont synthétisés, et, pour chaque réponse, le moteur correspondant au critère qui l'a trouvée est indiqué.

Profusion

http://www.designlab.ukans.edu/profusion

Booléens : ET (AND), OU (OR), SAUF (NOT), proximité (~), parenthèses, phrases.
Recherches sur AltaVista, Infoseek, OpenText, Excite, Lycos, WebCrawler, HotBot, Magellan, Yahoo!.

Savvy Search

http://guaraldi.cs.colostate.edu:2000/form

Booléens : ET, OU, phrases.
Recherches sur Aliweb, Alta Vista, CSTR, Excite, EINET Galaxy, Infoseek, InReference, LinkStar, LookUP!, Lycos, Magellan, NlightN, Pathfinder, Point Search, Tribal Voice, WebCrawler, Yahoo!, Yellow Pages .
Les résultats sont représentés en listes mais sont synthétisables soit au moment de la saisie (choix *integrate results*), soit une fois les listes affichées (*integrate results* en bas de page).

Annexe 5

Services de référencement massif

Certains services se sont spécialisés dans le référencement de votre site (ou de votre page) sur de nombreux moteurs de recherche (parfois plusieurs centaines). Certains sont gratuits, d'autres payants. Il en existe actuellement des dizaines. En voici quelques-uns, mais la page de Yahoo! présentée devrait vous permettre de tous les identifier.

Page de Yahoo!
regroupant les sites de référencement massif.
http://www.yahoo.com/Business_and_Economy/Companies/Internet_Services/Web_Services/Promotion/

AAA Internet Promotion
http://www.websitepromote.com/

PostMaster
http://www.netcreations.com/postmaster/index.html

Promote-It
http://www.iTools.com/promote-it/promote-it.html

Submit-Hit

http://members.aol.com/fmondolfo/submit.htm

Submit-IT

http://www.submit-it.com/

WebPromote

http://www.webpromote.com/

Annexe 6

Recherche d'E-mails

Les moteurs de recherche sur les E-mails des internautes (voir chapitre 6) sont très nombreux. Ils ne sont pas exhaustifs mais apportent souvent une aide appréciable pour ce type de recherche. En voici les principaux :

Services spécialisés à vocation commerciale

BigFoot
http://www.bigfoot.com/

Four11
http://www.four11.com/

Voir chapitre 6.

IAF
http://www.iaf.net

internet @ddress.finder

Voir chapitre 6.

OKRA
http://okra.ucr.edu/okra/

Populus

http://populus.acunet.net

WhoWhere

http://www.whowhere.com/

Voir chapitre 6.

Moteurs de recherches sur le Web permettant également la recherche d'E-mails

Eureka

http://www.eureka-fr.com/

Recherche d'E-mails dans l'espace francophone.

Excite

http://www.excite.com/Reference/email.html?a-l-t

Infoseek

http://www.infoseek.com

InfoSpace - AccuMail

http://www.accumail.com/

Lokace
http://www.lokace.com/

Recherche d'E-mails dans l'espace francophone.

Starting Point (choix People Find)
http://www.stpt.com/

Yahoo!
http://www.yahoo.com/search/people/

Le service Yahoo! vous donne également accès à une page permettant de rechercher des informations sur l'adresse E-mail, l'adresse postale ou la page d'accueil d'un utilisateur de l'Internet.

World Pages (choix People Find)
http://www.worldpages.com/

Autres services

Annuaire Renater
http://www.univ-valenciennes.fr/CRU-annuaire.html

Possibilité d'interroger en une seule fois une liste d'annuaires, la plupart faisant partie du réseau français Renater (universités et laboratoires de recherches en règle générale). La liste des annuaires disponibles est indiquée sur la page d'accueil du service.

Finger

http://www.cs.indiana.edu/finger/gateway

Possibilité d'effectuer une interrogation à l'aide de l'utilitaire Finger. Cet outil permet de rechercher des informations sur un utilisateur en saisissant son adresse E-mail comme critère de recherche. Ce service est détaillé au chapitre 9 (Outils techniques). Il existe sur le Web un grand nombre de services permettant d'effectuer des interrogations à l'aide de Finger.

Knowbot Information System. Service KIS Query

http://info.cnri.reston.va.us/kis.html

Outil plutôt technique.

Netfind

http://alabanza.com/kabacoff/Inter-Links/netfind.html

Autre outil de recherche d'E-mails.

NetLink

http://honor.uc.wlu.edu/directories.html

Liste des annuaires d'utilisateurs E-mail dans le monde, triés par nom, par date de dernière mise à jour ou par pays. Utile si vous connaissez l'organisme où travaille votre interlocuteur.

Usenet-Adresses

http://usenet-addresses.mit.edu/

Si vous pensez que l'interlocuteur dont vous cherchez l'adresse a envoyé un jour une contribution dans les forums de discussion (*Newsgroups*), il existe une base de données des coordonnées électroniques des personnes ayant effectué ce type d'opération.

Whois

http://www.nic.fr/info/whois.html

Utilitaire Whois sur un grand nombre d'annuaires (principalement ceux du NIC France, du Ripe et de l'InterNic). Il existe beaucoup d'autres sites sur l'Internet au travers desquels il est possible d'effectuer une interrogation Whois. Cet outil permet de rechercher des informations sur un utilisateur, un site ou une machine (pour plus d'informations, voir le chapitre 9 : Outils techniques).

Annexe 7

Pages blanches, pages jaunes

Un certain nombre de services vous permettent de rechercher les coordonnées postales ou téléphoniques d'une personne (pages blanches), sans que celle-ci soit obligatoirement connectée à l'Internet. D'autres services, parfois les mêmes, vous aident à rechercher une entreprise (pages jaunes), que celle-ci dispose ou non d'un site sur le Web.

Pages jaunes mondiales

BigBook (États-Unis)
http://www.bigbook.com/

Big Yellow
http://www.bigyellow.com/

Ce site propose également un répertoire des sites de pages jaunes dans le monde :
http://s19.bigyellow.com/g_home.html

CitySurf (recherche sur les villes américaines)
http://www.citysurf.com/

Four11
http://www.four11.com/

GTE (recherche d'entreprises aux États-Unis et au Canada)
http://yp.gte.net/

SwitchBoard (États-Unis)
http://www.switchboard.com/

Zip2 Yellow Pages (États-Unis)
http://www.zip2.com/

Recherche d'entreprises présentes sur le Web

BizWeb
http://www.bizweb.com/

LinkStar
http://www.linkstar.com/

World Wide Web Yellow Pages
http://www.mcp.com/nrp/wwwyp/

Pages blanches mondiales

BigFoot (États-Unis)
http://www.bigfoot.com/

Excite (États-Unis)
http://www.excite.com/Reference/people.html

Four11 (États-Unis)
http://www.Four11.com/

LookUpUSA (États-Unis)
Choix American Directory Assistance.
http://www.lookupusa.com/

Starting Point (États-Unis - Canada)
Choix People Find.
http://www.stpt.com/

SwitchBoard (États-Unis)
http://www.switchboard.com/

Pages jaunes françaises, francophones

LES PAGES JAUNES™
FRANCOPHONES

Les pages jaunes francophones
(entreprises francophones aux États-Unis)
http://www.france.com/pages_jaunes/index.html

Les Pages Zoom (France Télécom)
http://www.pageszoom.com/

Pages blanches françaises, francophones

Les Pages Zoom (France Télécom)
http://www.pageszoom.com/

Annexe 8

Listes de diffusion

Les listes de diffusion (voir chapitre 7) sont un outil indispensable pour discuter avec d'autres internautes. Voici quelques outils qui devraient vous permettre de trouver rapidement quelles sont les listes se rapportant à vos thèmes d'intérêt.

Les annuaires

Francopholistes. Listes de diffusion francophones (alphabétiques, par thèmes et nouveautés).
http://www.cru.fr/listes/

The List of lists
http://catalog.com/vivian/interest-group-search.html

Liszt
http://www.liszt.com/

Voir chapitre 7.

Publicly Accessible Mailing Lists

Publicly Accessible Mailing Lists
http://www.neoSoft.com:80/internet/paml/

Listes par nom, par sujet, recherche par mots clés.

Reference.com
http://www.reference.com

Uniquement recherche par mots clés (choix *mailing-lists directory*).

Tile.net
http://tile.net/lists/

Listes par sujet, par pays, par nom, par organisme.

Les moteurs de recherche sur les archives

Reference.com
http://www.reference.com

Autres adresses intéressantes

IFLA. Guides and Ressources.
http://www.nlc-bnc.ca/ifla/I/training/listserv/lists.htm

Liste de ressources sur les listes de diffusion.

Internet Mailing Lists in History
http://www.tntech.edu/www/acad/hist/lists.html

Informations générales
sur les listes de diffusion.

L-SOFT

http://www.lsoft.com/lists/listref.html

Catalogue des listes de diffusion créées avec le logiciel ListServ.

Une « liste des listes » est disponible auprès de la société SRI, qui tient à jour un fichier (plus de 1 Mo) décrivant la plupart des listes de diffusion (nom, adresse de souscription, responsable, descriptif). Les listes sont classées par ordre alphabétique. Ce fichier est disponible sur le site ftp://sri.com/netinfo/

Le fichier s'appelle Interest-groups.txt.

Vous pouvez également obtenir ce fichier par E-mail en envoyant un message contenant le texte : send interest-groups.txt à l'adresse mail-server@sri.com

Annexe 9

Forums de discussion

Les forums de discussion (voir chapitre 7) sont très utilisés sur l'Internet pour parler d'un domaine précis. Les outils suivants vous permettent de trouver le bon forum ou de consulter les archives des newsgroups. De plus en plus de forums spécifiques se créent directement sur un site Web. Deux services permettent également d'effectuer des recherches sur les forums.

Recherche d'un forum de discussion particulier

DejaNews

http://www.dejanews.com

Voir chapitre 7.

Liste des forums français :

http://www.fr.net/news-fr/

et

http://www-sor.inria.fr/~pierre/news-groups-fr.html

TILE.NET

http://tile.net/news/

Usenet Info Center
http://sunsite.unc.edu/usenet-b/home.html

Recherche dans les archives

AltaVista
http://altavista.digital.com/

Awebs
http://awebs.com/news_archive/

DejaNews
http:/:www.dejanews.com

Excite
http://www.excite.com/

Infoseek
http://www.infoseek.com/

Liste et archives des forums de discussion francophones
http://www.loria.fr/news/fr.html

Reference.com
http://www.reference.com/

Recherche sur les forums du Web

ForumOne
http://forumone.com/

FORUM ONE

Reference.com
http://www.reference.com/

REFERENCE.COM Empowering the Digital Community

Autres services

Le service **SIFT** (http://hotpage.stanford.edu/), pour *Stanford Information Filtering Tool*, vous permet de recevoir par E-mail tous les messages émis dans les forums de discussion sur un sujet donné.

Le service **Green Eggs** (http://ibd.ar.com/ger/) recense automatiquement, pour un grand nombre de forums, les adresses des sites Web, FTP et Gopher, dont il est question dans les contributions des utilisateurs.

N'oubliez pas que des FAQ concernant la plupart des Newsgroups sont disponibles (voir page 183). Il est, en effet, considéré comme une faute de goût sur l'Internet de poser une question dans un forum sur un sujet dont la réponse serait contenue dans une FAQ disponible sur le réseau. Consultez donc ces documents avant d'envoyer une contribution.

Annexe 10

Logiciels, serveurs FTP

On l'a vu dans le chapitre 8, il existe des milliers de logiciels gratuits ou peu onéreux sur l'Internet. Voici quelques services, souvent comparables à Shareware.com (voir page 291), qui proposent de vous aider dans vos recherches.

Le Bazar Bleu (France Telecom)
http://www.wanadoo.fr/

FileMine
http://www.filemine.com/

Filez
http://www.filez.com

Gamelan.
Recherche spécifique sur les applets Java.
http://www.gamelan.com

Jumbo
http://www.jumbo.com/

SAX. Shareware Author indeX
http://mini.net/sax

Shareware.com
http://www.shareware.com/

Voir chapitre 8.

Snoopie
http://www.snoopie.com/query.html

Une **liste commentée de la plupart des serveurs FTP** accessibles sur l'Internet est disponible. Si vous n'avez que l'E-mail à votre disposition, vous pouvez envoyer un message sans sujet (sans titre), ayant le contenu suivant :

```
send usenet/news.answers/ftp-list/faq
send usenet/news.answers/ftp-list/sitelist/part1
send usenet/news.answers/ftp-list/sitelist/part2
send usenet/news.answers/ftp-list/sitelist/part3
send usenet/news.answers/ftp-list/sitelist/part4
send usenet/news.answers/ftp-list/sitelist/part5
send usenet/news.answers/ftp-list/sitelist/part6
send usenet/news.answers/ftp-list/sitelist/part7
send usenet/news.answers/ftp-list/sitelist/part8
send usenet/news.answers/ftp-list/sitelist/part9
```

à l'adresse mail-server@rtfm.mit.edu

Par FTP, cette liste est disponible sur plusieurs sites :
ftp://rtfm.mit.edu/pub/usenet/news.answers/ftp-list/sitelist/
Fichier de départ réparti en plusieurs sous-fichiers.

ftp://garbo.uwasa.fi/pc/doc-net/
Fichier ftp-list.zip (fichier compacté avec PKZip).

La **liste des sites FTP français**, quant à elle, est disponible (avec des explications sur leur contenu) sur le serveur Web de l'Urec (unité réseaux du CNRS) :
http://web.urec.fr/docs/ftp_fr.html

Il est possible de rechercher des documents sur les serveurs FTP en saisissant un mot clé, au travers de l'outil **Archie** :
http://www-ns.rutgers.edu/htbin/archie
ou
http://www.lerc.nasa.gov/archieplex/

La **liste des serveurs Archie** peut être obtenue à l'adresse :
http://pubweb.nexor.co.uk/public/archie/servers.html

Service FTP Search
http://ftpsearch.ntnu.no/ftpsearch/

Index

Achevé d'imprimer : Jouve, Paris - N° 280976E
Dépôt légal : Avril 2000
N° d'éditeur : 5956